Katie Fforde
Weihnachtszauber im Cottage

Weitere Titel der Autorin

Zum Teufel mit David
Im Garten meiner Liebe
Wilde Rosen
Wellentänze
Eine ungewöhnliche Begegnung
Glücksboten
Eine Liebe in den Highlands
Geschenke aus dem Paradies
Sommernachtsgeflüster
Festtagsstimmung
Eine kostbare Affäre
Cottage mit Aussicht
Glücklich gestrandet
Sommerküsse voller Sehnsucht
Botschaften des Herzens
Das Glück über den Wolken
Sommer der Liebe
Fünf Sterne für die Liebe
Eine unerwartete Affäre
Eine perfekte Partie
Rendezvous zum Weihnachtsfest
Sommerhochzeit auf dem Land
Eine Liebe am Meer

Katie Fforde

Weihnachtszauber im Cottage

Aus dem Englischen von
Ulrike Werner

Ehrenwirth

MIX
Papier aus verantwortungsvollen Quellen
FSC® C014496

Dieser Titel ist auch als E-Book erschienen

Titel der englischen Originalausgabe:
»The Christmas Stocking and Other Stories«

Umschlaggestaltung: Tanja Østlyngen
Umschlagmotiv: © Africa Studio; Jag_cz; Indigo Fish; shmel; LiskaM; Elena Elisseeva/shutterstock
Illustrationen im Innenteil: © shutterstock: Natalya Levish | Alena Kaz | Babich Alexander | Afishka; © Adobe Stock: jenesesimre
Satz: two-up, Düsseldorf
Gesetzt aus der Goudy Old Style
Druck und Einband: GGP Media GmbH, Pößneck

Printed in Germany
ISBN 978-3-7857-2658-7

5 4 3 2 1

Sie finden uns im Internet unter: www.luebbe.de
Bitte beachten Sie auch: www.lesejury.de

Liebe Leserinnen und Leser,

wer hätte gedacht, dass es möglich ist, Weihnachten auf so viele verschiedene Arten zu begehen? Obwohl es da natürlich ebenso viele Möglichkeiten wie Menschen gibt, bin ich eigentlich nur gewohnt, auf eine Art zu feiern. Das Schreiben dieser Geschichten hat mir großen Spaß gemacht. Ich glaube fast, das Weihnachtsfest in Form einer Geschichte gefällt mir sogar noch etwas besser, denn auf diese Weise habe ich die Ereignisse wenigstens unter Kontrolle!
Hier ist also ein Buch mit Weihnachtskurzgeschichten für Sie. Zu einer von ihnen wurde ich durch meine »Enkelhunde« inspiriert, die ich so nenne, weil sie zwar meiner Tochter gehören, ich aber bei der Handaufzucht half, nachdem die Mutter der Welpen vor einem Jahr auf tragische Weise gestorben war. Sie sind eine Freude für uns alle, auch wenn sie mein Haus regelmäßig mit ihren matschigen Pfoten verunziert haben, bis wir endlich den Teich einzäunten. Die beiden lieben es auch, mich vor meiner Tochter und ihrem Mann in Verlegenheit zu bringen, indem sie auf meinen Polstermöbeln herumspringen und Dinge tun, von denen sie genau wissen, dass sie zu Hause nicht erlaubt sind! Was beweist, dass ich keine besonders geeignete Hunde-Oma bin!

Ich hoffe, dass Ihnen diese Geschichten gefallen und für ein wenig Entspannung sorgen, wenn das wirkliche Weihnachtsfest wieder einmal ein bisschen hektisch wird.

Alles Liebe und frohe Weihnachten!
Katie

Für Annie und Wilson,
meine geliebten Enkelhunde

Inhalt

Der Weihnachtsstrumpf

Es war Samstagmorgen. Einen Tag vor Heiligabend änderte das bis dahin milde, feuchte Weihnachtswetter plötzlich seine Meinung, und es wurde kalt. Romy fror.

Sie verkaufte Weihnachtsschmuck auf einem geschäftigen Weihnachtsmarkt in einem alten Bahnhofsgebäude in den Cotswolds und hatte sich in den ersten beiden Stunden ganz gut geschlagen. Aber nun kroch ihr die Kälte allmählich in die Knochen, und das trotz der vielen Schichten unter ihrer Lederjacke (einschließlich einer nicht gerade coolen Thermoweste), der zwei Paar Socken in den mit Schafsfell gefütterten Stiefeln, der Trapper-Mütze und der gestreiften Legwarmer über der Jeans. Die Legwarmer hatte Romy eben erst an einem der anderen Stände erworben.

Sie warf sehnsüchtige Blicke hinüber zum Imbissstand, der großartige Geschäfte machte. Romy war vor Tagesanbruch aufgestanden und hatte im Hinausgehen nur schnell nach einer Banane und einem Müsliriegel gegriffen. Zu allem Überfluss hatte ihre Heizung gestreikt, sodass die Dusche allenfalls lauwarm und die Wohnung unangenehm kalt gewesen war. Eine Tasse mit irgendetwas Heißem und vielleicht ein Schinkensandwich hätten ihr sicher wieder zu Tatkraft für den verbleibenden Tag verholfen. Wenn sie aber jetzt hinüberginge, um eine Tasse Tee zu erstehen, würde sie vielleicht ein gutes Geschäft mit der meist aus Männern bestehenden Gruppe versäumen, die soeben das Gebäude betreten hatte.

Obwohl es kaum zwölf Uhr war, kamen die Herren offensichtlich gerade aus dem Pub. Vermutlich waren sie der Meinung, dass sie ihre Weihnachtseinkäufe recht früh erledigten (schließlich war noch nicht Heiligabend), und möglicherweise fühlten sie sich sogar auf der sicheren Seite, weil ihnen klar war, dass sie nur ein einziges Geschenk zu kaufen brauchten. Zweifellos oblag es ihren liebenden Gattinnen oder Freundinnen, die Geschenke für Mütter, Schwestern, Tanten und den Rest der Familie zu besorgen.

Romy bemerkte einen Mann am Schluss der Gruppe und wusste zunächst nicht, ob er dazugehörte oder allein unterwegs war. Er trug eine Motorradkombi aus Leder, hatte dunkelblondes, längeres Haar und wirkte irgendwie stolz. Zielstrebig schritt er durch die Menschenmenge. Da er weder betrunken zu sein schien noch einen zerknitterten Anzug anhatte, entschied sie, dass er allein gekommen sein musste.

Vermutlich ist er hier, um ein Geschenk für seine Freundin oder Frau zu kaufen, dachte Romy und verbot sich, ihn attraktiv zu finden. Stattdessen dachte sie lieber über ihren eigenen Freund nach. Gus wartete zusammen mit seinen Eltern in Frankreich auf sie und bereitete dort ein großes Familienweihnachtsfest vor. Zum soundsovielten Mal schaute Romy sich an ihrem Stand um und fragte sich, ob Gus' Familie ihre selbst gemachten Geschenke überhaupt würde zu schätzen wissen. Schließlich gab es einen Unterschied zwischen »hausgemacht« und »handgemacht«, und Romy bevorzugte den »handgemachten Look mit persönlicher Note«.

Sie hatte Gus' Eltern bereits kennengelernt. Sie waren nach Frankreich ausgewandert, sprachen aber kaum Französisch und hatten offenbar nicht viele französische Freunde. Auf Facebook hatte sie seine beiden Schwestern gründlich ausgekundschaftet. Sie sahen gut aus, waren ordentlich gekleidet und wirkten mit ihren blonden Kindern, deren weiße Zähne von regelmäßigen Zahnarztbesuchen und eingeschränktem Zugang zu Süßigkeiten zeugten, wie der Werbung für eine Bekleidungskette entsprungen.

Für die drei Kinder der älteren Schwester hatte Romy ein Set aus mattierten Gläsern mit den Umrissen von Mama, Papa, allen drei Sprösslingen und dem Hund (einem Labrador) gebastelt. Eigentlich hatte sie Durchschnittskinder darstellen wollen, doch jetzt hatte sie das Gefühl, eine gewisse Ähnlichkeit erreicht zu haben. Es war nicht gerade das ideale Geschenk, um es auf einen Flug mit einer Billig-Airline mitzunehmen – Romy wollte kein zusätzliches Geld für aufgegebenes Gepäck ausgeben –, aber sie fand es wirklich hübsch. Für die beiden kleinen Jungen der jüngeren Schwester hatte sie schlichte weiße Laternen mit Figuren aus *Minecraft* bemalt. Für die zwei Frauen und Gus' Mutter hatte Romy selbst bemalte Seidentücher vorgesehen, die wunderbar in ihr Handgepäck passten. Die Geschenke für die Ehemänner würde sie im Duty-Free-Shop besorgen. Etwas Alkoholisches war immer ein passendes Präsent.

Während Romy im Kopf die Checkliste durchging, glitt ihr Blick erneut über ihren Stand. Sie hatte sich in dieser Saison wacker geschlagen, ihre Ware auf allen lokalen Märkten und Weihnachtsmärkten präsentiert und ihre Weihnachtsdeko verkauft. Zwar verdiente sie damit keine Unsummen, aber abgesehen von der Standmiete hatte sie kaum Kosten und machte so fast ausschließlich Profit. Und das Geld war ein willkommenes Zubrot zu ihrem Teilzeitjob, mit dem sie sich ihr Master-Studium finanzierte. Romy war stolz auf ihre Dekoartikel und hoffte nur, dass Gus' Eltern sich freuten, wenn sie ihre Geschenke öffneten.

Wenn sie länger über die Familie ihres Freundes nachdachte, fiel ihr auf, dass sie zwar alle recht umgänglich wirkten, aber – nach den Eltern zu schließen – auch ziemlich ruppig und lärmig. Im Grunde hatte Romy nichts gegen eine gewisse Lautstärke; eher störte sie das ständige Rückenklopfen und die Spötteleien, die schnell in eine gewisse Grausamkeit abgleiten konnten. Außerdem dachten diese Leute, dass alles, was keinen unmittelbar praktischen Wert hatte (wie zum Beispiel Kunst), absolute Zeitverschwendung war. Und als wäre das noch nicht genug, wusste Romy ganz genau, dass man sie nur nach Frankreich eingeladen hatte, weil Gus seiner Familie erzählt hatte, dass ihre Eltern Weihnachten in Neuseeland verbringen würden. Eigentlich hätte Romy lieber mit Freunden gefeiert, doch es wäre ihr undankbar vorgekommen, die Einladung abzulehnen.

Gus war wirklich reizend, und Romy war in der ersten Zeit nach ihrem Kennenlernen völlig verrückt nach ihm gewesen. Aber jetzt, nach einem Jahr, fragte sie sich manchmal, ob er sie nur derart angezogen hatte, weil er sich von dem Freund, den sie vor Gus gehabt hatte, so grundlegend unterschied. Gus hatte ihr gegenüber einmal erwähnt, dass seine Freunde ein wenig schockiert reagiert hatten, als er mit einer so künstlerisch interessierten, eigenwilligen jungen Frau wie ihr angekommen war, während sie ihn jedoch gleichzeitig um seine umwerfende Freundin beneideten. Beim ersten Date hatte er sich ziemlich ängstlich erkundigt, ob sie irgendwelche Tattoos habe. Zwar hatte sie ihn diesbezüglich beruhigen können, aber seine Frage hatte sie dazu gebracht, über eine Fledermaus am Handgelenk nachzudenken. Die bevorstehende Reise nach Frankreich sah Romy gewissermaßen als Test: Wenn ihre Beziehung das Fest überlebte, waren sie wahrscheinlich füreinander bestimmt. Insgeheim wünschte sie sich, dass sie weder dem Weihnachtsfest in Frankreich noch ihrer Beziehung so zwiespältig gegenüberstünde.

»Hier«, sagte jemand. »Ich dachte, das könnten Sie brauchen. Sie sehen ziemlich verfroren aus.«

Es war der Mann in der Lederkombi, der ihr eine Tasse mit heißer, gewürzter Schokolade reichte.

Romy nahm das Getränk mit dankbarem Lächeln an. »Vielen Dank. Die kann ich gut gebrauchen. Ich hatte heute Morgen kaum Zeit für eine Tasse Instantkaffee, und obendrein ist auch noch meine Heizung zu Hause ausgefallen.« Sie nahm einen herzerwärmenden Schluck. »Schauen Sie sich doch bitte um und suchen Sie sich etwas aus. Ich schenke es Ihnen. Vielleicht eine Kleinigkeit für Ihre Freundin?«

Sie hasste sich selbst für das, was wie unverhohlenes Baggern aussehen musste, aber es war zu spät.

»Ihr Geschenk habe ich schon«, sagte der Mann. Seinem Gesichtsausdruck nach zu urteilen, schien er ziemlich sicher zu sein, dass er den Geschmack seiner Freundin getroffen hatte. Romy wusste, wie dumm ihre Enttäuschung war – schließlich war sie selbst nicht frei –, doch irgendwie machte es ihr zu schaffen.

»Ja, prima! Die meisten Männer denken erst an Heiligabend an solche Dinge. Sie haben also einen echten Vorsprung.«

»Allerdings brauche ich noch Weihnachtsdeko. Mein Haus ist im Moment eine Baustelle. Meine Freundin feiert Weihnachten mit ihrer Familie in Connecticut, und ich möchte, dass es richtig toll aussieht, wenn sie zurückkommt. Sie soll sich in das Haus verlieben.«

»Nun«, sagte Romy, nachdem sie genug heiße Schokolade getrunken hatte, um sich wieder etwas aufzuwärmen. »Weihnachtsdekos sind meine Spezialität. Das alles hier habe ich selbst gemacht. Schauen Sie sich die da mal an.« Sie zeigte auf eine Bodenvase aus Glas, die weiß bemalte Zweige enthielt. An den Ästen waren kleine Anhänger befestigt, die wie Heißluftballons aussahen. In jedem der Ballons steckte ein winziges, batteriebetriebenes Licht, sodass die Äste aus der Ferne so wirkten, als wären sie mit Sternen übersät. Aus der Nähe konnte man die liebevoll bemalten, eiförmigen Anhänger erkennen.

Der Mann neigte den Kopf. Er wirkte ein wenig zerzaust, was Romy durchaus echt und keineswegs beabsichtigt vorkam. »Also, ich muss sagen, dass Ihre Dekorationen mir gleich beim Hereinkommen aufgefallen sind.«

»Und trotzdem sind Sie zuerst zum Kaffeestand gegangen?«

»Ich sah Sie stampfen, auf und ab gehen und mit den Armen schlagen und dachte mir, dass Ihnen kalt sei.« Er zwinkerte freundlich, und es war unmöglich, nicht darauf zu reagieren.

Romy lachte. »War es so offensichtlich? Das tut mir leid. Vielleicht zieht es hier an diesem Stand ganz besonders, denn allen anderen scheint die Kälte nichts auszumachen.« Trotz seines »Bad Boy«-Looks hatte der Mann ein sehr freundliches Lächeln. Romy empfand einen Stich Eifersucht auf das Mädchen mit der Familie in Connecticut. »Also«, meinte sie knapp. »Was möchten Sie?«

»Ich glaube, ich nehme sie alle«, sagte er nach einiger Überlegung.

»Einen kann ich Ihnen gern schenken, aber nicht alle.«

»Ich bezahle dafür. Den Gratiszweig nehme ich natürlich auch. Und alles, was Sie sonst noch haben. Ich möchte einen bleibenden Eindruck hinterlassen.« Er grinste.

Romy räusperte sich und senkte den Blick auf ihre Dekoartikel. Zwar war der Mann gefährlich attraktiv, aber als Kunde ziemlich perfekt, dachte sie. »Die Heißluftballons kosten jeweils fünf Pfund«, sagte sie. Der Preis hatte die meisten Käufer abgeschreckt, obwohl in den Zweigen eine Menge Arbeit und Aufwand steckten. »Die Fledermäuse kosten vier Pfund fünfzig und die Gläser mit den Teelichtern nur ein Pfund, obwohl sie wirklich hübsch sind.«

»In diesem Fall nehme ich keinen Ballon als Geschenk an. Eine Tasse heiße Schokolade ist keinen Fünfer wert.«

»Wie wäre es denn mit einer von denen hier«, schlug Romy vor und zeigte ihm eine aus Draht und schwarzen Strümpfen hergestellte Fledermaus. Sie hatte davon mehrere gebastelt, aber sie verkauften sich nicht gut. Fledermäuse schienen eher ein Nischenprodukt zu sein.

»Oh, eine Fledermaus!«, sagte er erfreut. »Ich mag Fledermäuse!«

»Ehrlich? Dann nehmen Sie doch gleich mehrere.

Niemand sonst scheint etwas für sie übrigzuhaben. Ich nehme an, sie passen eher zu Halloween als zu Weihnachten, doch ich finde sie ziemlich süß.«

»Ich mag Fledermäuse, weil ich ihnen zu verdanken habe, dass ich mein Haus und mein Musikstudio so günstig bekommen habe.«

»Schlaue Fledermäuse! Wie haben sie denn dieses Kunststück fertiggebracht? Das würde ich auch gern beherrschen.«

Er lachte. »Leider haben sie es nicht durch ihre Intelligenz geschafft, sondern dadurch, dass sie im Dach der Gebäude nisten. Weil sie geschützt sind, dürfen sie nicht entfernt werden. Aber nicht jeder mag Fledermäuse.«

»Was ist das für ein Haus, in dem sich Fledermäuse wohlfühlen? Doch nicht etwa eine alte Kirche oder so?« In Gedanken sah sie Fledermäuse vor sich, die in der Abenddämmerung aus einem schmalen Bogenfenster schwärmten – dicht gefolgt von Dracula, der sich natürlich aus einem größeren Fenster stürzte.

»Es ist eine alte Mühle, die jahrelang leer stand und ziemlich von Wald eingeschlossen ist. Wenn sie erst einmal fertig ist, wird sie wunderschön.«

»Hört sich toll an! Ich wollte schon immer im Wald wohnen, mit dem Gesang der Vögel aufwachen und sehen, wie das Sonnenlicht durch die Äste der Bäume fällt.« Sie hielt inne. »Na ja. Vielleicht nicht gerade im Winter!« Romy lachte und nahm ihre Mütze ab. »Das kommt davon, wenn man mit Spitznamen ›Goldlöckchen‹ heißt«, sagte sie und schüttelte ihre blonden Locken.

»Ah, wie in dem Märchen *Goldlöckchen und die drei Bären!* Jetzt wird mir einiges klar«, sagte er und stimmte in ihr Lachen ein. »Sie sind dazu bestimmt, in den Wäldern zu leben!«

»Ich habe schon mal daran gedacht, mir die Haare schwarz zu färben und so zu tun, als wäre ich eine Fledermaus. Dann wäre es vielleicht einfacher, mir ein Zuhause im Wald zu suchen.«

»Tun Sie das bloß nicht!« Er klang erschrocken.

»Nein, schon gut. Eine Freundin hat es einmal gemacht, und es brauchte eine halbe Ewigkeit und viele Hundert Pfund, bis sie erkannte, dass Blondinen tatsächlich mehr Spaß haben. Aber zurück zu der Weihnachtsdeko. Was wollten Sie mitnehmen?«

»Ich nehme alles.«

»Wirklich? Ich habe hier zehn Ballons, das wären schon einmal fünfzig Pfund. Ich würde Ihnen natürlich einen Rabatt einräumen.«

»Nicht nötig. Rechnen Sie einfach aus, was alles zusammen kostet.«

Romy addierte alles. »Sagen wir: achtzig Pfund.«

Er hatte die Summe etwas schneller ausgerechnet als sie. »Bei mir kommen aber fünfundneunzig raus.«

»Nein, mit dem Mengenrabatt sind es achtzig Pfund.«

»Neunzig!«

Sie schüttelte den Kopf. »Achtzig ist mein letztes Angebot.«

»Neunzig. Ich nehme die Zweige auch gleich mit.«

»Die Zweige sind umsonst. Sie könnten sich auch selbst welche suchen – vor allem, wenn Sie im Wald wohnen!«

»Mag sein, doch dann müsste ich mich um weiße Farbe und einen Pinsel kümmern. Ich hätte lieber Ihre.«

»Na gut.« Dieser Mann hatte ihre sämtlichen Artikel

gekauft, was bedeutete, dass sie gleich Schluss machen konnte. Ihr Flug nach Frankreich ging entsetzlich früh am nächsten Morgen, und vorher musste sie noch den Bus zum Flughafen nehmen.

Er runzelte die Stirn. »Mir ist gerade eingefallen: Ich bin mit dem Motorrad hier. Wie bekomme ich die Zweige nach Hause?«

»Tja, wie wollten Sie denn die Heißluftballons und die anderen Dekorationen transportieren?«

»In meiner Top-Box. Aber die Äste passen da nicht hinein.«

»Dann raffen Sie sich auf und sammeln Sie doch selbst neue. Sie müssten sie nicht einmal unbedingt weiß anmalen. Stellen Sie sie so wie ich in einen Eimer, füllen Sie ihn mit Sand, Erde oder Steinen und hängen Sie die Heißluftballons daran auf – und fertig ist Ihr Weihnachtsbaum. Sie brauchen nur noch Geschenke und Schokolade darunterzulegen.«

Er antwortete nicht, sondern schaute sie einige Sekunden lang nachdenklich an. »Ich überlege gerade, ob ich Sie um einen großen Gefallen bitten darf.«

»Fragen Sie nur. Ich kann schließlich Nein sagen.« Insgeheim jedoch wusste sie längst, dass sie vermutlich nicht ablehnen würde.

»Ich muss noch ein paar Sachen einkaufen, und zwar mehr, als ich in der Top-Box transportieren kann. Eigentlich wollte ich versuchen, mir die Einkäufe liefern zu lassen; vielleicht hätte auch ein Freund sie für mich abgeholt. Aber könnten Sie nicht die Lebensmittel und die Deko für mich mitnehmen?«

Romy dachte nicht lange nach. Abgesehen von allem anderen – und da war einiges – hatte er ihren gesamten Warenbestand aufgekauft. Ihm die Sachen zu liefern war da nicht zu viel verlangt.

»Einverstanden. Aber nur, wenn ich im Gegenzug Ihr Haus besichtigen darf.«

Er lachte laut auf. »Abgemacht! Doch erwarten Sie nicht zu viel. Es ist noch eine Baustelle. Und jetzt möchte ich Sie gern bezahlen ...«

»Romy«, vollendete sie den Satz.

»Felix. Es war nett, mit Ihnen Geschäfte zu machen«, sagte er und reichte ihr das Geld.

Sie nahm die Banknoten, die er ihr in die Hand drückte, und steckte sie in die Tasche. Damit würde sie in Frankreich etwas Taschengeld zur Verfügung haben. »Dann gehen Sie mal einkaufen.«

Romy folgte Felix in ihrem Auto. Sie war ein bisschen aufgeregt. Ihm hatte sie zu verdanken, dass ihr mehr Zeit blieb, um für ihre Frankreichreise am nächsten Tag zu packen. Und die zusätzliche Zeit brauchte sie dringend. Keines ihrer Kleider erschien ihr angemessen, und die Geschenke waren doch recht sperrig. Und wenn Gus' Eltern schon so freundlich gewesen waren, sie zu Weihnachten einzuladen, wollte sie die Leute nicht mit allzu ausgefallener Kleidung schockieren. Sie kleidete sich gern ein wenig gruftimäßig. Es fiel ihr schwer, sich mit Blusen und Kaschmirstrickjacken anzufreunden.

Während sie dem Motorrad durch die Straßen folgte, wurde ihr klar, dass sie ihre Vorfreude auf das Packen als Vorwand benutzte, um ihr schlechtes Gewissen zu verdrängen, das sie empfand, weil sie einen fremden Mann in seinem Haus besuchte – auch wenn es am helllichten Tag geschah. Wäre Felix unattraktiv gewesen, lägen die Dinge anders. In diesem Fall hätte sie sich kein bisschen schuldig gefühlt. Aber er war wirklich verflixt attraktiv.

Das Motorrad bog von der Landstraße ab. Romy folgte ihm auf einen von Bäumen gesäumten Weg. Nach und nach wurden die Bäume dicker und verdichteten sich zu einem richtigen Wald. Auch der Himmel hatte sich verfinstert, und ihr war klar, dass das Tageslicht rapide abnahm. Sie parkte in einer großen Einbuchtung, die Felix ihr zeigte.

»Oh, wow! Was für ein toller Wald!«, sagte sie beim Aussteigen. »Es ist wunderschön hier!« Es war allerdings auch deutlich kälter als in der Stadt.

»Das Haus liegt sehr einsam, aber mir gefällt es.«

Seine Betonung lag auf dem »mir«. Eigentlich hätte er sagen müssen: »Uns gefällt es«, dachte Romy. Seine Worte deuteten darauf hin, dass seine Freundin aus Neuengland offenbar ein wenig anders empfand. Aber vielleicht bildete sie sich das auch nur ein.

»Kommen Sie rein, ich zeige Ihnen alles.«

»Lassen Sie uns lieber erst Ihre Einkäufe hineinbringen.«

Nachdem Romy die Deko sicher ins Haus gebracht hatte, schleppte sie eine der Einkaufskisten in den Küchenbereich des großen, offenen Raumes. Es gab keine Einbauküche, sondern nur eine Edelstahlspüle und einen großen Herd. An den Wänden standen ein paar alte Schränke. Romy gefiel die Art, wie die Küche einerseits abgetrennt war, gleichzeitig aber ein Teil des Zimmers blieb. Der Raum hatte so viel Potenzial, dass es ihr schwerfiel, nicht vor Begeisterung aus dem Häuschen zu geraten. Die Kiste klirrte aufschlussreich, als sie sie auf einer behelfsmäßigen Arbeitsplatte abstellte.

»Sie haben nicht gerade viel zu essen gekauft, wenn

man bedenkt, dass Weihnachten ist und die Leute normalerweise dreimal so viel einkaufen, wie sie vermutlich essen können«, stellte sie fest und fragte sich sofort, ob das zu neugierig oder unhöflich gewesen war.

Er schien nichts dagegen einwenden zu wollen. »Ich habe vor, die Weihnachtstage bei Freunden zu verbringen, und finde, dass man besser erst nach den Feiertagen einkaufen sollte, wenn alles nur noch halb so teuer ist.«

»Geizhals! Sie schnorren lieber Essen bei Ihren Freunden, um selbst später alles billiger zu kaufen!« Romy tat nur, als wäre sie schockiert. In Wirklichkeit hielt sie das für eine gute Idee.

»Hey! Schließlich bringe ich ihnen Brandy, Portwein, einen sehr schönen Rotwein und diesen abscheulichen Sahnelikör mit, den meine Freundin so gern mag.«

Romy liebte Bailey's ebenfalls und fragte sich, ob Gus ihr vielleicht eine Flasche gekauft hatte. Allerdings vermutete sie, dass seine Eltern den Likör als »klebrig« bezeichnen und missbilligen würden.

»Gut«, sagte sie. »Dann wollen wir uns mal um Ihren Weihnachtsbaum kümmern.«

Sie stellten Romys bemalte Zweige in einer Ecke neben der riesigen Glaswand auf, von der aus man in den Wald hinausblickte. Es dauerte eine Weile, die Zweige zu schmücken, aber schließlich sah es wunderschön aus.

»Herrlich«, stellte Romy fest, nachdem sie alle batteriebetriebenen Teelichter eingeschaltet hatten. »Es wäre natürlich praktischer, wenn sie miteinander verbunden wären und man sie einfach mit einem einzigen Schalter anknipsen könnte, doch ich habe sie als Einzeldeko entworfen und nicht erwartet, sie als Ganzes zu verkaufen.«

»Was genau machen Sie eigentlich, wenn Sie gerade keine Teelichter verhökern?«

Sie lachte. Es gefiel ihr, dass er sie neckte. »Ich studiere Bildende Kunst und Landschaftsarchitektur und mache gerade meinen Master. Ursprünglich hatte ich andere Pläne. Eigentlich wollte ich etwas Vernünftiges studieren, aber dieser Studiengang hat es mir dann doch mehr angetan.« Sie lachte erneut. »Mein Freund hält mich für verrückt, dass ich etwas aufgegeben habe, das mir zu einer echten Qualifikation verholfen hätte – vielleicht als Lehrerin. Doch als ich herausfand, dass ich den Master in einem Fach machen konnte, das ich wirklich liebe, konnte ich einfach nicht Nein sagen.« Der Studiengang war auch ein Grund dafür, dass sie immer nach Wegen suchte, ein bisschen mehr Geld zu verdienen.

»Ich finde, das klingt ziemlich cool«, bemerkte Felix und blickte sie aufmerksam an.

Verlegen erklärte sie: »Das bedeutet natürlich, dass ich chronisch pleite bin. Doch es macht mir nichts aus.«

Er schien noch etwas sagen zu wollen und sich dann anders zu besinnen. »Ich zeige Ihnen jetzt die Mühle, ehe es zu dunkel wird.«

Das Haus war riesig und luxuriös – oder würde es zumindest einmal sein, wenn es fertig war. Die Küche war so konzipiert, dass sie von überall eingesehen werden konnte. Mit Oberlichtern in der Decke nutzte sie jedes natürliche Licht. Im Wohnzimmer standen ein riesiger Holzofen und mehrere recht schäbige alte Sofas. Viel anderes Mobiliar gab es nicht, sah man einmal von den beeindruckenden Stapeln Vinylplatten ab. Die Wände waren aus Naturstein und bedurften dringend einiger großer Kunstwerke (das war Romys Meinung, die sie aber für sich behielt).

Im Obergeschoss gab es drei Schlafzimmer mit angeschlossenen, großzügigen Bädern, von denen aus man nach draußen in die Baumkronen schauen konnte: Feuchträume mit viel Platz für zwei. Das Hauptschlafzimmer war so schön, dass Romy vor Bewunderung und Neid den Atem anhielt.

»Es ist traumhaft«, sagte sie. »Absolut traumhaft.«

»Eines Tages vielleicht«, schränkte Felix ein. »Leider ist bisher nur die Dusche im Erdgeschoss angeschlossen, das Wohnzimmer ist ein einziges Chaos, und mit der Küche habe ich noch nicht einmal angefangen.« Er klang, als zitierte er jemanden. »Ach ja, und im Schlafzimmer riecht es nach Fledermäusen.«

»Wirklich? Ist mir nicht aufgefallen. Allerdings habe ich keine Ahnung, wie Fledermäuse riechen. Und mit einer hübschen Duftkerze bekäme man das doch sicher in den Griff, oder?«

Er zuckte mit den Schultern.

»Ganz im Ernst: Ein Raumduft oder eine Duftkerze könnten dafür sorgen, dass es im Schlafzimmer himmlisch riecht. Ihre Freundin würde es dann sicher mögen.«

Er schwieg einen Moment, ehe er schließlich antwortete: »Ich hoffe es. Möchten Sie das Studio sehen?«

Jetzt war es Romy peinlich, dass sie vorgeschlagen hatte, eine Kerze aufzustellen. Schließlich ging es sie nichts an, und sie war froh, dass er das Thema gewechselt hatte. »Oh, ja, bitte.«

»Allerdings ist es eines für Musiker, nicht für Künstler«, fügte er hinzu.

»So genau nehme ich es nicht.«

Als sie den gepflasterten Hof überquerten, fiel Romy auf, dass es viel kälter geworden war. Sie glitt auf einem Stein aus und hoffte, dass es Wasser und kein Eis war. Vorsichtshalber beschloss sie, nicht zu lange im Studio zu verweilen. Sie musste nach Hause und packen. Die Tage waren kurz, und sie hatte keine Lust, in der Dämmerung durch die dunklen Wälder zu fahren. Außerdem erschien es ihr noch weniger angebracht, sich am Abend in Felix' Haus aufzuhalten. Vielleicht fühlte es sich gerade deshalb so falsch an, weil Felix ihr gefiel.

Anders als das Haus war das Studio beinahe vollständig eingerichtet. Es hatte wunderschöne Holzböden. An den Wänden hingen merkwürdige rechteckige Kisten, die vermutlich der Schalldämmung dienten; es gab einen riesigen, geschwungenen Tisch mit Hunderten von Schaltern und einen Flügel. An den Wänden hingen Fotos von Bands, von denen Romy eine erkannte. Die Einrichtung sah keineswegs billig aus.

Ein Anflug von Mitgefühl für Felix' Freundin überkam sie. Seine Prioritäten lagen eindeutig in diesem Studio. Wenn er jedoch sein Geld auf diese Weise verdiente, war dagegen nichts anzuwenden.

»Sie denken jetzt sicher, dass ich zu viel für das Studio und nicht genug für das Haus ausgegeben habe«, sagte Felix. Es klang, als wollte er sich rechtfertigen. »Aber so verdiene ich nun einmal meinen Lebensunterhalt: Ich bin Musikproduzent.«

Romy nickte. »Genau das habe ich mir gedacht. Schließlich muss man Geld erst einmal verdienen, ehe man es für ein schickes Haus ausgibt.«

Plötzlich grinste er sie mit glänzenden Zähnen an. »Obwohl einer der Gründe für das unfertige Haus der ist, dass ein Kumpel die Klempnerarbeiten erledigen sollte, dann aber ein Baby bekam und plötzlich keine Freizeit mehr hatte.«

»Sehr ungewöhnlich«, erklärte Romy schmunzelnd.

»Ich meine natürlich, dass seine Frau das Baby bekam. Doch das wissen Sie ganz genau. Aber Sie haben schon recht. Ich sollte kein Geizkragen sein, sondern einen Profi beauftragen und ordentlich dafür bezahlen.«

»Ich hatte Ihnen die Absolution als Geizhals bereits erteilt, nachdem ich erfahren habe, wie viel Alkohol Sie Ihren Freunden spendieren.«

»Dann ist das also in Ordnung.«

»Hören Sie …«

Sie hatten beide gleichzeitig zu sprechen angefangen, aber Felix ließ Romy den Vortritt.

»Ich sollte jetzt wirklich losfahren«, sagte sie bedauernd.

»Sollen wir nicht erst noch einen Tee trinken? Und vielleicht ein Sandwich dazu essen?«

Romy war sich nicht ganz sicher, aber auch er schien die gemeinsame Zeit ein wenig verlängern zu wollen. Und sie hatte nun tatsächlich Hunger.

»Ich habe Schinken da«, fügte er lockend hinzu.

Romy erlag der Versuchung. »Das wäre wunderbar. Aber danach muss ich wirklich fahren.«

Auf Felix' Anregung hin entzündete Romy ein Feuer im Holzofen, während Felix Schinkenbrötchen zurechtmachte. Er hatte Brötchen eingekauft und röstete sie leicht an, ehe er sie mit dem Schinken belegte. Er hatte auch eine große Auswahl an Soßen da, und obwohl Romy ihr Brötchen schlicht bevorzugte, war es schön, etwas angeboten zu bekommen. Sie nahm auch eine Tasse Tee an.

Sie aßen und tranken vor dem Feuer. Um Gesprächsstoff waren sie nicht verlegen, denn sie entdeckten viele Gemeinsamkeiten: die Liebe zu Natur, Fledermäusen und Musik, den gleichen Sinn für Humor und ihre Einstellung zum Leben im Allgemeinen. Romy fühlte sich richtig wohl. Kaum zu glauben, dass sie sich erst wenige Stunden zuvor kennengelernt hatten.

»Wieso haben Sie eigentlich ein Foto von den Flying Angels an der Wand in Ihrem Studio?«, erkundigte sie sich.

»Die Angels? Das sind alte Freunde von mir. Sie kommen manchmal zur Probe her und arbeiten ein bisschen am Mischpult. Kennen Sie sie?«

»Na ja, sie stammen hier aus der Gegend. Ich habe sie einmal in einem Pub gehört.« Damals hatte sie Gus mitgenommen, und obwohl er behauptet hatte, die Band zu mögen, hatte er sie nicht wirklich davon überzeugen können.

»Cool! Sie haben bald wieder einen Auftritt. Wir sollten zusammen hingehen!.«

»Das sollten wir besser nicht tun«, erklärte sie, stellte ihre Tasse auf den Boden neben den Ofen und stand auf. »Dafür sollte ich aber jetzt schleunigst nach Hause fahren.«

Romy befürchtete, dass sie es nicht schaffen würde, einfach nur mit Felix befreundet zu bleiben. Und ihm traute sie es auch nicht zu. Sie musste die Notbremse ziehen, ehe etwas passierte, was sie beide bereuen würden.

»Sind Sie ganz sicher, dass Sie gehen müssen?« Er stand ebenfalls auf. Der Gedanke an den Abschied schien ihn zu bekümmern.

»Ja, bin ich. Mein Flug geht morgen früh, und vorher muss ich noch den Bus nehmen. Aber es war … wirklich schön. Ich liebe Ihr Haus im Wald, und ich finde wirklich nicht, dass es im Schlafzimmer nach Fledermauskot riecht.« Den letzten Teil hatte sie hinzugefügt, um die Stimmung ein wenig aufzuhellen. Jetzt jedoch erschien ihr die Bemerkung plötzlich etwas zu intim.

Er begleitete sie zur Tür und den Hügel hinauf, wo ihr Auto stand. Immer noch schien er nicht zu wollen, dass sie ging. Sie hingegen schritt aus, so schnell sie konnte, um ganz sicherzugehen, dass sie weder Gus noch ihren Flug nach Frankreich und schon gar nicht alles Vernünftige in ihrem Leben aufgab.

»Auf Wiedersehen«, verabschiedete sie sich und setzte die Trapper-Mütze auf.

»Auf Wiedersehen«, sagte er. Er sah aus, als wollte er ihr einen Kuss auf die Wange drücken, doch Romy trat einen Schritt zurück, um ihn daran zu hindern.

Sie stieg ins Auto und ließ den Motor an.

Als sie langsam davonfuhr, standen Tränen in ihren Augen. Vielleicht waren sie der Grund dafür, dass sie die Kurve zu spät bemerkte. Plötzlich war die Straße spiegelglatt. An der Biegung fuhr ihr Auto geradeaus, über eine leichte Böschung und gegen einen Baum. Weil sie nur langsam unterwegs gewesen war, zog sie sich keine Verletzungen zu, aber zuzusehen, wie die Motorhaube ihres Autos wie in Zeitlupe zerknautschte, war sehr schmerzlich.

Das Auto hing mit der Fahrerseite über dem Graben, doch Romy schaffte es, auszusteigen und sich herunterzuhangeln. Dann kletterte sie die Böschung hinauf und stapfte zurück zur Fahrbahn.

Felix stand keuchend vor ihr. »Ich habe Ihnen nachgeschaut und gesehen, was passiert ist. Ist mit Ihnen alles in Ordnung?« Ohne auf ihre Antwort zu warten, nahm er sie in die Arme.

Das Gefühl war zwar angenehm, aber die nette Geste half nicht. Mehr denn je fühlte sie sich den Tränen nahe. »Mir geht es gut«, stieß sie heiser hervor.

Romys Telefon meldete sich mit einem vernehmlichen »Ping«. Es lag noch im Auto, dessen Fahrertür offen stand.

»Ich hole es«, sagte Felix und marschierte davon.

Bis er wieder zu ihr zurückkam, hatte Romy sich beruhigt. Ihr Vater hatte ihr eine Mitgliedschaft in einem Automobilclub geschenkt. Ein Abschleppwagen würde sie von der Böschung ziehen; ihr Auto war vermutlich sogar noch fahrbereit. Also alles so weit in Ordnung.

»Hier ist Ihr Telefon«, sagte Felix. »Und Ihre Tasche habe ich auch mitgebracht.«

Romy hatte zwei Textnachrichten erhalten. Die erste war von der Fluggesellschaft, die ihr mitteilte, dass ihr Flug am nächsten Morgen wegen Eisbildung auf den Start- und Landebahnen ausfiel. Die zweite kam von Gus, der offenbar bereits von den Flugausfällen gehört hatte.

Flugabsage tut mir leid! Albtraum! Wirst du versuchen, umzubuchen und nach den Feiertagen zu kommen? Lohnt sich vielleicht nicht für einen Tag. Wir reisen ja bereits am 28.12. wieder ab. Vielleicht kannst du mit Freunden feiern. Wir holen unser Weihnachten dann nach, okay? Frohe Weihnachten, Süße!

»Was ist los?«, erkundigte sich Felix.

»Mein Flug ist wegen Glatteis gecancelt. Und Gus, der offensichtlich Bescheid wusste, schlägt vor, dass ich Weihnachten lieber mit Freunden feiern soll.« Sie unterbrach sich. »Vermutlich kann ich nicht einmal zu ihnen fahren. Ob ich ein Taxi nehmen soll?« Wenn es überhaupt möglich war, würde es ein Vermögen kosten.

»Ist doch eine geniale Idee, mit Freunden zu feiern«, sagte Felix. »Feiern Sie mit *mir!* Wir sind doch Freunde, oder?«

Romy musste unwillkürlich lächeln. »Geht nicht. Sie wollen doch auch zu Ihren Freunden.«

»Das kann ich absagen – sie haben mich ohnehin nur eingeladen, weil sie dachten, ich wäre allein. Warum wollen Sie Weihnachten nicht mit mir verbringen? Ihr Flug ist abgesagt. Was wollen Sie sonst tun? Ihr Auto ist nicht fahrtüchtig, und ein Taxi kostet viel zu viel.«

»Sie haben eine Freundin. Ich sollte zumindest versuchen, nach Hause zu kommen.« Plötzlich fiel ihr die defekte Heizung ein. Keine Wärme, kein heißes Wasser und kein Hauswirt, der die Heizungsanlage reparieren konnte. (Er war über Weihnachten verreist.)

»Schon, aber sie kommt erst kurz vor Neujahr zurück, und wir beide wissen uns zu benehmen. Sie haben mein absolutes Wort darauf – großes Pfadfinderehrenwort. Wir werden Weihnachten als Freunde zusammen feiern.«

Sie unterdrückte ein Kichern bei der Vorstellung, dass dieser Biker und Musikproduzent ein Pfadfinder war, suchte aber fieberhaft weiter nach einem Grund zu gehen. »Was ist mit meinem Auto? Ich kann es doch nicht einfach mit der Nase im Baum stehen lassen.«

Er lächelte. »Ich habe nicht nur ein Motorrad, sondern auch einen Land Rover. Wenn man hier wohnt, braucht man so etwas. Sobald es nicht mehr glatt ist, ziehe ich Sie damit von der Böschung. Das ist überhaupt kein Problem.«

»Morgen ist Heiligabend. Wenn das Wetter besser wird, schaffe ich es vielleicht nach Hause.«

»Sagten Sie nicht, Ihre Heizung sei kaputt? Wollen Sie wirklich in eine kalte Wohnung zurückkehren?«

»Ich habe auch kein heißes Wasser«, musste sie zugeben.

»Dann bleiben Sie doch! Ich verspreche, dass nichts geschehen wird, was unsere jeweiligen Partner beunruhigen könnte. Ich respektiere Ihre Vorbehalte und denke ebenfalls so. Untreue geht gar nicht.«

Sie spürte, wie sich ein glückliches Lächeln auf ihrem Gesicht ausbreitete. Es gab tatsächlich keine Alternative. Sie schob das Schuldbewusstsein beiseite und gestattete einer Glücksblase in sich, an die Oberfläche zu steigen. Sie musste Weihnachten nicht mit der ungehobelten Familie ihres Freundes verbringen, sondern durfte mit einem netten, fröhlichen Mann feiern, der sich für die gleichen Dinge interessierte wie sie. Sie konnte ihr Glück kaum fassen.

»Um ganz ehrlich zu sein«, erklärte sie, während sie Arm in Arm zum Haus gingen (für den Fall, dass sie nach dem Unfall noch etwas wacklig auf den Beinen war), »ich habe mich ein wenig vor dem Aufenthalt bei Gus' Familie gefürchtet. Sie sind sehr freundlich, doch ich glaube nicht, dass ich zu ihnen passe. Sie stehen auf Quizspiele.«

»Ich quizze auch gern«, sagte Felix. »Sie etwa nicht?«

»Doch, schon. Aber ich bin manchmal wie vor den Kopf geschlagen bei Dingen, die ich eigentlich wissen sollte. In Kunst, bei Künstlern und bei Indiebands und solchen Themen macht mir keiner was vor. Doch Gebirgszüge? Da komme ich ins Schleudern!«

»Aber wenn ein Rätsel in der Zeitung ist, versuchen Sie doch sicher auch, es zu lösen?«

»Nur wenn die Spielregeln nicht gelten.«

»Sie meinen, Sie googeln die Antworten?« Er schien ein wenig schockiert zu sein.

»Nein. Allenfalls, wenn ich wirklich daran verzweifle und nicht selbst darauf komme. Aber diese Quizspiele in geselliger Runde mag ich nicht. Ich will vermeiden, dass jemand sagt: ›Hattest du an deiner supertollen Schule etwa keinen Geografie-Unterricht?‹«

»Das haben diese Leute nicht gesagt!« Felix war entsetzt.

»Um fair zu sein: Nein, haben sie nicht. Aber ich hatte Angst, dass sie es tun würden.«

Er zog sie näher an sich. Es war fast wie eine kleine Umarmung. »Kleine Spinnerin. Wenn wir zwei allein sind, wird es bestimmt nicht so laufen. Oh …« Er hielt inne und gestattete Romy ein paar Sekunden lang, den Teil »wir zwei allein« seines Satzes zu genießen.

»Was ist?«

»Ich habe Sie ›kleine Spinnerin‹ genannt. Das war nicht sehr freundlich.«

»Aber Sie haben es freundlich klingen lassen. Schon okay.«

Es fühlte sich fast ein bisschen nach Verlust an, als sie das Haus erreichten und er sie losließ.

»Da ist allerdings noch eine Sache«, begann er, während sie eintraten. »Ich muss morgen ein Album fertigstellen. Ich kann mir den Tag nicht freinehmen. Ist es in Ordnung, wenn ich Sie sich selbst überlasse?«

»Klar, das ist absolut okay«, sagte sie. Dann fiel ihr etwas ein. »Wie wäre es«, fragte sie begeistert, »wenn Sie mir etwas im Haus zu tun gäben? Ich bin ganz gut in praktischen Dingen – viel besser als in Quizfragen.«

»Aber nein. Sie können doch ganz gemütlich vor dem Fernseher abhängen.«

»Nein, viel lieber würde ich etwas tun. Weihnachtsdeko zu fabrizieren macht jetzt keinen Sinn mehr, und meine Klempnerfähigkeiten sind arg begrenzt, doch vielleicht haben Sie irgendetwas, das ein bisschen zu knifflig für Ihre Handwerker ist? Das könnte ich übernehmen.«

»Tatsächlich«, sagte er langsam und nachdenklich. »Ich habe da ein paar schöne Jugendstilfliesen, die aus einem zerbombten Haus in London stammen. Auf der Rückseite ist noch Zement, und sie sind alle ziemlich beschädigt, aber ich könnte mir vorstellen, dass sie im Bad hübsch aussähen. Dort ist alles im Moment sehr modern und High End, doch ein Hauch von Kunsthandwerk würde dem Badezimmer eine besondere Note verleihen.«

»Liebend gern! In der Aufarbeitung alter Dinge bin ich wirklich gut. Und wenn ich etwas für Sie tun kann, fühle ich mich weniger ... schuldbewusst.«

»Ich gebe Ihnen ganz bestimmt keinen Grund, sich schuldbewusst zu fühlen – oder dass ich mich schuldbewusst fühlen muss. Versprochen.«

»Trotzdem würde es mir besser gehen, wenn ich irgendwie helfen könnte. Meine Anwesenheit hier wäre dann eher gerechtfertigt.«

»Ich finde, wir sollten eine der Flaschen aufmachen«, meinte Felix. »Um zu feiern. Dann sollten wir vielleicht auch etwas essen.«

»Ich weiß schon, was ich gern hätte!«, freute sich Romy. »Diesen ungesunden Sahnelikör, den Ihre Freundin mag und den Sie offensichtlich nicht ausstehen können.«

»Dem kann ich nicht widersprechen, aber darüber wollen wir nicht streiten. Mit oder ohne Eis?«

»Für Eis ist es zu kalt. Bitte pur.«

»Ich mixe mir einen Whisky-Mac. Das ist mein ganz persönlicher Weihnachtsdrink.«

Sie nahmen ihre Drinks mit zum Feuer und setzten sich jeder auf ein Sofa. Romy hatte die Stiefel an der Tür ausgezogen und war froh, sich einkuscheln zu können.

»Ich hole Ihnen noch ein Paar Socken, falls Ihnen kalt ist«, sagte Felix sofort und sprang auf.

Romy gefiel die Art, wie er sich bewegte: schnell und anmutig. Gus war ein wenig schwerfällig für einen Mann seines Alters.

Felix kam nicht nur mit Socken, sondern auch mit einer hübschen Mohairdecke zurück. »Die habe ich hier im Ort gekauft«, erklärte er. »Es fühlte sich irgendwie falsch an, sie im Laden zurückzulassen. Sie ist so wunderschön. Leider scheint sie nicht die richtige Farbe zu haben«, fügte er hinzu und hielt inne. »Das falsche Grün.«

»Als Künstlerin muss ich widersprechen. Es ist ein perfektes Grün. Ich werde wohl nie verstehen, warum Leute immer alles Ton in Ton haben wollen.« Sie schüttelte den Kopf.

Felix blickte sie überrascht an. »Dann denken Sie also nicht, dass alles zusammenpassen muss?«

»Ganz bestimmt nicht«, erwiderte sie, »allerdings muss ich Ihnen gestehen, dass bei Gus' Eltern auch alles genau aufeinander abgestimmt sein muss, zumindest wenn man den Bildern auf Facebook glauben darf.« Sie errötete, weil sie sich plötzlich unloyal gegenüber diesen Leuten fühlte, die immerhin so freundlich gewesen waren, sie zu Weihnachten einzuladen. »Apropos Facebook: Ich sollte vielleicht mal nachschauen, wie es ihnen da drüben im schönen Frankreich geht.« Sie hielt inne. »Dürfte ich vielleicht Ihren Computer benutzen?«

Als er nicht sofort antwortete, fragte sie sich, ob sie ihn auf dem falschen Fuß erwischt hatte. Manche Leute mochten es nicht, wenn andere ihren Rechner benutzten.

»Selbstverständlich dürfen Sie meinen Computer benutzen, logisch, aber wenn Sie nicht gerade einen Roman schreiben oder Solitär spielen wollen, nützt er Ihnen nicht viel.«

»Was soll das heißen?«

»Hier gibt es kein Internet. Mit dem Handy bekomme ich nur mobile Daten, wenn ich oben auf den Hügel steige, auf einen Baum klettere und der Wind in die richtige Richtung weht. Aber nicht hier unten.«

Romy lachte. »Wirklich? Das gefällt mir!«

»Es mag komisch klingen, ist jedoch verteufelt unbequem. Normalerweise gehe ich einfach in den Pub, da gibt es freies WLAN. Aber ich bleibe am Ball«, fuhr er immer noch verlegen fort. »Allerdings fehlt noch die Verkabelung. Ist das ein Problem?«

Romy dachte nach. Normalerweise wirkte es schon fast schockierend, keinen Zugang zu den sozialen Netzwerken zu haben, doch gerade jetzt erschien es ihr völlig in Ordnung.

»Eigentlich nicht.«

»Sie können immerhin SMS schreiben. Auf diese Weise sind wir nicht völlig von der Welt abgeschnitten. Trotzdem funktioniert Online-Shoppen natürlich nicht. Daher vorhin mein Trip in die Stadt.«

»Mit anderen Worten, ich kann am Weihnachtsmorgen keine Sonderangebote einkaufen?«

Er ließ sich auf ihren Humor ein und lachte. »Leider nein. Sie können nur Ihren Weihnachtsstrumpf öffnen, wie jeder andere zivilisierte Mensch auch.«

»Aber ich habe keinen Strumpf. Der Weihnachtsmann denkt doch, ich wäre in Frankreich.«

»Dieses Jahr kommt er eben später zu Ihnen.«

Sie nickte. »Und was ist mit Ihnen?«

Er runzelte die Stirn. »Zu mir auch. Ich habe einen Strumpf im Gepäck meiner Freundin versteckt – vergangenes Jahr haben wir beide viel Zeit damit verbracht, die Strümpfe zu füllen.«

»Vielleicht bringt sie ihn mit zurück, wenn sie nach Hause kommt.«

Wieder runzelte er die Stirn. »Eigentlich denke ich, sie ist jetzt zu Hause.«

Nach einigen Augenblicken entgegnete Romy: »Sie meinen ... bei ihren Eltern?«

Er schüttelte den Kopf. »Nicht unbedingt bei ihren Eltern. Aber in Connecticut. In Amerika.«

»Ich glaube, es würde mir schwerfallen auszuwandern. Also, Gus' Eltern leisten sich eine Villa in Frankreich, die wirklich fantastisch aussieht, aber ich würde mich von Familie und Freunden und von meiner eigenen Kultur abgeschnitten fühlen.«

»Lauren schien gern ganz Britin sein zu wollen, als sie das erste Mal herüberkam. Sie entstammt einer bedeutenden Familie, die vermutlich schon mit der *May-*

flower oder einem der anderen frühen Schiffe nach Amerika kam. Ich glaube, sie hatte zunächst das Gefühl, wieder in die alte Heimat zurückzukehren. Doch in letzter Zeit – nun, jetzt bin ich mir dessen nicht mehr so sicher.«

»Sollen wir uns vielleicht etwas Nettes im Fernsehen ansehen?«, schlug Romy nach einer Weile vor. Die Gespräche über Gus und Lauren waren eine notwendige, aber unwillkommene Erinnerung daran, dass Felix und sie nicht ungebunden waren.

»Oder einen Film!« Seine Begeisterung kehrte zurück. »Ich habe Massen von DVDs. Schauen Sie sich die Auswahl an. Danach sollten wir über unser Essen nachdenken. Schließlich steht Weihnachten vor der Tür, und leckeres Essen gehört in diesen Tagen einfach dazu.«

»Ich habe einen wunderbaren Cheddar-Käse im Auto«, sagte Romy. »Er sollte ein Geschenk für Gus' Eltern sein.«

»Ich habe die üblichen Grundnahrungsmittel im Haus – Kartoffeln und ein paar Konserven.«

»Das kriegen wir hin!« Romy war sicher, dass sie aus den zusammengewürfelten Zutaten etwas Leckeres zaubern konnte. »Gut, dann lassen Sie uns mal einen Blick auf diese DVDs werfen.«

Felix besaß eine riesige Sammlung, die in Schuhkartons untergebracht war. Es gab einige reizende alte Filme, die Romy entweder noch nie oder jahrelang nicht mehr gesehen hatte, und Boxsets mit Fernsehserien, die anzuschauen sie nie Zeit gehabt hatte.

»Ich glaube, wir nehmen *Das Wunder von Manhattan*«, schlug Felix vor. »Schließlich ist Weihnachten. Und danach kochen wir.«

Nachdem er die nötigen Vorbereitungen getroffen hatte, ließ er sich neben ihr auf das Sofa plumpsen. »Keine Sorge, ich will nicht kuscheln, aber wenn ich da drüben sitze, muss ich meinen Hals so verdrehen.«

Romy wünschte sich, er würde kuscheln wollen. Sie konnte sich nichts Netteres vorstellen.

»Wissen Sie, dass ich diesen Film noch nie gesehen habe?«, meinte Romy nach dem Abspann. »Er ist wunderschön!« Sie bemühte sich, ihre Augen abzutupfen, ohne dass er es sah, wurde aber kalt erwischt.

»Ist doch in Ordnung. Man darf ruhig dabei weinen.«

»Ich konnte auch nicht anders. Und nun habe ich Hunger!«

»Gut, dann machen wir uns jetzt etwas zu essen.«

Gus war nicht geeignet für gemeinsames Kochen. Er kochte gern, schärfte ständig Messer, polterte in der Küche herum und warf gebrauchte Pfannen in die Spüle, aber er wollte Romy dann nicht dabeihaben. Felix war in der Küche viel entspannter. Gern überließ er Romy das Schälen und Hacken oder, wenn es um die Currysoße ging, auch das Rühren und das Abschmecken mit Gewürzen. (Gus verachtete es, Speisen abzuschmecken, wenn jemand anderes kochte. »Wenn man weiß, was man tut, weiß man auch, wie das Essen schmeckt«, lautete seine Theorie.)

Felix gab sich sogar nachsichtig, als Romy viel zu viel Chilipaste in die Soße rührte, und erklärte zwischen zwei hastigen Schlucken Wasser überzeugend, wie gern er scharfes Essen mochte.

»Was möchten Sie dazu trinken?«, fragte er Romy, nachdem sie hinten im Kühlschrank einen Becher

Joghurt gefunden hatten, mit dem sie die Soße ein wenig entschärfen konnten.

»Haben Sie Bier?«

Er nickte. »Drüben im Studio. Ich gehe und hole es. Es ist bestimmt schön kühl.«

Während er das Bier besorgte, nahm Romy ihren Teller mit zum Sofa. Es war so gemütlich dort. Sie fragte sich, ob sie so etwas auch mit Gus hätte machen können. Mit einem Currygericht auf dem Schoß vor dem Fernseher zu sitzen wäre so kurz vor Weihnachten für ihn ein absolutes No-Go gewesen.

Felix setzte sich neben sie und drückte ihr eine Flasche Bier in die Hand. »So, jetzt trinken wir erst einmal Brüderschaft.« Sie stießen an. »Und was machen wir mit dem angebrochenen Abend? Kennst du *Ausgerechnet Alaska?* Die Serie ist einfach super! Ich musste sie aus Deutschland kommen lassen, um den Original-Soundtrack dabeizuhaben.«

»Musik ist wichtig, nicht wahr?« Romy aß einen weiteren Happen Curry und trank sofort einen Schluck Bier nach, um ihren Mund zu kühlen.

»Sehr. Aber nicht jeder versteht das.«

Romy fragte nicht, ob Lauren es verstand. Sie hätte auf die Antwort »Nein« gehofft, und das wäre aus sehr vielen Gründen falsch gewesen.

Romy gähnte. »Oh, Entschuldigung!« Sie blickte auf die große Wanduhr. Es war erst zehn Uhr. Schuldbewusst sagte sie sich, dass es unhöflich war, so offen zu gähnen.

»Früh aufgestanden? Wegen des Marktes?«

»Ja, ziemlich früh. Und gestern war ich lange auf, um die Sachen fertig zu machen.«

»Es hat sich jedenfalls wirklich gelohnt.« Felix zeigte

auf die Zweige mit den kleinen Ballonlichtern. »Ich glaube, du gehörst wirklich ins Bett. Ich muss nur noch schnell die Bettlaken wechseln.«

»Ich würde lieber auf dem Sofa schlafen«, erklärte Romy schnell. »Ich glaube, hier würde es mir gefallen. Das Sofa ist gemütlich und das Feuer so heimelig. Ich wollte schon immer mal vor einem offenen Kamin schlafen, und hier kann ich das.«

Alles, was sie gesagt hatte, entsprach der Wahrheit. Hinzu kam, dass sie ihm keine Mühe machen wollte. Außerdem würde sie in seinem Bett unweigerlich auf gewisse Gedanken kommen, die sie gar nicht erst aufkommen lassen wollte.

Felix runzelte die Stirn und dachte nach. »Oh, okay. Es wäre auch einfacher, weil ich nicht sicher bin, ob ich noch passende saubere Bettwäsche habe. Wenn Lauren kommt, wasche ich sie immer, stecke sie in den Trockner und ziehe sie sofort wieder auf.«

»Das weiß sie sicher zu schätzen.« Romy jedenfalls würde sich darüber freuen. Es war die Art von Geste, die Gus nie in den Sinn käme.

»Ich kümmere mich mal um einen Schlafsack und Decken.«

Es dauerte einige Zeit, bis Romy bettfertig war. Sie hatte keine Zahnbürste dabei und musste sich mit ihrem Zeigefinger und etwas Zahnpasta behelfen. Von Lauren lieh sie sich einen Tupfer Feuchtigkeitscreme. Doch sofort wünschte sie, sie hätte es gelassen. Es erschien ihr zu intim, als der feine Duft ihr in die Nase stieg.

Das Ausknipsen der Ballonlichter im Wohnzimmer dauerte eine halbe Ewigkeit. Als das letzte Licht erloschen war, standen sie plötzlich im Dunkeln ganz nah beieinander. Romy fühlte sich seltsam verlegen.

Sie wünschte sich nichts sehnlicher, als sich einen Zentimeter vorwärtszubewegen. Sie wusste, dass Felix dann die Arme um sie legen und sie küssen würde. Und sie sehnte sich geradezu verzweifelt danach. Aber es würde alles zwischen ihnen verändern und die Unschuld ihrer gemeinsamen Zeit erschüttern. Bisher war nichts geschehen, worüber sie nicht mit ihren Partnern hätten sprechen können. Felix und sie hatten ferngesehen, gekocht, wieder ferngesehen und ein paar Drinks genossen. Alles war in bester Ordnung.

Romy spürte, dass es Felix ähnlich erging, denn er stand einige Sekunden sehr still ganz nah bei ihr in der Dunkelheit. Sie konnte sich nicht bewegen, weil sie das große, raumhohe Fenster im Rücken hatte.

Er räusperte sich. »Manchmal, wenn alle Lichter aus sind, kommen Rehe aus dem Wald.«

»Das würde ich gern einmal sehen!«, sagte sie schnell.

»Wenn die Straßen länger vereist sind und du noch hierbleiben musst, können wir vielleicht Futter auslegen. Ich möchte zwar nicht, dass sie sich daran gewöhnen, doch sie mögen es.«

»Was fressen sie denn?«

Er verzog das Gesicht. »Rehfutter. Ich kaufe es extra für sie.«

»Oh ja, können wir das bitte tun? Ich würde sie so gern sehen.«

»Es ist wie verzaubert.«

Draußen wurde es etwas heller, als der Mond für einen Moment hinter einer Wolke hervorkam.

»Ich mache kurz Licht an«, sagte Felix. »Dann können wir zu Bett gehen.«

Romy wurde bewusst, wie sicher sie sich fühlte. Sie

hatte keine Ahnung, warum das so war, doch sie spürte mit absoluter Gewissheit, dass Felix nichts tun würde, was sie nicht wollte.

Obwohl es auf dem Sofa sehr bequem war – ihr Kopf ruhte auf einem Berg aus Kissen, von denen eines einen Seidenbezug hatte, ihre Füße streckten sich in die Nähe des warmen, tröstlich glühenden Feuers –, schlief Romy trotz ihrer Müdigkeit nicht sofort ein. Zwar fühlte sie sich sehr glücklich, doch sie war sich auch bewusst, dass sie dieses Glück nur jetzt und vielleicht noch am folgenden Abend auskosten durfte, falls sie es auch morgen nicht nach Hause schaffte. Aber in diesem Moment lag sie da und genoss den schönen Tag, das Feuer, und – so stellte sie erschrocken fest – sie genoss es auch, nicht bei Gus zu sein. Gus war ein netter Kerl, daran war nicht zu rütteln. Doch er war nicht der Richtige für sie.

Am nächsten Morgen stand Romy früh auf, damit sie geduscht und angezogen war, bevor Felix erschien. Am Abend zuvor hatte sie ihre Unterwäsche kurz durchgewaschen und zum Trocknen vor den Ofen gehängt. Erfreut stellte sie fest, dass sie tatsächlich trocken war. Als Felix kurz darauf auftauchte, fühlte Romy sich durchaus salonfähig.

»Du wirkst frisch und munter, was hoffentlich nicht bedeutet, dass du nicht geschlafen hast und bei Tagesanbruch aufgestanden bist?«

»Nein, nein. Ich bin früh auf, weil heute für mich ein Arbeitstag ist und ich etwas daraus machen möchte.« Sie hielt inne. »Ich hätte gern einen eigenen Platz, wo ich arbeiten kann. Du musst mir nur zeigen, was ich tun soll.«

»Aber bitte nicht vor dem Frühstück.«

»Okay, okay, du Faulpelz.«

Der Tag wurde wunderschön. Neben Felix' Studio gab es eine Scheune, in der Romy arbeiten konnte. Er lieh ihr Schutzhandschuhe und einen Kopfhörer, um bei der Arbeit Musik zu hören. Ein Stapel bildhübscher William-De-Morgan-Fliesen wartete auf ihre Bearbeitung.

Felix hatte gesagt, dass er nur sechs Fliesen brauchte. Als um die Mittagszeit die sechs Exemplare bereits fertig waren, beschloss Romy, von sämtlichen Fliesen den alten Zement abzuschlagen und sie zu kleben.

Erst als Felix mit seiner eigenen Arbeit fertig war, sah er, was sie geschafft hatte. »Wow! Du hast dich ja echt ins Zeug gelegt! Alle Fliesen sind sauber und die zerbrochenen Teile geklebt! Du bist super! Lauren hätte nie ... Entschuldigung, ich sollte sie lieber nicht erwähnen.« Er verstummte kurz. »Also, sie hätte das sicher nicht gemacht.«

»Solche Arbeiten sind einfach mein Ding, mehr nicht.« Romy versuchte zu verbergen, wie glücklich sein Lob sie machte.

»Komm rüber ins Haus. Heute Abend lasse ich dich keinen Finger mehr krümmen!« Er hielt inne. »Ich weiß nicht, ob du es bei deiner Arbeit bemerkt hast, aber die Straße ist immer noch spiegelglatt. Du wirst auch morgen noch nicht fahren können.«

»Dann muss ich eben bleiben.« Im Kopf zählte Romy die Tage: noch heute Abend und morgen. Danach wäre die fröhliche, idyllische Zeit zu Ende, es sei denn, das Wetter blieb eisig. Sie lächelte und hoffte, dass Felix ihren leisen Kummer nicht wahrnahm.

Er hielt Wort. Romy duschte und bekam von ihm eine Jogginghose, ein T-Shirt und seinen Bademantel geliehen. Danach verfrachtete er sie mit einem sehr großzügigen Glas Bailey's auf das Sofa vor dem Kamin.

Etwas später ersetzte er den Likör durch ein Glas Wein und einen Teller Coq au vin mit Kartoffelpüree.

»Der Eintopf war noch in der Tiefkühltruhe«, erklärte er. »Lauren mag kein ›zusammengemanschtes‹ Essen, wie sie es nennt. Sie steht mehr auf gegrillten Fisch und Salat.«

»Und ich wette, sie sieht deswegen auch fantastisch aus«, sagte Romy.

»Ja, das stimmt allerdings.«

Romy gähnte und schlug sich hastig die Hand vor den Mund.

Felix lächelte. »Kann ich dich noch für meinen Nachtisch interessieren? Geschmolzener Mars-Riegel mit Brandy und Eis.«

Romy lächelte. »Du liebe Zeit!«

»Ich finde ihn köstlich, aber Lauren sagt ...«

»Lauren ist schön, weil sie möglichst keinen Zucker und kein Fett isst«, schnitt ihm Romy schnell das Wort ab.

»Und warum bist du dann auch ... entschuldige«, sagte er und ging den Nachtisch holen.

Als sie am Weihnachtsmorgen wach wurde, roch Romy frisch gerösteten Toast. Im Kamin knisterte ein munteres Feuer. Sie ließ sich ein paar Sekunden Zeit, um beides zu genießen.

»Hey! Frohe Weihnachten! Tut mir leid, wenn ich dich geweckt habe, aber ich war so aufgeregt.«

Sie lächelte schläfrig zu Felix auf, der ihr einen Stapel Toasts unter die Nase hielt und offensichtlich gerade den Kamin geschürt hatte. »Wieso?«

»Weil Weihnachten ist! Am Weihnachtsmorgen durfte ich früher immer ins Bett meiner Eltern kriechen!« Sein Gesichtsausdruck änderte sich. »Oje, tut mir leid. Das kam ein bisschen missverständlich rüber.«

»Schon gut«, sagte Romy. »Ich verstehe vollkommen. Heute ist Weihnachten. Ich sollte lieber aufstehen.« Plötzlich wurde ihr bewusst, dass sie die geliehene Nachtwäsche in der Nacht ausgezogen hatte, weil ihr am Feuer zu warm geworden war, und nur noch ein Trägerhemd und einen Slip trug.

»Nein! Bleib liegen! Ich habe einen Weihnachtsstrumpf für dich.«

»Wirklich? Aber du wusstest doch gar nicht, dass ich hier sein würde.«

Nachdem Felix das Zimmer verlassen hatte, hob sie hastig das geliehene T-Shirt vom Boden auf und zog es über. Etwas züchtiger bekleidet fühlte sie sich wohler.

Mit zufriedenem Gesicht kam Felix zurück und brachte ihr eine Tasse Tee. »Dass ich nicht wissen konnte, dass du hier sein würdest, hat die Füllung des Strumpfs besonders lustig gemacht. Ich hole ihn«, fuhr er fort. »Es sind nur Kleinigkeiten.«

Romy biss herzhaft in eine gebutterte Toastscheibe und warf einen Blick auf die Uhr. Schon fast neun. »Wie lange bist du denn schon wach?«, fragte sie, als er mit einer dicken Wandersocke in der Hand zurückkam, die offenbar prall gefüllt war.

»Schon seit Stunden! Ich sagte doch, ich bin aufgeregt. Hier!«

Sie biss noch einmal in ihren Toast und trank einen Schluck Tee, ehe sie nach dem Strumpf griff. Es war offensichtlich, dass Felix kaum erwarten konnte, dass sie ihn öffnete.

Das Erste, was sie herauszog, war eine CD.

»Sie ist von einer meiner Bands. Ich hoffe, sie gefällt dir.«

»Ganz bestimmt!« Romy freute sich wirklich und wusste, dass sie die Scheibe für immer in Ehren halten würde.

»Iss erst einmal in aller Ruhe deinen Toast«, forderte Felix sie auf.

»Gern, wenn es dir nichts ausmacht. Ich habe morgens immer großen Hunger.«

»Ich auch! Lauren frühstückt nie. Sie begnügt sich mit einer Scheibe Zitrone in heißem Wasser.«

»Was ihre tolle Figur und ihre wundervolle Haut erklärt.« Romy griff nach einer weiteren Scheibe Toast.

»Wohl wahr! Woher weißt du das?«

Immer noch kauend, zuckte Romy mit den Schultern. Schließlich widmete sie sich wieder ihrem Strumpf. Sie wollte nichts überstürzen. Als Nächstes förderte sie eine Dose Pflaster zutage.

»Denk daran, das ist alles völlig unvorbereitet«, erklärte Felix ein wenig verlegen. »Könnte ja sein, dass du dir gestern beim Entfernen des Zements Blasen zugezogen hast, so schwer, wie du geschuftet hast.«

»Ich freue mich über die Pflaster«, sagte Romy. »Ich habe nämlich nie welche im Haus, wenn ich eines brauche. Allerdings hab ich heute nur ein bisschen steife Knochen, Blasen habe ich nicht zurückbehalten. Aber so ein Pflaster kann wirklich nützlich sein ...« Sie meinte jedes Wort ernst und hoffte, dass er es nicht für Lobhudelei hielt. Erneut steckte sie die Hand in die Socke und zog eine Zitrone heraus.

»Zitronen kann man immer gebrauchen«, erklärte Felix.

»Ganz genau!«, stimmte Romy zu und dachte im Stillen: Vor allem, wenn man sie zum Frühstück zu sich nimmt. Laut sagte sie: »Falls du noch mehr davon hast, können wir später einen Punsch zubereiten.«

»Ich habe immer welche im Haus«, antwortete er.

Als nächstes Geschenk – der Überraschungsstrumpf war schon fast leer, wie Romy fast ein wenig enttäuscht feststellte – kam eine Tafel dunkle Schokolade zum Vorschein.

»Die ist bei einem Rezept übrig geblieben. Ich fürchte allerdings, sie ist zu dunkel zum Essen.« Felix entschuldigte sich schon wieder.

»Wenn sie wirklich zu bitter ist, können wir Brownies oder etwas anderes Nettes daraus zubereiten. Ich mag solche Schokolade auch gern in heiße Milch getunkt.«

»Vermutlich haben wir nicht genügend Milch im Haus.«

»Dann gibt's eben Brownies.«

»Kannst du denn backen?«, fragte er überrascht und erfreut zugleich.

»Ein bisschen.« Sie überlegte einen Moment. »Wenn wir später noch Lust auf ein zweites Frühstück haben, könnte ich Pfannkuchen machen.«

Felix riss die Augen auf. »Wir haben sogar echten Ahornsirup! Cool!«

Romy lächelte, steckte die Hand in die Socke und zog eine Zwiebel heraus. »Genau das, was ich mir immer gewünscht habe.«

»War mir klar!«, meinte Felix und grinste.

Das letzte Geschenk war eingepackt. Da es ziemlich

klein war und Felix das Papier mit breitem Paketklebeband verschlossen hatte, dauerte es eine gewisse Zeit, bis Romy es geöffnet hatte. Es war eine kleine Brosche in Form einer Fledermaus. »Die ist ja wunderschön!«, rief sie. »Wun-der-schön«, wiederholte sie begeistert. »Woher wusstest du das? Ich meine – ich liebe Fledermäuse«, fügte sie leise hinzu.

»Ich weiß doch, dass du sie magst«, gab er ebenfalls leise zurück. »Ich habe die Brosche gekauft, weil der Erlös Fledermäusen zugute kam. Und ich habe sie behalten …« Er unterbrach sich. »Für alle Fälle …«

»Für welchen Fall?« Sie wusste, dass sie ihn nicht drängen sollte, doch sie konnte sich nicht bremsen.

Er zuckte mit den Schultern. »Ich nehme an, für den Fall, dass Lauren sich vielleicht doch einmal mit Fledermäusen anfreunden könnte. Oder mit billigem Schmuck.«

Romy lachte, weil er es vermutlich erwartete. »Ich sollte endlich aufstehen. Aber vielen Dank für diesen Strumpf. Es ist einer der schönsten, die ich je hatte!«

»Bestimmt nicht! Es waren nur ein paar Dinge, die ich in letzter Minute zusammengesucht habe.«

»Es war spontan. Das gefällt mir.« Gus, so wurde ihr plötzlich klar, war nicht gerade ein Meister der spontanen Gesten. Aber sofort schalt sie sich wegen des kleinlichen Gedankens.

»Wenn du duschen möchtest, besorge ich dir ein besseres Handtuch. Das von gestern war mir ein bisschen peinlich.« Plötzlich verfiel Felix in den Gastgebermodus.

Er ging, um ein frisches Handtuch zu holen, aber auch um ihr ein wenig Privatsphäre zu lassen, wie sie bemerkte.

Sie trafen sich an der Badezimmertür. Sie hatte ihre Kleider in der Hand, und er brachte ein Frotteehandtuch und einige Badezusätze.

»Hier«, sagte er und reichte ihr das Handtuch. »Ich habe dir auch Laurens Duschgel mitgebracht. Ich fürchte, meins ist nur Billigkram aus dem Supermarkt.«

»Supermarkt-Duschgel ist okay«, sagte sie und schaffte es, ihm die Flasche und das Handtuch abzunehmen, obwohl sie den Arm voller Kleider hatte. Am Tag zuvor hatte sie sich mit einem Stück Seife begnügt.

»Wirklich? Ich bin mir sicher, Lauren hätte nichts dagegen, wenn du ihres nimmst.«

»Ganz ehrlich.« Romy hatte Laurens Gesichtscreme benutzt und sich die ganze Nacht nicht wohl damit gefühlt, weil sie nicht vertraut roch. Außerdem hatte sie dieser Frau in ihrer Fantasie schon genügend unrecht getan: Ihre teuren Pflegeprodukte zu benutzen würde das Unrecht noch verstärken.

»Gut«, beschloss Felix. »Ich glaube, wir sollten mal nachsehen, wie das Wetter ist, und etwas Holz sammeln. Danach können wir vielleicht Pfannkuchen essen.«

»Ja, und dann muss ich unbedingt ein paar SMS schreiben, um allen mitzuteilen, dass es mir gut geht, aber dass ich im Moment kein Internet habe.«

»Ich habe meine SMS schon verschickt. Ich denke, meine Freunde sind ganz froh, dass ich nicht komme. Sie haben ohnehin nicht genügend Stühle.« Vorsichtig befestigte er die Fledermausbrosche an ihrem Mantel. Romy spürte seinen Atem auf ihrem Gesicht und die Wärme seiner Hände, wo er ihren Hals berührte. Sie konnte ihn auch riechen. Offenbar hatte er auch ein wenig Eau de Toilette aufgelegt.

»Nochmals vielen herzlichen Dank dafür! Die Brosche gefällt mir richtig gut. Und jetzt komm«, fügte sie hinzu, als die Fledermaus am richtigen Platz saß. »Lass uns hinausgehen!« Eigentlich wäre sie viel lieber mit ihm im Haus geblieben, ganz nah bei ihm, und hätte die gleiche Luft geatmet wie er, aber ihr war klar, dass es nicht sein durfte. Sie begehrte ihn und war sich ziemlich sicher, dass er sie ebenfalls begehrte, doch sie durften ihren Gefühlen nicht nachgeben. Eines jedoch wusste Romy ganz genau: Dieses Weihnachtsfest würde für sie immer etwas Besonderes und Geheimnisvolles bleiben, das sie nie im Leben vergessen würde.

Die Straße war immer noch mit Eis bedeckt. Im Wald lag Reif auf dem Buchenlaub, das unter ihren Schritten knirschte.

»Wenn du Lust hast, können wir bis zur Grundstücksgrenze laufen.«

»Dann hast du also viel Land?«

»Schon, aber es ist sehr steil und taugt nur für Wald; wir haben hier hauptsächlich Buchen. Es sind schöne Bäume, doch manche davon sind schon altersschwach. Nach den letzten Herbststürmen sind bestimmt einige Äste heruntergekommen, wenn nicht sogar ganze Bäume umgefallen sind.« Er zuckte lässig mit den Schultern. »Mir macht es nichts aus. Es erspart mir die Arbeit, die Bäume auszudünnen. Und Buche ist tolles Feuerholz.«

»Sammeln wir es also auf.«

Nach einer Weile meinte Felix: »Hm, weißt du, eigentlich ist es ganz schön weit bis zur Grundstücksgrenze. Sollen wir vielleicht lieber erst Pfannkuchen mit Ahornsirup essen und die Wanderung auf später verschieben?«

Sie kehrten mit einigen kleineren Ästen zum Haus zurück, brachten sie in den Unterstand neben der Scheune und betraten das warme, sehr einladende Wohnzimmer. Während Felix das Feuer wieder schürte, ließ Romy sich auf das Sofa fallen. Es war Zeit, Kontakt mit ihren Leuten aufzunehmen. Zuerst schickte sie eine SMS an ihre Eltern, danach formulierte sie sorgsam eine Nachricht an Gus.

Hallo, Schatz, ich hoffe, dein Weihnachtsfest verläuft gut. Hier ist es ganz nett, außer dass es kein Internet gibt! Man muss dafür auf einen Baum klettern oder so, also lasse ich es. Hab eine schöne Zeit! Kuss, Kuss, Kuss, Romy

Sie schrieb nicht *Ich liebe dich*, weil Gus keinen allzu großen Wert auf Gefühlsüberschwang legte und weil es sich im Moment nicht richtig anfühlte. Die Küsse mussten reichen.

Nachdem die SMS verschickt war, schaute sie sich um. Sie hatten vor ihrem kurzen Spaziergang die Lichter der Ballondeko angeknipst. Das Arrangement sah zauberhaft aus. »Richtig schön weihnachtlich!«, sagte Romy. »Lauren wird es lieben, wenn sie kommt.« Sie verspürte den Drang, ihren Namen auszusprechen, um sie beide daran zu erinnern, dass sie existierte.

»Ich hoffe es. Es sieht wirklich festlich aus. Fast wie in einer Zeitschrift.« Er blickte Romy an. »Ich meine das als Kompliment.«

»Gut! Und jetzt zeig mir die Bratpfanne!«

Sie fühlten sich satt und ziemlich klebrig, als Felix fragte: »Wie wäre es mit etwas zu trinken? Schließlich ist Weihnachten!«

»Ich will dich bestimmt nicht daran hindern«, gab Romy zurück. »Aber sollen wir nicht lieber noch warten? Wenn wir nicht den Rest dieses Tages vor dem Fernseher verbringen wollen, sollten wir jetzt auf diesen Hügel steigen. Schließlich waren wir auf einer Mission.« Kaum hatte sie die Worte ausgesprochen, als sie auch schon befürchtete, puritanisch und langweilig zu klingen.

»Ich sage bestimmt nicht Nein, wenn mich jemand freiwillig in den Wald begleitet. Und nach der Unmenge Pfannkuchen, die ich gerade gegessen habe, brauche ich unbedingt Bewegung.« Er umarmte sie flüchtig, ließ sie aber schnell wieder los. »Du bist eine großartige Köchin, weißt du das?«

»Was ich kochen kann, schmeckt meistens auch ganz gut«, entgegnete sie und versuchte, ihre Freude über das Lob zu verbergen. »Und jetzt lass uns zu diesen altersschwachen Buchen an der Grundstücksgrenze gehen.«

Auf dem Weg zum Grenzzaun hoch oben an der Straße wurde ihnen ziemlich warm, und sie gerieten außer Atem.

»In meinem Haus ist es so ruhig, weil es unterhalb der Straße liegt«, erklärte Felix.

»Letzte Nacht dachte ich, wir wären kilometerweit von jeder Zivilisation entfernt. Es war so still.«

»Los, komm! Das letzte Stück schaffen wir auch noch.«

Oben fanden sie drei umgestürzte Bäume. Es waren

dicke Riesenstämme, die mit herausgerissenen Wurzeln auf dem Boden lagen.

»Schade, sie sind viel zu groß, um sie zum Haus zu schleppen. Ich muss sie demnächst mit der Motorsäge bearbeiten und mit dem Wagen abtransportieren. Gott sei Dank ist keiner von den Baumriesen auf die Straße gefallen! Ich bin mir nicht sicher, aber ich fürchte, ich hätte für den Abtransport zahlen müssen. Ich darf gar nicht daran denken, was hätte passieren können, wenn sie auf ein Auto gestürzt wären!«

»Gott sei Dank ist es nicht geschehen«, sagte Romy, die gut verstand, wie er sich fühlte. »Ich hoffe, der Baum, von dem aus man ins Internet kann, ist nicht umgestürzt!«

»Nein! Er steht noch. Komm, ich zeige ihn dir.«

Der Baum war recht klein und offenbar schon einmal gekappt worden. Er war ziemlich einfach zu erklimmen, doch dann hangelte sich Felix an einem Ast entlang, bis er sich über einer ziemlich steil abfallenden Senke befand. »Schau mal! Freihändig!«, rief er und winkte.

»He, hör auf damit! Mir dreht sich der Magen um, wenn ich dir zusehe.«

»Es ist absolut sicher, versprochen.«

In diesem Moment begann sein Handy zu klingeln, und er griff in die Tasche, um es herauszunehmen. »Hallo?«, meldete er sich, dann glitt ihm das Telefon aus der Hand.

»Oh nein!«, stieß Romy hervor.

»Kannst du es sehen?«

Sie sprang in die Senke und schaute sich suchend um, bis sie das Gerät schließlich fand. »Ich habe es«, rief sie nach oben. »Und jetzt komm runter!«

Bei der ersten Bewegung jedoch verlor er das Gleichgewicht und fiel von seinem Ast.

»Um Himmels willen«, entfuhr es Romy. »Alles in Ordnung?«

»Was zum Teufel geht da vor?«, verlangte die Frau am Telefon zu wissen. Es war Lauren, wie ein Blick auf das Display Romy verriet.

Sie konnte nicht so tun, als wäre sie nicht da. Romy entschied sich zu bluffen. »Hallo?«, sagte sie in den Hörer. »Ich bin eine Passantin. Hier ist ein Mann auf einen Baum geklettert, hat sein Handy fallen lassen und ist dann selbst hinuntergestürzt.« Zumindest war das keine Lüge.

»Das ist doch lächerlich«, erwiderte Lauren. Ihr Ton ließ Romy an Katharine Hepburn denken – eine Frau, die sich nichts bieten ließ. »Felix wohnt mitten im Wald. Da gibt es keine Passanten.«

»Äh, in dieser Gegend sind Weihnachtsspaziergänge eine Tradition.« Das stimmte zwar auch, doch es klang erbärmlich.

»Unsinn. Niemand weiß, dass es diesen verlassenen Ort überhaupt gibt! Lassen Sie mich mit Felix reden.«

Felix, der weitestgehend unverletzt schien, lachte und konnte sich offenbar gar nicht mehr beruhigen. Er schien es komisch zu finden, dass seine Freundin aus Amerika angerufen hatte und nun mit Romy sprach, die nicht bei ihm hätte sein dürfen. Er schüttelte den Kopf und wedelte abwehrend mit den Händen, um Romy klarzumachen, dass er in seinem Gemütszustand nicht mit Lauren sprechen konnte.

»Er ist gerade von einem Baum gefallen und kann jetzt nicht ans Telefon kommen.«

»Du liebe Zeit!«, fauchte Lauren. »Das hält er wohl

noch für witzig! Richten Sie ihm aus, dass sein Weihnachtsstrumpf im Wäscheschrank unter der noch zu bügelnden Wäsche liegt. Mir war irgendwie klar, dass er ihn dort nicht finden würde!«

»Ich werde es ausrichten«, sagte Romy sanft.

»Wissen Sie, was? Eigentlich habe ich mich wegen der ganzen Sache ein bisschen schlecht gefühlt. Aber das war unnötig, wie ich sehe!« Sie legte auf.

Felix trat zu Romy. »Alles in Ordnung? Du siehst irgendwie schockiert aus.«

»Du bist derjenige, der schockiert aussehen sollte – du bist gerade von einem Baum gefallen.«

»Aber ich habe von Lauren nichts auf die Ohren bekommen. Ich nehme an, sie hielt mich für kindisch?«

»Genau. Und sie hat mir kein Wort geglaubt.«

Felix biss sich auf die Lippen.

»Außerdem soll ich dir ausrichten, dass dein Weihnachtsstrumpf im Wäscheschrank unter der Bügelwäsche liegt. Sie meinte, du würdest ihn dort niemals finden.«

»Ich habe ihn schon gefunden«, erklärte er. »Aber ich habe nicht hineingeschaut. Schließlich war noch nicht Weihnachten.« Er biss sich wieder auf die Lippen, doch dieses Mal wirkte er bedrückt.

»Sollen wir so viel Holz mitnehmen, wie wir tragen können? Dann gehen wir heim, und du kannst deinen Strumpf öffnen.«

Felix nickte. »Gute Idee.« Er nahm sich sichtlich zusammen. »Komm, jeder schnappt sich einen langen Ast, und wir rennen damit nach Hause.«

»Rennen? Das ist unfair! Ich kenne den Weg nicht!«

»Versuch einfach mitzuhalten!«, rief er und brach mit einem fast kompletten kleinen Baum auf.

Romy war besonnener und nahm nur einen längeren Ast. Bald schon holte sie Felix ein.

Lachend flitzten sie zwischen den Bäumen hindurch, blieben dann und wann stehen, um noch mehr Holz zu sammeln, und fielen manchmal in das welke, eisige Laub.

Obwohl sie sich Felix gegenüber fröhlich gab, war Romys Laune ein wenig getrübt. Laurens Anruf hatte ihre Glücksblase zerplatzen lassen. Lauren sollte hier sein, nicht sie.

Sie luden das Holz im Unterstand neben Sägebock und Axt ab. »Komm«, forderte Felix sie auf. »Holen wir meinen Strumpf!«

»Willst du ihn nicht lieber allein öffnen?« Romy war ihm gefolgt, hatte sich aber die Zeit genommen, ihre schmutzigen Stiefel auszuziehen.

»Nein, nicht so gern. Allein wäre es zu traurig.«

Er wartete, bis sie bereit war, und stapfte dann die Treppe hinauf.

»Okay«, sagte er und blieb vor einem Schrank stehen, der unlackiert und offensichtlich neu war. »Her mit dem Strumpf!«

Sein Oberkörper verschwand einen Moment im Schrank. Felix kam mit einem leuchtend roten Strumpf aus Filz heraus, der mit Glimmer und Pailletten verziert und offensichtlich ziemlich schwer war. Der Weihnachtsstrumpf sah schrecklich teuer aus. Romy fragte sich, ob Felix ebenso viel Freude an diesem aufwendigen Strumpf hatte wie sie an ihrem Behelfsstrumpf.

Sie gingen wieder hinunter, und Felix schürte das Feuer im Kamin, während Romy Tee aufbrühte. »Möchtest du etwas zu essen?«, rief sie aus dem Küchenbereich.

»Jetzt nicht! Komm, hilf mir mit meinem Strumpf.«

Am liebsten hätte sie Ausflüchte gesucht, aber sie ging zu ihm und setzte sich.

Felix nahm ein flaschenförmiges Geschenk aus dem Strumpf und stellte es zur Seite. »Ich glaube, ich weiß, was das ist. Mal sehen, was es sonst noch gibt.«

Er schüttete den Inhalt auf das Sofa. Der Weihnachtsstrumpf enthielt ein halbes Dutzend mit goldenem Seidenpapier umwickelte Päckchen. Er nahm das erste und packte es aus. Es war eine kleine antike Brosche.

»Schmuck für einen Mann? Das ist ungewöhnlich«, stellte Romy fest. Sie ahnte, dass etwas nicht stimmte.

Felix antwortete nicht. Er öffnete ein weiteres Päckchen und entnahm ihm ein Freundschaftsarmband, wie man sie auf Festivals kaufen konnte. »Wir waren dieses Jahr in Glastonbury«, sagte er nur.

Eines nach dem anderen öffnete er die Päckchen. Jedes enthielt ein Schmuckstück.

»Okay«, sagte er schließlich. »Das ist all der Schmuck, den ich Lauren je geschenkt habe. Lass uns einen Blick auf die Flasche werfen.«

Er wickelte sie aus. Es war ein Jack Daniel's. Auf dem Etikett stand mit Filzschreiber *Felix*, und an einem Gummiband hing ein Umschlag. Er öffnete ihn, überflog die Karte hastig und reichte sie an Romy weiter. »Lies.«

»Wirklich?«

Er nickte.

Lieber Felix,
ich denke, wir wissen beide, dass wir am Ende unseres gemeinsamen Weges angekommen sind. Ich will nicht in

deinem Haus im Wald leben. Ich brauche freie Sicht und das Meer, und Connecticut schenkt mir beides.
Ich hoffe, du findest dies hier nicht zu hart oder gar feige, doch ich wollte nicht riskieren, dass du mich zu überreden versuchst. Ich hoffe, du erkennst, dass ich das Richtige getan habe. Die Flasche Jack soll dir dabei helfen.
Adieu. Eine Weile hat es Spaß gemacht.
Lauren

Laurens Handschrift war wunderschön. Romy starrte auf die Karte in ihren Händen. Stille breitete sich aus.

»Dann hat sie mich also in die Wüste geschickt«, sagte Felix schließlich. Romy wusste nicht, wie sie reagieren sollte. Sie konnte Felix' Gesichtsausdruck nicht entnehmen, ob er Lauren lieber mit Beschimpfungen überhäuft oder sie angefleht hätte, ihre Meinung zu ändern und zu ihm zurückzukommen. Letzteres kam ihr zwar eher unwahrscheinlich vor, doch ganz sicher war sie sich nicht.

Sie sah ihn an und versuchte herauszufinden, wie er sich fühlte. Er erwiderte ihren Blick mit einem nachdenklichen, fast zärtlichen Gesichtsausdruck. Schließlich setzte er ein Lächeln auf. »Komm, lass uns noch mehr Holz aus dem Wald holen, ehe es dunkel wird.«

Felix genoss offensichtlich die Ablenkung und zog ganze Baumstämme durch den Wald. Romy hatte ebenfalls ihren Spaß. Sie wusste nicht, ob Felix sich nur ihretwegen gut gelaunt gab oder ob er wirklich so entspannt damit umging, dass Lauren sich von ihm getrennt hatte, noch dazu auf eine so herzlose Weise.

Wie würde ich mich wohl fühlen, wenn Gus mit mir Schluss machte?, fragte sie sich, und ihr wurde klar, dass sie vermutlich Erleichterung empfinden würde. Mit einem Mal erkannte sie, dass sie bei ihrem nächsten Treffen ehrlich zu ihm sein musste. Hoffentlich verletzte sie ihn nicht allzu sehr.

»Gut!«, meinte Felix etwas außer Atem. »Es ist fast dunkel, und ich bin ganz schön platt. Wie wäre es, Rehfutter auszulegen und dann drinnen den Jack Daniel's aufzumachen?«

»Hört sich gut an. Was sollen wir essen? Ich bin schon halb verhungert.« Sie musste lachen. »So etwas habe ich definitiv an Weihnachten noch nie gesagt.«

Er zog sie kurz an sich. »Es war ein etwas komisches Weihnachtsfest, doch es hat mir richtig gut gefallen.«

Sie wollte den Weihnachtsstrumpf lieber nicht erwähnen. War er trotzdem glücklich? Oder gerade deswegen? »Mir auch! Das beste Weihnachten aller Zeiten. Zumindest, seit ich erwachsen bin.«

»Für mich auch! Und keine Sorge, wir werden sicher nicht verhungern. Es ist genug zu essen da. Ich habe noch eine Wildschweinsalami, die ich meinen Freunden schenken wollte. Damit fangen wir an.«

Romy ging es nicht unbedingt darum, Rehe zu sehen. Ihr gefiel es, im nur von ihren kleinen Batterielämpchen beleuchteten Zimmer neben Felix im Halbdunkel zu stehen und an dem süßen amerikanischen Whiskey zu nippen.

Felix legte ihr den Arm um die Schultern und zog sie an sich. Sie hätte nicht sagen können, ob er Trost suchte oder was sonst der Grund war, doch sie würde es keinesfalls infrage stellen.

Und dann erschienen die Rehe. Zuerst entdeckten sie sie nur, weil sich das Licht in den Augen der Tiere spiegelte. Allmählich kamen sie näher – bestimmt ein halbes Dutzend –, schnüffelten auf dem Boden herum und fanden schließlich das Futter.

Romy und Felix sprachen nicht. Schweigend standen sie Seite an Seite im Dunkeln und sahen den Rehen zu.

Im Geiste fügte Romy dieses Erlebnis all den wunderbaren Erinnerungen an dieses Weihnachten hinzu. Abgesehen von dem angenehmen Gefühl, mit Felix zusammen zu sein, war es ziemlich ungewöhnlich verlaufen. Es hatte keine Geschenke gegeben, sondern nur ihren lustigen und Felix' vergifteten Strumpf. Das Essen war kein traditionelles Weihnachtsessen gewesen, doch Romy hatte es wirklich genossen, mit Felix zu kochen.

Außerdem hatten sie sich ausgiebig körperlich betätigt. Es hatte ihr gefallen, Äste in den Holzunterstand zu schleppen, wo sie trocknen und Felix sie später hacken würde.

Sie wusste, dass das wahre Leben nur allzu bald wieder beginnen würde, wahrscheinlich schon am nächsten Tag. Aber sie würde dieses gestohlene, außergewöhnliche Weihnachtsfest immer wie einen Schatz im Gedächtnis bewahren.

Romy wurde am nächsten Morgen vom »Ping« einer eingehenden SMS geweckt. Vielleicht hatte sich Gus endlich dazu durchgerungen, auf ihre Weihnachtswünsche zu antworten. Sie griff nach ihrem Handy.

Nein, die Nachricht kam nicht von Gus, sondern von der Fluggesellschaft. Die Start- und Landebahnen waren wieder frei, und wenn sie wollte, könnte sie umbuchen und am nächsten Tag nach Frankreich fliegen.

Doch das wollte Romy nicht. Sie freute sich vielmehr, dass ihr der Flug erstattet und sie ihr Geld zurückbekommen würde. Keinesfalls würde sie nach Frankreich reisen, nur um mit Gus Schluss zu machen. Das konnte durchaus noch ein paar Tage warten!

Sie schälte sich aus dem Deckenberg auf dem Sofa und stand auf. Während sie sich anzog, schaute sie aus dem großen Fenster. Hätte die Fluggesellschaft es ihr nicht bereits mitgeteilt, hätte sie sofort gesehen, dass es wärmer geworden war. Romy ging in die Küche und schaltete den Wasserkocher ein.

Felix kam kurz darauf mit zerzaustem Haar zu ihr. Er roch nach Zahnpasta.

»Guten Morgen«, sagte sie. »Es hat getaut.«

»Guten Morgen.« Er küsste sie so sorglos auf die Wange, als wäre es schon lange ein morgendliches Ritual zwischen ihnen. »Woher weißt du das?«

»Der Flugverkehr wurde wieder aufgenommen. Ich habe gerade eine SMS bekommen.«

»Dann fliegst du also nach Frankreich? Aber wir haben deinen ganzen Geschenkkäse gegessen!« Er klang nicht gerade verzweifelt, doch vielleicht verbarg er nur seine Gefühle.

»Der Flug nach Frankreich lohnt sich kaum noch. Aber ich sollte nach Hause fahren.«

Er nickte. »Ich hole den Land Rover und ziehe dein Auto auf die Straße. Es ist wahrscheinlich noch fahrtüchtig. Wenn nicht, fahre ich dich, wohin du willst, und sehe zu, dass ich dein Auto zurück nach Hause bringe.«

»Es wäre toll, wenn du meinen Wagen wieder auf die Straße ziehen könntest. All das andere musst du nicht tun. Ich schaffe das schon.«

»Ich mache es aber gern. Es wäre eine Art Dankeschön für all die Arbeit mit den Fliesen und ...« Er verstummte und betrachtete sie nachdenklich. »Es war einfach nur wunderbar«, sagte er schließlich. »Ich habe es geliebt, Weihnachten mit dir zu verbringen.«

Tränen schnürten ihr die Kehle zusammen. »Und ich habe es geliebt, es mit dir zu verbringen. Es war fantastisch, die Rehe zu beobachten.«

»Ich habe jede Sekunde genossen«, fuhr er fort. »Musst du wirklich gehen?«

Sie nickte. »Ich muss mich jetzt dem wirklichen Leben stellen.«

»Ich auch.« Er verzog das Gesicht. »Mist, oder?«

Sie lachte verständnisvoll, war sich jedoch nicht ganz sicher, was er meinte. War es das wirkliche Leben, das er nicht mochte? Oder die Tatsache, dass sie sich trennen mussten?

Ihr Auto war nicht ganz einfach zurück auf die Straße zu bringen, aber Felix' Land Rover war dem Job gewachsen.

Schließlich stand der Wagen wieder in Fahrtrichtung auf der Fahrbahn, und Romy hatte ihre Habseligkeiten eingeladen. Sie stieg ein und öffnete das Fenster, um sich zu verabschieden.

Felix lehnte sich hinein. »Hey, ich habe eine gute Idee! Lass uns noch in den Pub gehen. Er liegt auf dem Weg. Schließlich ist immer noch Weihnachten, und du könntest das freie WLAN dort benutzen.«

»Okay«, sagte Romy. Beim Gedanken an einen letzten, wenn auch alkoholfreien Drink mit Felix verbesserte sich ihre Laune sofort.

Er erreichte den Pub vor ihr und wartete neben seinem Auto, um ihr zu zeigen, wo sie parken konnte. Der Parkplatz war ziemlich voll.

Genau wie der Pub. Überall herrschten Weihnachtsstimmung und Fröhlichkeit.

Felix war hier offensichtlich bekannt. »Hey, frohe Weihnachten, mein Freund!«, rief der Barmann. »Das Übliche? Oh! Was trinkt die junge Dame?«

»Ingwerlimonade, bitte«, bestellte Romy und bewunderte im Stillen die Geistesgegenwart des Wirtes, der sich jede Bemerkung verkniff, dass sie und nicht Lauren mit Felix hergekommen war.

»Genau wie Felix!«, sagte der Barmann. »Das heißt, wenn er keinen Chauffeur hat.« Er zwinkerte und legte zwei Tüten Kartoffelchips auf die Bar. »Die gehen aufs Haus. Als Weihnachtsgeschenk.«

Romy musste lachen, als sie Felix zu einer Bank in einer unbesetzten Ecke folgte. »Glaubst du, er verschenkt zu Weihnachten ausschließlich Chips?«, fragte sie.

Felix schüttelte den Kopf. »Nein, Kartoffelchips bekommen nur Leute, die er mag. Alle anderen müssen sich mit Speckchips zufriedengeben.«

»Seltsam, dass wir beide Ingwerlimonade mögen«, sagte Romy, nachdem sie sich gegenseitig zugeprostet hatten.

Felix lächelte. »Es gibt ziemlich viele Dinge, die wir beide mögen. Fledermäuse zum Beispiel. Wir können sie im Sommer beobachten.«

Romy räusperte sich. Es war herrlich, wie er die Worte »wir« und »Sommer« in einem Atemzug aussprach.

»Also, wenn jetzt wirklich Zeit ist, in die Wirklichkeit zurückzukehren, sollten wir unsere Telefone zücken und uns den Sozialen Medien widmen, die ich im Übrigen überhaupt nicht vermisst habe«, sagte Felix kurz abgebunden. »Hier haben wir ein starkes WLAN.«

Romy hätte die Außenwelt gern noch etwas länger ignoriert, doch da sie angeblich wegen des Wi-Fi mit in den Pub gekommen war, anstatt direkt nach Hause zu fahren, zog sie ihr Telefon aus der Tasche.

»Wie mag Weihnachten in Frankreich gelaufen sein?«, erkundigte sich Felix. »Gibt es vielleicht Fotos?«

Es gab Unmengen Bilder. Gus' jüngere Schwester schien geradezu besessen gewesen zu sein, jeden einzelnen Augenblick der Weihnachtstage zu dokumentieren und auf Facebook einzustellen.

»Also, wer von ihnen ist Gus?«, fragte Felix angesichts der vielen Aufnahmen.

»Der da«, antwortete Romy und deutete mit dem Finger auf ihn.

Für eine Weile durchstöberten sie die Bilderflut. Dabei war es fast unmöglich, eine bestimmte Frau zu übersehen, die auf fast allen Fotos abgebildet war. Romy kannte sie nicht. Sie war jedenfalls keine von Gus' Schwestern. Und auf jedem Foto hielt sie sich in Gus' Nähe auf.

»Weißt du, wer sie ist?«, sagte Felix, dem die unbekannte Schöne offenbar auch aufgefallen war.

Romy schüttelte den Kopf. Sie fühlte sich merkwürdig. Es war ziemlich offensichtlich, dass diese Frau Gus wirklich mochte. Romy konnte nicht sagen, wie er zu ihr stand, denn er strahlte auf den meisten Fotos direkt in die Kamera.

»Soll ich mal ein bisschen im Internet forschen?«, fragte Felix. »Herausfinden, wer sie ist?« Sein Angebot kam mit einem Eifer, der Romy zum Lächeln brachte.

»Kannst du so etwas denn?«

»Vermutlich schon. Zumindest, wenn sie nicht extrem bewandert ist, was Internetsicherheit angeht.«

Romy reichte ihm ihr Telefon. Sie konnte erkennen, dass Felix darauf brannte, es herauszufinden.

Während seine Finger über den Handybildschirm tanzten, versuchte Romy, sich über ihre Gefühle klar zu werden. Wie würde sie sich fühlen, wenn sich herausstellte, dass Gus in Frankreich eine andere Frau getroffen und offenbar Freude an ihrer Gesellschaft gehabt hatte? Ihr Problem war, dass sie absolut nichts spürte – allenfalls eine sanfte Zufriedenheit, Gus nicht allzu sehr zu verletzen, wenn sie sich nach seiner Rückkehr aus Frankreich von ihm trennte.

»Okay«, sagte Felix. »Sie heißt Samantha, und sie versteht sich wirklich gut mit Gus' Familie. Ah! Da ist ihr neuester Facebook-Post – willst du wissen, was drinsteht?«

»Natürlich! Warum nicht?«

»Weil es ein bisschen – nun ja …«

»Zeig her.« Romy nahm ihm das Handy ab, um den Eintrag zu lesen.

Dieser Moment, wenn du Weihnachten mit Freunden verbringst und entdeckst, dass der Bruder deiner Freundin wirklich süß ist …

Darunter prangten ein Emoji (das glückliche, errötende Gesicht) und ein Foto von Gus, der in die Kamera strahlte, während Samantha ihm einen zarten Kuss auf die Wange drückte und ihre Hand auf seinem Knie ruhte.

Romy und Felix schwiegen ein paar Sekunden.

Schließlich sagte Felix: »Zurück zu mir?«

»Zurück zu dir.«

»Toll! Da steht noch eine Flasche Jack Daniel's mit meinem Namen drauf!«

Er nahm ihr Gesicht in die Hände und küsste sie auf den Mund. Mitten im Pub.

Romy war völlig egal, wie viele Menschen sie dabei beobachteten. Glücklich verlor sie sich in seinem Kuss und dem Versprechen auf das, was noch kommen würde. »Hol deinen Mantel«, meinte sie lachend, nachdem er sie losgelassen hatte und sie wieder atmen konnte.

»Wer hätte gedacht, dass mich ein Weihnachtsstrumpf so glücklich machen könnte?«

Romy lächelte. »Ich muss sagen, er hat mich ebenfalls sehr erfreut!«

Ein Weihnachtsfest wie im Traum

Ginny hatte Kopfschmerzen, und das Taxi, das der Trauzeuge für sie bestellt hatte, roch stark nach nassem Hund und Kieferndeo für Autos. Bei dem Geruch wurde ihr übel, obwohl das auch von einer Mischung von zu viel Prosecco und allgemeiner Erschöpfung herrühren konnte. Auch Ben neben ihr sah erschöpft und unwohl aus. Wenn man bedachte, dass dieser Heilige Abend der glücklichste Tag ihres Lebens hätte sein sollen, war es ziemlich schrecklich.

Der Tag war vorüber, und Ginny empfand Erleichterung darüber, obwohl sie wusste, dass es wahrscheinlich nicht so sein sollte. Die Hochzeit war stressiger verlaufen, als sie es sich je hätte vorstellen können. Es war nicht die Feier gewesen, von der sie geträumt hatte, sondern nur die Art Hochzeit, die alle anderen sich gewünscht hatten. Nun würde es nicht mehr lange dauern, und sie wären am Ziel ihrer Hochzeitsreise: dem kleinen, luxuriösen Zufluchtsort tief im Wald von New Forest, den Ginny im letzten Frühjahr gebucht hatte, als sie noch gedacht hatte, es wäre eine gute Idee, am Heiligen Abend zu heiraten.

Zumindest gab es einen Silberstreif am Horizont ihres unkonventionellen Timings: Sie waren nun endlich in den Flitterwochen und mussten ihr erstes

Weihnachtsfest nicht mit einer ihrer beiden Familien verbringen, mit denen sie nicht so recht klarkamen. Je länger sie darüber nachdachte, desto größer war Ginnys Erleichterung, dass sie über eine Woche lang nicht mehr mit ihrer Mutter sprechen musste ... und mit Bens Mutter vielleicht nie wieder, wenn sie das irgendwie einfädeln konnte.

Die beiden Mütter hatten ihnen die Hochzeit komplett aus der Hand genommen und sie geradezu moralisch verpflichtet, Gäste und Einzelheiten der Feier zu akzeptieren, die sie nicht wirklich wollten – oder besser gesagt: die Ginny nicht wollte. Ben war seltsamerweise während der Hochzeitsvorbereitungen ständig unterwegs gewesen und hatte es Ginny überlassen, ganz allein für die Art von Hochzeit zu kämpfen, die sie sich eigentlich wünschten. Aber den Kampf hatte sie verloren.

Ben hatte Ginny nicht einmal eine angemessene Erklärung für seine häufige Abwesenheit gegeben, nur vage Entschuldigungen, dass er mit Arbeit überhäuft sei oder dass er Überstunden schiebe, um für die Flitterwochen zusätzlich freie Tage zu bekommen. Er war nur an dem Wochenende zu Hause gewesen, als sein Junggesellenabschied stattfand. Die Folge war, dass sie sich kaum gesehen hatten, geschweige denn ein vernünftiges Gespräch miteinander hatten führen können. Nachdem sich sein Verhalten monatelang nicht änderte, kam Ginny zu dem Schluss, dass Ben Konfrontationen gern aus dem Weg ging und froh war, sie ihr zu überlassen.

»Oh, Liebling!«, hatte er gesagt. »Wir haben noch den Rest unseres Lebens für uns. Lassen wir unsere Mütter doch einfach planen, was sie wollen. Ich möchte jetzt wirklich nicht mit ihnen herumstreiten.«

»Soll das heißen, dass ich mit ihnen streiten muss?«

»Nein, gib doch einfach sanft nach. Spielt es überhaupt eine Rolle?«, hatte er gefragt.

Angesichts einer solchen Einstellung hatte Ginny die Hoffnung aufgegeben.

Vermutlich wäre die Hochzeit einfacher gewesen, wenn sich Ginnys Vater nicht so großzügig gezeigt hätte. Aber während er in manchen Bereichen übertrieben spendabel war – er engagierte den teuersten Videofilmer, den er finden konnte –, verhielt er sich in anderer Hinsicht geradezu bösartig. Die Gastgeschenke wurden von einem Geschäftsfreund gestiftet, der damit auf ein wenig nützliche Publicity hoffte. Jeder Gast erhielt eine Miniaturpackung Käse und Kekse zum Mitnehmen. Hätte es etwas Alkoholisches gegeben – eine kleine Flasche Portwein oder Ähnliches –, wäre Ginny glücklicher gewesen. Aber nein, ihr Vater hatte herausgefunden, dass das Hotel Korkgeld berechnen würde, wenn das Geschenk aus Alkoholika bestand. Ginny konnte froh sein, dass ihr Vater nicht mit jemandem befreundet war, der Kugellager herstellte, sonst hätte vermutlich eine Auswahlbox davon auf den Tischen gestanden.

Wann immer sie gegen einen der Hochzeitspläne protestierte, wurde sie als »Spielverderberin« bezeichnet; tatsächlich nannte man sie sogar dann so, wenn sie nur ihre Meinung sagte. »Was soll das heißen, du willst keinen Senf auf deinem Sandwich? Das ist lächerlich! Jeder mag Schinken mit Senf!« Ginny durfte nicht einmal anmerken, dass sie die Anmietung von weißen Tauben für eine lächerliche Extravaganz hielt. Und ihr Einwand, dass sie Vögel nicht wirklich mochte, wenn sie ihr zu nahe kamen, wurde als »divenhafter Unsinn«

abgetan. »Das wird sich so hübsch machen!«, schwärmte ihre Mutter. »Wenn du mitten im Winter heiratest, brauchst du etwas Besonderes, damit die Fotos halbwegs anständig aussehen!«

Und so hatte sich ihre Hochzeit zu einer pompösen Selbstdarstellung ihrer Eltern für Familie, Freunde und Geschäftsfreunde entwickelt. Und weil Ginnys Vater und Mutter jeweils hundert Gäste eingeladen hatten, mussten Bens Eltern natürlich gleichziehen. Ginny hatte nicht die Kraft gehabt zu widersprechen; ihr selbst waren nur ein paar ihrer engsten Freunde gestattet worden, aber niemand sonst, der nicht irgendwie »nützlich« war. Hätte sie doch noch jemanden eingeladen, hätte man ihr vorgeworfen, undankbar zu sein, und sie gefragt, ob sie nicht wisse, was diese Hochzeit kostete.

Sie wollte gar nicht wissen, wie viel der ganze Aufwand tatsächlich gekostet hatte. Wäre ihre Mutter nicht so erpicht darauf gewesen, eine Hochzeit auszurichten, die ihr selbst nicht möglich gewesen war, hätte Ginnys Vater ganz bestimmt einen Beitrag zu einer Anzahlung auf ein Haus geleistet, was so viel sinnvoller gewesen wäre als dieses sündhaft teure Fest.

Im Augenblick wohnten sie in Bens Wohnung. Sie war klein, hatte keinen Garten und lag unglücklicherweise nah am Haus seiner Eltern. Und weil seine Mutter regelmäßig bei ihm »reingeschaut« hatte, als Ben noch Single gewesen war, sah sie nicht den geringsten Grund, damit aufzuhören, als seine Freundin einzog. Ginny glaubte längst nicht mehr daran, dass die Tatsache, dass sie jetzt verheiratet waren, ihre Schwiegermutter in Zukunft daran hindern würde. Ginny fühlte sich ausspioniert und kritisiert und wäre am liebsten so bald wie möglich ausgezogen. Weil die Hochzeit jedoch so teuer gewesen war, würde sich dieser Traum vermutlich vorerst nicht erfüllen.

Ginny hätte sich eine kleine Hochzeit gewünscht: eine feierliche Trauung in ihrer Pfarrkirche, gefolgt von einem Empfang in ihrem Stamm-Pub. Dort kochte man richtig lecker und konnte Gäste auch zu einem vernünftigen Preis unterbringen. Aber nein, Ginnys Mutter war mit dieser Idee nicht zufrieden gewesen.

Ginny hatte versucht, mit ihrem Vater darüber zu reden, doch er hatte ihre Einwände einfach beiseitegewischt. Ihre Mutter hatte ihm ständig mit dem Ammenmärchen in den Ohren gelegen, dass eine gigantische Hochzeit der Traum eines jeden Mädchens sei und alles, was Ginny einzuwenden hatte, entspringe nur ihrer Unerfahrenheit. Ginnys Protest, dass die Hochzeit außer Kontrolle geriete, hielt er daher für einen Vorwand und glaubte, dass sie insgeheim von so viel Extravaganz begeistert war, es aber nicht zeigen wolle. Wäre Ben öfter da gewesen, hätte er ihren Vater vielleicht zur Vernunft bringen können, doch er war ja ständig unterwegs! Nun war die Hochzeit vorbei, und sie würde sich mit Ben wegen seines jüngsten Verhaltens auseinandersetzen müssen – aber nicht heute Abend. Dazu war sie viel zu erschöpft.

Ben hatte sich nicht nur aus allen Streitereien und Planungen herausgehalten, sondern auch noch seinen besten Freund als Trauzeugen ausgesucht. Jeder normale beste Freund wäre okay gewesen, doch Eddie war nicht normal – es sei denn, man empfand die Karikatur eines Trauzeugen im wirklichen Leben als akzeptabel. Er machte Witze, die so farblos waren, dass sie eine ganz neue Palette schufen, Scherze, die so witzig waren wie ein Karaokeabend im Pub, und unpassende Bemerkungen, die für allgemeines Unbehagen sorgten.

»Ich denke, wir müssen Ed und meine Mutter in Zukunft nicht zu denselben gesellschaftlichen Ereignissen einladen, oder?«, hatte Ginny zu Ben gesagt.

»Was meinst du?«, fragte er. »Wovon redest du da?«

»Ich meine, es spielt keine Rolle, dass Ed meine ganze Familie und den größten Teil deiner Verwandtschaft mit seinen Sprüchen beleidigt hat. Wir werden sie nie wieder gesellschaftlich zusammenbringen.«

»Ed ist schon in Ordnung«, verteidigte Ben seinen Freund. »Er würde alles für einen tun.«

»Außer eine Rede zu halten, die einer Hochzeit angemessen ist. Seine hätte höchstens für einen Junggesellenabschied getaugt«, sagte sie sehr leise. Sie wollte nicht darüber reden. Es war schließlich vorbei.

Ginny griff nach einer Haarnadel, die ihr aus der Hochzeitsfrisur in den Nacken gerutscht war, und unterdrückte den Wunsch zu fragen, ob sie nicht allmählich am Ziel ankommen müssten. Sie schloss die Augen. Während sie sich auf dem Rücksitz des Taxis entspannte, das sich langsam immer tiefer in das Herz des New Forest hineinschlängelte, versuchte Ginny, sich wieder aufzumuntern. Immerhin hatte sie gerade Ben geheiratet, vermutlich die Liebe ihres Lebens, auch wenn er im Moment nicht gerade ihr Lieblingsmensch war; ihre Eltern hatten für sie eine Märchenhochzeit ausgerichtet, auch wenn es nicht die kleine kirchliche Hochzeit war, die sie gern gehabt hätte; und obwohl sie sich von allen verletzt und enttäuscht fühlte, wollte sie versuchen, ihnen zu vergeben und die Sache zu vergessen. Sie hoffte nur, dass es möglich war.

Sie erwachte und hörte Ben fragen: »Sind Sie sicher, dass es hier ist?«

»Laut Navi sind wir richtig, Kumpel«, antwortete der Fahrer. »Withycombe Lodge.«

»Es liegt mitten im Wald!«, sagte Ben.

Ginny räusperte sich. »Es befindet sich am Rand eines Anwesens – eines Landguts«, fügte sie hinzu, nur für den Fall, dass Ben Zweifel hatte. »Es ist das ehemalige Cottage der Haushälterin.«

Sie unterdrückte den Hinweis, dass er, als sie ihn wegen des Reiseziels um seine Meinung gefragt hatte, nur gesagt hatte: »Kümmere du dich darum. Es ist mehr dein Ding als meins.« Sie fuhr fort: »Schau, dein Auto steht schon da!« Wenigstens das hatte der Trauzeuge nicht vermasselt. »Lass uns hineingehen!«

Nach ihrem kurzen Schlummer fühlte sie sich frischer, stieg aus dem Auto und freute sich darauf, das Cottage zu sehen, von dem sie in den vergangenen Wochen immer geträumt hatte, wenn ihr die Hochzeit als teuerster Albtraum aller Zeiten erschienen war. Ginny hoffte, es würde für Ben und sie zu dem ersehnten Zufluchtsort werden, an dem sie die ersten Tage ihres Ehelebens miteinander verbringen und sich von Neuem kennenlernen konnten.

Ben entlohnte den Taxifahrer, während sie den Schlüssel suchte, der – sehr nett, wie sie fand – unter einem Blumentopf versteckt war. Es war ein charmant altmodischer Schlüssel und nicht etwa ein ausgefallenes Schließsystem für dieses kleine Haus.

Auf der Website hatte das Cottage zwar rustikal, aber sehr hochwertig ausgesehen, mit einem Sprudelbad, einem traumhaften Entertainment-Center und einer Küche mit glamourösen, glänzenden und intelligenten

Geräten, die ein gekochtes Ei köpfen konnten, wenn man wusste, wie man sie richtig programmierte. Es gab sogar einen heißen Whirlpool irgendwo im Wald.

Ben war direkt zu seinem Auto gegangen, und so schloss Ginny das Cottage auf und trat ein. Dabei fragte sie sich kurz, ob Ben sie nicht über die Schwelle hätte tragen sollen. Da er jedoch seit Monaten nichts richtig gemacht hatte, war sie nicht überrascht und nur leicht enttäuscht. Außerdem freute sie sich, ein paar Minuten für sich zu haben.

Es war das falsche Cottage; das erkannte sie in dem Moment, als sie es betrat. Die Adresse war richtig, aber die Inneneinrichtung definitiv nicht. Hier fand sich kein Luxus der Extraklasse, sondern es war – sie sah sich um – nun ja, es war ... alt. Nicht alt auf eine überholte Art und Weise, sondern alt wie die Cottages, die sie einmal in einem Open-Air-Museum gesehen hatte. Es stammte aus einem anderen Jahrhundert.

Zunächst fand sie es kalt, doch sie stellte fest, dass alles sehr sauber war. Es roch nach Bienenwachs und Lavendel, und ihr wurde klar, dass das Bohnerwachs sein musste.

Von einem kleinen Flur mit altmodischem Kleiderständer inklusive eines Spiegels mit Altersflecken ging sie ins Wohnzimmer, das allenfalls einfach, um nicht zu sagen spärlich möbliert war. Es gab eine Kaminecke mit Platz für einen Wasserkessel an der Seite, wo früher vermutlich Brot gebacken worden war. Vor dem Kamin standen eine Bank und zwei Holzstühle. Ein kleiner Bücherschrank schien jünger zu sein als der Rest des Zimmers. Auf dem tiefen Fensterbrett entdeckte Ginny eine Öllampe, die sich bei näherer Überprüfung als tatsächlich noch mit Öl betrieben erwies – sie war nicht nachträglich auf Strom umgestellt worden. Auf dem Kaminsims, fast zu hoch, um sie zu erreichen, befanden sich zwei Kerzenständer und ein Paar Staffordshire-Hunde aus Keramik. Auf der Kommode sah sie blaue und weiße Porzellanteller. Ein paar verblasste Aquarelle an der Wand zeigten Szenen aus dem bäuerlichen Leben: Heuhaufen, schwere Pferde und in Kittel gekleidete Burschen. Ginny erkannte, dass dieser Raum wahrscheinlich ursprünglich der einzige im Erdgeschoss gewesen war. Die kleine Küche, die ebenfalls vom Flur abging, war vermutlich später hinzugekommen.

Sie musste zugeben, dass das Zimmer viel Charme hatte, aber es war auf keinen Fall das, was sie gebucht hatte. Doch das würde sie Ben gegenüber nicht zugeben. Erstens war sie viel zu müde dafür, und zweitens verdiente er kein ehrliches Eingeständnis eines von ihr begangenen Irrtums, nachdem er so wenig zu den Vorbereitungen beigetragen hatte. Nein, sie würde es sich nicht nehmen lassen, so zu tun, als wäre es das, was sie die ganze Zeit für sie vorgesehen hatte.

Ginny ging nach oben, um herauszufinden, ob das Schlafzimmer das Gedicht aus dicken Decken aus Daunen ungarischer Gänse, luxuriösen Kissen, teuren Bettlaken und Memory-Schaum-Matratzen war, das ihr versprochen worden war.

War es nicht.

Es gab ein schönes Messingbett, auf dem eine aus winzigen Sechsecken bestehende Patchwork-Decke lag. Darunter befanden sich Laken – aus echtem Leinen – und Decken. Und ein Federbett aus Eiderdaunen. Nichts von dem, wonach sie sich in den letzten schwierigen Wochen gesehnt hatte.

Das angrenzende Badezimmer hatte keine ebenerdige

Dusche für zwei Personen. Es gab eine ziemlich antiquierte Toilette mit hoch hängendem Wasserkasten und Holzsitz, einen Waschtisch mit passendem Krug und Schüssel sowie einen Handtuchhalter. Außerdem stand dort ein großer Messingkrug, in den man Blumen hätte stellen können. Auf dem Handtuchhalter befanden sich kleine Leinenhandtücher und ein paar ebenfalls winzige gewöhnliche Handtücher. Sie ahnte bereits, dass hinter der Tür keine flauschigen Bademäntel hängen würden, doch sie sah trotzdem nach.

Als sie ins Schlafzimmer zurückkehrte, war sie froh, dass man ihnen wenigstens kein Plumpsklo im Freien zumutete. Bei ihrem Glück hätte man eine externe Toilette vermutlich als »charmant rustikal« bezeichnet und einen Preisaufschlag gefordert.

Während sie die Holztreppe hinunterging (kein Teppich, nicht einmal ein Läufer), überlegte sie, dass sie Ben vielleicht doch gestehen musste, dass hier eine Verwechslung vorlag, die so schnell wie möglich rückgängig gemacht werden musste. War es überhaupt möglich, in einem solchen Haus zu leben ohne zumindest einen anständigen Schlafsack, um die Unbequemlichkeit auszugleichen? Aber auf keinen Fall wollte sie sich heute noch auf einen Streit mit dem Hausbesitzer, dem Agenten oder wem auch immer einlassen. Und morgen war der erste Weihnachtstag, sodass die Aussprache noch mindestens zwei Tage auf sich warten lassen würde. Also würde sie Ben nichts sagen, bis die Angelegenheit geregelt war.

Immerhin brannte das Feuer im Wohnzimmer, und die Messingleuchter auf dem Kaminsims und die Öllampe waren angezündet. Außerdem gab es eine Vase voller Stechpalmzweigen mit schönen roten Beeren, die sie vorher nicht gesehen hatte. Eigentlich war alles auf altmodische Art und Weise sehr hübsch.

Vermutlich hat Ben für Feuer und Licht gesorgt, dachte sie und gab ihm widerstrebend einen Pluspunkt. Ein Feuer anzuzünden war machohaft und männlich – und nicht schwer. Leichter jedenfalls, als ihr zur Seite zu stehen und gegen ihre entschlossene Mutter und ihre lächerlichen Hochzeitspläne vorzugehen. Aber das lebendige Feuer und das gemütliche Knistern munterten sie auf. Sie ging hinaus, um Ben mit dem Gepäck zu helfen. Offenbar hatte er das Feuer angezündet, ehe er wieder hinausgegangen war, um die Koffer zu holen.

Sie wollte ihn gerade dazu beglückwünschen, als er ihr zuvorkam.

»Dieser dämliche Eddie! Er hat vergessen, unseren Proviant ins Auto zu packen.« Er blickte kläglich drein. »Tut mir leid, Liebling. Wir müssen einen Pub suchen gehen. Oder vielleicht können wir auch die Rezeption anrufen. In einem Feriencottage kann man bestimmt Essen bestellen.«

Hatte er nicht bemerkt, dass es nicht die übliche Art von Ferienhaus war, als er das Wohnzimmer gesehen hatte? Offenbar nicht. Ein guter Beobachter schien er nicht zu sein.

»Wir kriegen das schon irgendwie hin.« Ginny hatte ein paar der übrig gebliebenen Gastgeschenke in ihren Koffer gequetscht. Die komischen Werbeträger konnten sich jetzt als durchaus nützlich erweisen. Mit Keksen und Käse würden sie jedenfalls nicht verhungern.

»Das Häuschen ist irgendwie ein bisschen fremdartig!«, sagte Ben und ließ im Flur zwei Koffer fallen. »Aber es gefällt mir! Wie eine Rückkehr in die gute alte Zeit. Und dabei überhaupt nicht kitschig.«

Ginny antwortete nicht. »Ich bringe mein Gepäck nach oben«, erklärte sie. »Ich brauche eine Strickjacke.«

Zu ihrer Überraschung waren beide Bettseiten sehr ordentlich aufgeschlagen. Es war merkwürdig, doch sie glaubte, sich zu erinnern, dass vorhin die Decke noch festgesteckt gewesen war. Seltsam. Vermutlich hatte sie während der Hochzeitsvorbereitungen so viel Zeit damit verbracht, von diesem Schlafzimmer zu träumen, dass sie eben gar nicht so auf die tatsächlichen Details geachtet hatte.

Mit ihrer Lieblingskaschmirjacke fühlte sie sich gleich besser. Ginny ging hinunter zu Ben, der in der Küche stand. Bei ihrer Besichtigung hatte Ginny sie nicht betreten, aber sie passte perfekt zum Gute-Alte-Zeit-Gefühl. Es gab einen eisernen Herd, der angeschürt war, einen Spülstein und eine emaillierte Arbeitsfläche. An einem einfachen Holztisch standen zwei Küchenstühle. In einer Kommode stapelten sich Teller und einige alte Steingutbehälter, die wahrscheinlich Grundzutaten wie Mehl und Zucker enthielten.

»Hey!«, rief Ben. »Hier steht ein Eintopf auf dem Herd! Er ist kochend heiß und duftet ganz köstlich. Und als Beilage gibt es Ofenkartoffeln!«

»Oh! Das ist ja eine Überraschung!«, sagte Ginny.

»Wirklich? Ich nehme an, es ist eines dieser Hotels, wo die Mahlzeiten geliefert werden, ohne dass du es merkst. Der unsichtbare Butler oder so. Speziell für Flitterwöchner.«

»Ich kann mich nicht erinnern, dass das irgendwo erwähnt wurde«, wunderte sich Ginny und fühlte sich überhaupt nicht flitterwochenhaft. »Sonst hätte ich mich bestimmt nicht um den Proviant gekümmert, der dann ja doch vergessen wurde.«

»Blöder Eddie!«, schimpfte Ben. »Er war als Trauzeuge nicht gerade die beste Wahl, das muss ich zugeben. Aber egal – das hier ist viel netter, als für uns selbst kochen zu müssen.«

Ginny erwähnte weder den speziell geräucherten Lachs noch die Garnelen oder die Trüffelpastete. Allein beim Gedanken daran wurde ihr der Mund wässrig. Dafür gab es jetzt Eintopf. Das war immer noch besser, als nur Werbegeschenkkäse vom Hochzeitstisch zu essen. Sie fragte sich, warum ihr Gehirn so leer gefegt war, dass sie tatsächlich vergessen hatte, dass das Essen gestellt wurde. Sie war zwar müde, doch das entsprach ganz und gar nicht ihrer Art.

»Und schau hier!«, fuhr Ben fort. »Eine Flasche Wein!« Er nahm die Flasche in die Hand. »Sie hat ein handgeschriebenes Etikett. Holunder! Grundgütiger! Ich frage mich, ob er trinkbar ist.«

Ginny sagte nichts, sondern öffnete den Schrank und fand ein paar schöne Gläser – offensichtlich Antiquitäten. Alles war so seltsam und so gar nicht das, was sie erwartet hatte. Sie kam zu dem Schluss, dass der Albtraum von Hochzeit ihr Gehirn vernebelt hatte. »Probieren wir ihn doch einfach.«

Ben füllte die Gläser, die ungefähr die Größe von Sherrygläsern hatten, und sie stießen miteinander an. »Auf den Rest unseres Lebens!«

»Darauf, dass es von jetzt an nur noch bergauf geht!«, meinte Ginny kläglich. Schlimmer konnte es schließlich kaum noch werden.

»Der ist ja richtig gut!«, freute sich Ben.

»Köstlich!« Die fruchtige Wärme und die feine Süße wirkten äußerst tröstlich. »Er schmeckt wie Hustensaft ohne den fiesen Nachgeschmack.«

Ben nickte. »Ich dachte, hausgemachter Wein sei ziemlich schrecklich, doch das stimmt offenbar nicht immer. Hey«, fuhr er fort, »ich finde, wir sollten nebenan vor dem Feuer essen. Die alten Teller auf der Kommode sind ziemlich tief, nicht wahr? Also perfekt für Eintopf.«

»Gute Idee«, meinte Ginny und fahndete in den Schubladen nach Besteck. In diesem Augenblick streifte der Duft von Backwerk ihre Nase. »Warte, ich glaube, da ist etwas im Ofen.«

Sie nahm einen altmodischen Topflappen vom Haken und öffnete die Herdtür. »Tatsächlich! Hier ist ein Kuchen! Er duftet wunderbar!« Sie nahm ihn heraus. »Irgendwas mit Früchten, glaube ich. Ein wunderbarer Nachtisch. Nun brauchen wir nur noch Vanillepudding dazu«, fügte sie hinzu und blickte Ben an.

»Ich komme auch ohne Pudding aus«, sagte er. »Jetzt lass uns erst einmal essen.«

Sie aßen Eintopf mit Ofenkartoffeln und einem Stich Landbutter, die der »unsichtbare Butler« ebenfalls auf den Tisch gestellt hatte. Auch wenn Ginny nichts von seiner Existenz gewusst hatte, war er wirklich gut in seinem Job.

»Ich glaube, das ist Wild«, meinte Ben. »Es schmeckt absolut köstlich. Kompliment, Gin, du hast eine wunderbare Unterkunft gefunden. Es ist toll hier.«

Ginny war nicht ganz so zuversichtlich, obwohl sie den Eintopf auch sehr genossen hatte. »Ich hole den Nachtisch«, sagte sie.

»Währenddessen lege ich Holz nach.«

Ginny räumte die leeren Teller ab. Sie hatte ziemlich viel gegessen und war sich nicht sicher, ob sie noch Kuchen wollte. Sie ging in die Küche hinüber.

Auf dem Tisch stand ein kleiner, mit einem bestickten Tuch bedeckter Krug. Ginny probierte. Es war dicke, gelbe Sahne.

»Diese Unsichtbarer-Butler-Sache funktioniert total gut«, murmelte sie, während sie den Kuchen in Stücke schnitt. »Nur merkwürdig, dass ich mich nicht mehr daran erinnere.« Sie gab Sahne auf einen Teil des Kuchens und brachte den Nachtisch ins Wohnzimmer.

»Hey, Liebling!«, rief Ben aufgeregt. »Schau mal, es schneit!«

»Echt? Wie wunderbar!«, freute sich Ginny. »Ich dachte nicht, dass es so kalt wäre, und es war auch kein Schnee vorhergesagt.«

»Nun, es schneit aber. Vielleicht ist es magischer Schnee, nur für uns.«

»Passend zu der magischen Sahne, die gerade in der Küche aufgetaucht ist.« Sie lachte, doch sie meinte es nicht aufrichtig.

»Ganz ehrlich, ich muss wirklich noch einmal sagen, dass du ganz super gebucht hast, Liebling.«

»Die Buchung war nicht schwer. Es war die Hochzeit, die anstrengend war.«

Ben wandte den Blick ab. Vielleicht wollte er nicht über die Hochzeit reden. »Es war absolut nicht das, was ich erwartet hatte.«

»Ich auch nicht«, murmelte Ginny. Wahrscheinlich hatte er sich genau wie sie nicht diese Art von Hochzeit gewünscht.

»Aber das hier ist toll! So ganz anders.«

»Stimmt.« Sie hoffte, dass das antike Bett mit seiner bezaubernden Decke einigermaßen bequem war. »Ich bin mir nicht sicher, was das Badezimmer angeht. Eine Badewanne ist nicht drin. Und auch keine Dusche.«

»Das kriegen wir schon hin. Wahrscheinlich ist irgendwo doch eine. Wir können morgen danach suchen.« Er sah sie erwartungsvoll an. »Ist es Zeit fürs Bett?«

Ginny war sehr müde. Sie hatten sich seit Ewigkeiten nicht geliebt, doch sie empfand immer noch zu viel Groll wegen der Hochzeit, um diesen Zustand ändern zu wollen. »Auf jeden Fall. Aber ich warne dich – außer für Schlafen bin ich heute für nichts zu haben.«

Er hatte keine Einwände. »Es war ein anstrengender Tag, nicht wahr? Ich hatte nicht erwartet, dass die Hochzeit so ... überkandidelt wäre.«

Hätte Ginny ein Fünkchen mehr Energie gehabt, hätte sie ihm vielleicht erklärt, warum die Hochzeit so »überkandidelt« gewesen war und wie er hätte helfen können, es zu verhindern. Stattdessen sagte sie: »Ich auch nicht! Lass uns die Kerzen und die Lampe löschen und sicherstellen, dass das Feuer nichts anrichten kann.«

Als der Raum völlig im Dunkeln lag, stellten sie sich ans Fenster und blickten in den Schneefall hinaus.

»Da kommen richtig dicke Flocken runter«, bemerkte Ginny.

»Stell dir mal vor, wir schneien ein«, sagte Ben.

Wäre Ginny im Zustand ehelicher Glückseligkeit gewesen, wäre der Gedanke, zusammen mit Ben einzuschneien, aus vielerlei Gründen einfach himmlisch gewesen. Aber im Augenblick war sie sich nicht einmal mehr sicher, ob sie überhaupt mit ihm verheiratet sein wollte, geschweige denn mit ihm eingeschneit werden. »Richtiger Schnee – wie in Narnia«, sagte sie und hoffte, dass er nicht hörte, wie nah sie den Tränen war.

»Komm, lass uns ins Bett gehen«, meinte er und

legte den Arm um sie. »Morgen früh können wir im Schnee spielen.«

Ginny hatte den kleinen Kamin im Schlafzimmer vorher nicht bemerkt, nun aber brannte darin ein helles Feuer. »Ganz entzückend!«, rief sie. »Wir können beim Licht des Feuers schlafen.«

»Der unsichtbare Butler hat sich selbst übertroffen«, sagte Ben. »Obwohl ich nicht glaube, dass er es morgen früh bei dem ganzen Schnee schafft, sich dem Haus heimlich zu nähern. Er – oder sie – wird Spuren hinterlassen und sich offenbaren müssen.«

Während Ginny sich vor dem Schlafengehen wusch (irgendwie befand sich plötzlich heißes Wasser im Krug, und ein Stück parfümierte Seife lag neben der Schüssel), musste sie sich eingestehen, dass sie den unsichtbaren Butler nicht etwa vergessen hatte; weder auf der Website noch beim anschließenden telefonischen Kontakt war etwas Derartiges erwähnt worden. Sie war müde, nicht dumm.

Als sie fertig war, ging sie zurück ins Schlafzimmer. Auf dem Bett lag ein altmodisches Nachthemd im viktorianischen Stil mit hohem Kragen und langen Ärmeln. Während Ben im Bad war, streifte sie es glücklich über. Als er zurückkam, saß sie züchtig gekleidet im Bett.

»Also dieses Nachthemd ist wirklich hübsch«, bemerkte Ben grinsend, »doch ich glaube, unser unsichtbarer Butler hat einen ausgeprägten Sinn für Humor! Weiß er, dass wir hier unsere Flitterwochen verbringen? Das Teil ist nicht gerade sexy, oder?«

»Aber wunderbar warm! Und jetzt beeil dich. Ich will endlich schlafen.«

Obwohl sie die Augen schloss und dem gelegentlichen Knistern des erlöschenden Feuers lauschte, schlief sie nicht sofort ein. Natürlich gab es keinen unsichtbaren Butler, doch die einzige andere Erklärung, die ihr in den Sinn kam, gefiel ihr nicht.

Sie folgte den Fußspuren im Schnee und schlängelte sich zwischen den Bäumen mit ihren schweren, schneebeladenen Ästen hindurch. Jedes Mal, wenn sie glaubte, einen Blick auf ihren Führer erhaschen zu können, verlor sich die Gestalt hinter einer neuen Biegung. Trotzdem ging sie weiter, angespornt von dem Gefühl, dass dieser Weg wichtig war und dass diese Person ihr etwas zeigen wollte.

Irgendwann wurden die Bäume spärlicher, und sie sah eine Kirche. Eine Frau stand an der Tür und hielt sie ein Stück auf. Instinktiv wusste sie, dass dies die Frau war, der sie gefolgt war. Sie trug ein langes, schlichtes schwarzes Kleid mit eng geschnürter Taille und hohem Kragen. Es war eine Frau, von der sie glaubte, sie schon tausend Mal gesehen zu haben – in der Schule, bei Ausstellungen und bei Fernsehshows. Aber es war nicht nur die erkennbar viktorianische Kleidung, die sie vertraut aussehen ließ, es war die Atmosphäre, die sie umgab – ein Hauch von Wohlwollen und Verständnis.

»Frohe Weihnachten, mein Schatz!« Bens Kuss weckte sie aus dem Tiefschlaf. Er roch nach Zahnpasta. »Ich habe Tee aufgebrüht. Alles stand vorbereitet auf einem Tablett; ich musste nur noch Wasser in die Kanne gießen. Und die war sogar vorgewärmt!«

Ginny setzte sich langsam auf, rieb sich den Schlaf aus den Augen und schob die Erinnerung an ihren lebhaften Traum in den hintersten Winkel ihres Bewusstseins. Sie nahm die zierliche Teetasse, die Ben ihr reichte. Der Tee war köstlich – ganz anders als der aus den üblichen Teebeuteln, die sie jeden Tag benutzte. »Gibt es auch Frühstück?«

Ben nickte. »Wir haben Porridge. Ich fand es in einem zugedeckten Topf. Normalerweise mag ich diesen Haferbrei nicht, doch daneben steht eine Schale mit braunem Zucker und wieder frische Sahne. Ich wäre bereit, es zu probieren.« Er hielt inne. »Außerdem ist da ein Laib Brot, um Toast zu machen, aber wir müssen das Brot wahrscheinlich am offenen Feuer rösten. Eine Toastgabel ist da – also, wenn du Toast willst, sag es.«

Ben bemühte sich offenbar sehr. »Kurios«, meinte Ginny.

»Möchtest du im Bett frühstücken? Ich kann es gern nach oben bringen.«

Sie dachte nach. »Ist es kalt in der Küche?«

»Überhaupt nicht. Der Herd bullert geradezu.«

»Dann stehe ich auf.«

»Gut, ich mache uns Toast. Ich möchte unbedingt diese Toastgabel ausprobieren.«

»Und nach dem Frühstück würde ich gern einen Schneespaziergang unternehmen. Liegt überhaupt noch Schnee?«

Er nickte. »Massenhaft! Es ist wirklich erstaunlich. Ich gehe mal zum Auto und hole unsere Gummistiefel. Wir haben sie doch dabei, oder?«

»Sie müssten im Kofferraum sein, ja. Aber sieh vorsichtshalber nach, ob Eddie Spinnen oder Frösche hineingesetzt hat. Es würde zu seiner Vorstellung von einem Scherz passen.«

»Ich überprüfe es. Wir sehen uns gleich.«

Als sie in ihrem langen Nachthemd zum Fenster ging und die Schneelandschaft betrachtete – es war mehr Schnee, als sie je in England zu Gesicht bekommen hatte –, fühlte sich Ginny wie in einem Kindermärchen. Sie fand es wunderbar und ließ ihre Fantasie treiben.

Sie blieb so lange bewundernd am Fenster stehen, bis ihr kalt wurde. Schließlich griff sie nach ihren Kleidern, holte noch ein paar zusätzliche Pullis aus dem Koffer, nahm alles wieder mit ins Bett und zog sich dort an. Ihre Mutter hatte ihr einmal erzählt, dass Ginny und ihr Bruder es offenbar immer so gemacht hatten, als sie noch klein gewesen waren.

Ben rief hinauf: »Beeil dich! Ich bin kurz vor dem Verhungern, will aber nicht ohne dich anfangen!«

Sie ging hinunter. Er sieht irgendwie besonders frisch und gesund aus, dachte sie.

»Ich war am Auto, habe unsere Gummistiefel herausgeholt und konnte einfach nicht widerstehen, draußen ein paar Schritte zu laufen.«

»Kann ich gut verstehen. Ich bin auch ganz wild auf Schnee.«

Er kam um den Tisch herum und küsste sie auf die Wange. »Ich bin wirklich froh, dass es geschneit hat und wir gleich an die frische Luft gehen können. Denn leider sind die Weihnachtsgeschenke nicht im Auto.«

»Schon gut. Das macht doch nichts.« Sie hatten vereinbart, sich nur Kleinigkeiten zu schenken, weil sie lieber auf eine Anzahlung für ein Haus sparen wollten.

»Prima, dann lass uns frühstücken.«

Er stellte einen Teller Porridge vor sie hin und schob ihr die Schale mit braunem Zucker und den Sahnekrug zu.

»Weißt du, was merkwürdig ist?«, stellte er ziemlich verwundert fest. »Es gibt absolut keine Spuren von unserem unsichtbaren Butler.«

Ginny war nicht wirklich überrascht. »Oh! Wirklich seltsam! Ich frage mich nur, wie das alles hier wohl passiert ist – das Feuer im Kamin und das frisch zubereitete Essen.«

Sie sahen einander sekundenlang in die Augen.

»Was meinst du denn?«, fragte Ben schließlich.

Ginny aber war nicht bereit, ihre Vermutungen mit ihm zu teilen. Sie waren zu … lächerlich.

Es war lustig, mit der Toastgabel Brot zu rösten. Der Geschmack war ganz besonders und viel besser als der von Toast aus dem Toaster. Auch die Butter schmeckte köstlich. Ben, der die Gläser auf der Kommode genauer in Augenschein genommen hatte, fand in einem von ihnen selbst gemachte Marmelade mit dick geschnittenen Obststückchen. Das Porridge mit Sahne war extrem sättigend, aber so lecker, dass es schwierig war, nicht zu viel davon zu essen.

Ginny fühlte sich so satt, dass sie sich kaum bewegen mochte, doch dem Schnee konnte sie einfach nicht widerstehen. Nachdem sie alle ihre Kleider übereinander angezogen und Mützen aufgesetzt und sämtliche Schals umgeschlungen hatten, die auf dem Kleiderständer im Flur hingen, zogen sie los. Offenbar waren die Mützen und Schals für sie bereitgelegt worden; Ginny war sich nämlich ziemlich sicher, dass sie am Vorabend noch nicht dort gehangen hatten.

Es war leicht zu erkennen, wo Ben durch den frischen Schnee zum Auto gestapft war, und es war auch vollkommen klar, dass niemand sonst in der Nähe des Hauses gewesen sein konnte. Ginny erinnerte sich an ihren Traum – wie sie durch verschneite Wälder den Spuren gefolgt war – und bekam eine Gänsehaut, die nichts mit der eisigen Luft zu tun hatte. Aber Ben schien nicht darüber nachdenken zu wollen, was in diesem Haus vor sich ging. Ginny konnte sich vorstellen, dass er vermutlich zu der gleichen Schlussfolgerung gekommen war wie sie und nicht darüber reden wollte. Immerhin war ja nichts Schlimmes passiert – bis jetzt.

»Das wahre Paradies!«, schwärmte Ginny. »Richtig tiefer, echter Schnee zu Weihnachten! Das habe ich in England noch nie erlebt!«

»Ich habe versucht, auf dem Handy nachzusehen, ob das ganze Land eingeschneit ist«, meinte Ben, »aber es erübrigt sich wohl zu sagen, dass es hier kein Netz gibt.«

Ginny nickte. »Ich glaube, das stand auch auf der Website. Ich dachte, es würde uns Spaß machen, für eine Weile keinen Kontakt zur Außenwelt zu haben.«

»Na, das war jedenfalls ein Volltreffer.« Ben grinste. »Ich meine, was unsere Flitterwochenunterkunft angeht.«

»Sei bloß still! Immerhin haben wir Schnee, nicht wahr? Und was könnte besser sein als das?«

»Na, ein Ski-Event oder eine Meute Huskys.«

Ginny warf einen Schneeball nach ihm. Sofort konterte er, und bald war die schönste Schneeballschlacht im Gange. Minutenlag bombardierten sie sich gegenseitig, bis sie sich erschöpft auf einer noch unberührten Stelle in den Schnee fallen ließen und Schneeengel machten.

»Das gefällt mir!«, jubelte Ginny. »Eine Braut zu sein war so schrecklich erwachsen. Das hier ist Kind-Sein im besten Sinne.«

»Du hast recht«, stimmte Ben zu. »Allerdings scheint es eine kleine Lücke zwischen meiner Jacke, den Pullis und meiner Jeans zu geben. Der Schnee dringt ein.«

Ginny stand auf, streckte ihm die Hand entgegen und half ihm auf die Beine. »Komm, erkunden wir den Wald! Wer weiß, vielleicht finden wir eine Straßenlaterne und eine Biberfamilie, all die netten Sachen aus Narnia.«

»Vermutlich stoßen wir eher auf Eisbären«, sagte Ben. »Einen Pelzmantel könnte ich jetzt gut gebrauchen.«

»Beim Gehen wird dir sicher gleich wärmer.«

Ben küsste ihre kalte Wange, nahm ihre Hand, und sie zogen los.

Es war ziemlich anstrengend, durch den tiefen Schnee zu stapfen, aber je weiter sie in den Wald vordrangen, desto einfacher wurde es. Ginny blieb ein bisschen zurück und ließ Ben vorausgehen. Während des Spaziergangs überlegte sie, ihm von dem Whirlpool zu erzählen, der sich in der Nähe des Hauses befinden sollte. Doch sie ahnte längst, dass sie gar nicht erst danach zu suchen brauchten. In dieser seltsamen, verschneiten Welt gab es keinen Whirlpool.

»Hey! Da vorn ist ein Gebäude«, bemerkte Ben.

Als Ginny hinter ihm auf die Lichtung trat, hatte sie ein Déjà-vu. »Es ist eine Kirche!«, stellte sie fest. *Die* Kirche, dachte sie. »Ich liebe alte Kirchen.«

Obwohl sie sich um einen heiteren Tonfall bemühte, empfand sie innerlich ein gewisses Unbehagen, das schnell von einem Hauch Bedauern wegen der eigentlich von ihr gewünschten, stillen kirchlichen Trauung überlagert wurde. Im Grunde war es einfacher und vielleicht auch günstiger gewesen, alles im Hotel zu erledigen, aber Ginny wusste, dass es nicht an den Kosten gelegen hatte. Der Grund war, dass man ihren Glauben und ihren Wunsch, Gott an der Hochzeitszeremonie teilhaben zu lassen, nicht verstehen konnte. Es war der härteste und wichtigste Kampf gewesen, bei dem sie Ben gern an ihrer Seite gehabt hätte.

Die Kirche war ein kleines Juwel. Ginny war keine Expertin, doch das Gebäude sah recht alt aus. Es bestand aus grauem Stein, der mit Efeu überwuchert war. Auf dem Kirchhof standen große, tief verschneite Eiben.

»Ich frage mich, ob sie hier im Wald gebaut wurde oder ob der Wald später um sie herum gewachsen ist«, sagte Ben leise.

»Sollen wir nachsehen, ob sie offen ist?«, fragte Ginny, die beinahe erwartete, die Frau aus dem Traum zu sehen, und es kaum erwarten konnte, die Kirche zu betreten. Sie ging den Weg entlang, auf dem aus irgendeinem Grund weniger Schnee lag.

An der Tür blieb Ginny stehen. »Ich höre Musik«, flüsterte sie. »Vielleicht findet gerade ein Gottesdienst statt.«

Sie betrachtete den Schnee, der keine Fußspuren aufwies, und vermied Bens Blick. Sie wusste, dass auch er sich fragen würde, wie um alles in der Welt hier ein Gottesdienst mit Menschen abgehalten werden könnte – es sei denn, sie wären alle vom Schlitten des Weihnachtsmannes hergebracht worden.

»Ist abgeschlossen?«, fragte Ben.

Ginny drückte die Klinke. »Nein. Lass uns auf Zehenspitzen hineingehen und uns in die letzte Reihe setzen.« Sie öffnete die Tür.

Die Kirche war leer, und die Musik verstummte, als sie eintraten. Aber das Kirchenschiff war beleuchtet. Überall hingen Zweige. Brennende Kerzen in Wandleuchtern warfen Schatten bis zu den Dachbalken, und obwohl das Licht nicht hell war, sah es warm und irgendwie einladend aus.

»Wahrscheinlich findet bald ein Gottesdienst statt«, raunte Ben. »Wir sind nur zu früh dran. Es muss Ewigkeiten gedauert haben, all diese Kerzen anzuzünden.«

Ginny nickte, obwohl sie nicht wirklich daran glaubte.

Gemeinsam gingen sie den Mittelgang entlang zum Altar.

Als sie an der Treppe zur Kanzel standen und die Schönheit der von Kerzenschein erhellten Kirche bewunderten, legte Ben seine Hand auf ihren Arm. »Schatz, ich muss dir etwas sagen …«

Ginny zuckte zusammen. »Was denn?«

Er lächelte zärtlich. »Nichts Schlimmes. Nur … na ja … wie sehr ich dich liebe. Ich weiß, das habe ich schon lange nicht mehr gesagt, obwohl ich nie aufgehört habe, es zu fühlen.«

»Du warst so oft weg …«

»Und das will ich dir auch erklären.« Er hielt inne und blickte ein bisschen schuldbewusst drein. »Ich hatte zwei Jobs gleichzeitig.«

»Was?« Einen Augenblick lang war Ginny wütend. Sie hatte eine Hochzeit allein abwickeln müssen, während er … nun, was hatte er überhaupt gemacht? »Das musst du mir erklären.«

»Es ist ziemlich kompliziert, aber ich bekam einen befristeten Vertrag angeboten, der wirklich gut bezahlt wurde. Doch weil er nur befristet war, wollte ich meinen normalen Job nicht deswegen kündigen, also habe ich beide Aufgaben übernommen. Und die befristete Arbeit war drüben auf dem Kontinent, deshalb war ich so gut wie nie zu Hause.«

»Aber Liebling, du wusstest doch, dass wir heiraten …«

»Es ging mir um das Geld! Ich bin wirklich nicht davon besessen, doch der Job wurde so gut bezahlt …« Er hielt inne. »Ich habe genug verdient, um eine Anzahlung auf ein Haus zu leisten.«

»Oh, Ben!« Sie warf sich in seine Arme. »Wirklich? Wir können ein Haus kaufen?«

Er hielt sie sehr fest. »Wir können. Unser eigenes Haus. Wir müssen nicht mehr in meiner Wohnung leben, die du nicht leiden kannst, wie ich sehr wohl weiß …«

»Nur, weil sie keinen Garten hat«, sagte Ginny, obwohl das nicht der einzige Grund war, weshalb sie nicht gern dort wohnte.

»Jetzt können wir ein hübsches kleines Haus kaufen. Das ist doch eigentlich genau das, was wir immer wollten.«

»Oh, Ben!«, wiederholte sie. »Und ich habe alle möglichen schrecklichen Dinge über dich gedacht! Ich war sauer, weil du dich vor den Hochzeitsvorbereitungen gedrückt hast, die so grauenvoll waren! Und dabei hast du die ganze Zeit hart für eine Anzahlung gearbeitet! Aber warum hast du mir nichts davon erzählt?«

»Ich wollte, dass es eine Überraschung wird, sozusagen eine Art Hochzeitsgeschenk. Ich liebe dich so sehr, und ich wollte unserem gemeinsamen Leben zum bestmöglichen Start verhelfen. Doch ich war nicht so für dich da, wie ich es hätte sein sollen. Ich hoffe nur, dass du mir verzeihen kannst, wenn du weißt, dass es einen guten Grund dafür gegeben hat.«

»Ich liebe dich, Ben. Und zwar für immer, da bin ich sicher.«

»Und ich liebe dich! Für mich wird es nie eine andere geben.«

Sie umarmten sich eine ganze Weile. Schließlich meinte Ginny: »Es ist fast so, als hätten wir unser Eheversprechen erneuert.«

»Aber dieses Mal – und in dieser wunderschönen Kirche – ist es nur für uns.«

Vielleicht nicht nur für uns, dachte Ginny, sprach es aber nicht aus. Sie glaubte nicht, dass sie ganz allein waren. Doch zu viele Worte hätten die romantische Atmosphäre zerstört.

Ben nahm ihre Hand. »Wir sollten besser gehen«, sagte er. »Gleich könnte die Kirche voller Leute sein.«

Sie drückte seine Hand. Sie ahnte, dass niemand sonst kommen würde. Als wäre diese Kirche und dieser besondere Augenblick nur für sie vorbereitet worden.

Als sie die Tür erreichten, setzte die Musik wieder ein. Sie blieben stehen und lauschten. Es war ein altes Weihnachtslied, eines von Ginnys Lieblingsstücken.

»Hör nur, sie spielen *Alle Jahre wieder*«, flüsterte sie und hatte Angst, dass das Lied abbrechen würde, bevor es zu Ende war.

Als die letzten Töne verklangen und nur noch der allerletzte Akkord der Orgel zu hören war, öffnete Ben die Tür. »Lass uns gehen.«

Obwohl sie beide hungrig und neugierig darauf waren, ob es ein Mittagessen geben würde (und wenn ja, welches), beeilten sie sich nicht. Der ländliche Friedhof war unter der Schneedecke so schön, und nun kam auch noch die Sonne durch die Wolken, sodass die Grabsteine bläuliche Schatten warfen.

»Schau mal«, sagte Ben. »Auf dem hier liegt kein Schnee.«

»Das muss eine besonders warme Stelle sein«, sinnierte Ginny, fand aber, dass sich ihre Erklärung naiv anhörte. »Hey!«, rief sie, nachdem sie die Inschrift auf dem Grabstein entziffert hatte. »Hier steht *Withycombe!* Der Name unseres Feriendomizils!«

»*Hier ruht Hannah Stanwick*«, las Ben. »*Getreue Dienerin ihres Herrn im Himmel und ihrer Herrschaft auf Erden, Sir Terence und Lady Withycombe. Herr, schenke deiner Dienerin die ewige Ruhe!*«

»Schau dir die Daten an«, sagte Ginny. »1815 bis 1900. Sie ist ganz schön alt geworden, besonders für die damalige Zeit.«

»Fünfundachtzig«, bestätigte Ben.

Schweigend blieben sie einige Minuten vor dem Grabstein stehen.

»Lass uns zurückgehen«, meinte Ginny schließlich.

Stumm wanderten sie Hand in Hand durch die verschneiten Wälder zurück. Ginny fühlte sich wie innerlich aufgerichtet und Ben viel näher als in den vergangenen Monaten. Ein Blick auf ihn verriet ihr, dass er offensichtlich ähnlich empfand.

Im Cottage bullerte der Herd. Auf der Platte stand eine heiße Suppe, außerdem waren ein frischer Laib Brot, Butter und ein Teller mit Schinken und Gürkchen angerichtet.

»Ich bin schon halb verhungert!«, verkündete Ben.

»Ich auch!«, antwortete Ginny. »Und seltsam müde. Ich nehme an, dass eine Hochzeit doch ganz schön zehrt.«

»Glaubst du, wir sollten uns vor dem Essen ein wenig hinlegen, um wieder fit zu werden?«

Ginny erwiderte sein wissendes Lächeln. »Ich denke, ein kleines Nickerchen wäre keine schlechte Idee.«

Später, nach dem Mittagessen, setzten sie sich satt und zufrieden ins Wohnzimmer. Das Feuer prasselte, und vor dem Kamin stand ein kleiner Tisch mit einigen altmodischen Spielen, einem Puzzle aus Holz und einem Stapel Bücher.

»Der unsichtbare Butler erwartet offenbar, dass wir vor dem Feuer kuscheln, Spiele spielen und lesen«, stellte Ben fest. »Was ich für eine gute Idee halte.«

Sie machten es sich gemütlich, stapelten die Kissen (heute schienen mehr Kissen da zu sein) und deckten sich mit ein paar dicken Wolldecken zu.

Ginny dachte, dass die gute alte Zeit bestimmt ihre angenehmen Seiten hatte, aber bisher waren sie noch nicht wirklich in die Materie eingedrungen.

Sie hatten großen Spaß, spielten zuerst das Leiterspiel und setzten danach das Puzzle zusammen. Als Ginny das letzte Stück einfügte, griff Ben nach einem der Bücher. »Soll ich dir vorlesen? Du kannst die Augen schließen, wenn du schläfrig wirst.«

»Was ist es für ein Buch?«

»*Eine Weihnachtsgeschichte*«, sagte er. »Passt in die Jahreszeit und auch zu …« Er beendete den Satz nicht, sondern begann vorzulesen.

Ginny liebte den Klang von Bens Stimme, aber sie hätte eine Geschichte vorgezogen, die nichts mit übersinnlichen Ereignissen und geisterhaften Besuchern zu tun hatte. Trotzdem schloss sie die Augen und ließ ihre Gedanken treiben. Hätten sie in ihrem normalen Leben jemals vor einem Feuer gesessen und gelesen? Nein, ganz bestimmt nicht. Sie hätten sich vielleicht ein Box-Set oder einen Film angeschaut, was sicherlich auch gemütlich sein konnte – aber vorgelesen zu bekommen war etwas ganz Besonderes. Dieser kleine Zufluchtsort mochte mit Ginnys gebuchtem Luxus-Cottage nichts zu tun haben, doch er hatte ihnen eine heile Welt beschert. Ginny ließ sich treiben, und ihr wurde klar, dass die Bewegung in frischer Luft, das gute Essen und die wundervolle Einsamkeit ihre Magie voll entfaltet hatten.

Ginny erwachte einige Stunden später mit verrenktem Hals und spürte einen kalten Luftzug an den Füßen. Sie lag auf dem Sofa. Das Feuer war ausgegangen, ebenso wie die Öllampe, und das Cottage war dunkel und kalt. Ben lag schlafend auf dem Boden. Das Buch auf seiner Brust hob und senkte sich im Rhythmus seiner Atmung.

Vorsichtig, um nicht im Dämmerlicht auf Ben zu treten, ging Ginny zum Fenster. Langsam schwand das letzte winterliche Nachmittagslicht. Sie keuchte so laut, dass Ben sich hinter ihr bewegte. Der Schnee war fort, als wäre er nie da gewesen!

»Was ist los?«, fragte Ben schläfrig.

»Der Schnee ist auf einmal weggetaut.«

»Seltsam. Und was ist mit dem Feuer und der Lampe passiert? Gott, ist das kalt hier! Soll ich uns einen Tee holen, um uns aufzuwärmen?«

Ginny nickte, immer noch verunsichert über die plötzliche Veränderung der Landschaft. Ben rappelte sich auf, suchte nach der Taschenlampenfunktion seines Telefons und machte sich auf den Weg in die Küche. Ginny biss sich auf die Lippen, um ihm nicht nachzurufen, dass sie ihn lieber begleiten würde; sie wollte plötzlich nicht allein gelassen werden. Aber eigentlich waren ihre Ängste albern: In den wenigen Stunden, die sie geschlafen hatten, konnte Schnee durchaus schmelzen, ein Feuer niederbrennen und Lampen ganz von allein ausgehen.

Ben kam fast sofort ins Wohnzimmer zurück. »Der Herd ist kalt, und es gibt kein heißes Wasser!«

Ginny schaute ihn groß an. »Soll das heißen, wir müssen unser eigenes Feuer anzünden? Wie furchtbar!«, neckte sie ihn.

Ben grinste. »Ich kümmere mich gern darum, doch es dürfte ein Weilchen dauern.«

Sie schauten einander in die Augen und verständigten sich ohne Worte.

»Gin? Hättest du etwas dagegen, möglichst bald von hier zu verschwinden? Nicht nur, dass unser unsichtbarer Butler uns offenbar im Stich gelassen hat ...«

»Nein, das ist absolut in Ordnung.« Sie seufzte erleichtert. »Ich möchte auch fort.«

»Wir können unterwegs irgendwo essen gehen«, schlug Ben vor. »Ich gehe hoch und packe die Koffer.«

»Ich räume inzwischen hier und in der Küche auf. Wir treffen uns in fünf Minuten.«

Ginny zündete die Öllampe an und ging in die Küche, während Ben mit seinem Telefon die Treppe hinaufstürmte. Etwas hatte sich verändert. Sie fühlten sich nicht mehr wohl in diesem Cottage. Ginny konnte die Teller gar nicht schnell genug spülen und war dankbar, dass der unsichtbare Butler (oder welchen Euphemismus auch immer Ben für das Phänomen benutzen wollte) die Töpfe und Pfannen bereits gesäubert hatte. Sie trocknete die Teller ab und stellte sie zurück auf die Kommode. Zum Schluss drehte sie sich noch einmal um, weil sie nachsehen wollte, ob alles in Ordnung war. Und da entdeckte sie es.

Auf dem Tisch lag ein altes Buch. Es war geöffnet.

Ginny stellte die Öllampe auf den Tisch und inspizierte die Seite.

In schöner Handschrift stand dort:

Jetzt bin ich zuversichtlich, dass die Frischvermählten in ihrer Ehe glücklich sein werden.

Ben trat ein, setzte das Gepäck an der Tür ab und schaute Ginny über die Schulter. »Die Tinte ist noch feucht«, stellte er fest. »Komm, lass uns verschwinden.«

»Warte noch. Das interessiert mich jetzt.« Sie pustete auf die Tinte, bis sie trocken war, und blätterte in dem Buch.

Nach dem Namen auf der ersten Seite zu schließen, gehörte das Buch Hannah Stanway, der Haushälterin von Withycombe Manor. Es war voller Rezepte und Notizen. Der letzte Eintrag – vor dem an diesem Tag – stammte aus dem Jahr 1900, Hannahs Todesjahr.

»Wir haben ihr Grab gesehen«, flüsterte Ginny. Die Schlussfolgerung blieb im Raum stehen.

»Ich glaube nicht an Geister«, erklärte Ben.

»Ich auch nicht. Wir sollten schleunigst verschwinden!«

Ben wendete den Wagen. »Wohin?«

»Lass uns zurück zur Hauptstraße fahren und unterwegs darüber nachdenken«, schlug Ginny vor.

Als sie den Wald hinter sich ließen, begannen sie zu lachen. Es war ein befreites Lachen, denn eine große Anspannung fiel von ihnen ab. Sie waren entkommen. Aber wem oder was sie entkommen waren, wussten sie nicht.

»Also, links oder rechts?«, fragte Ben.

»Rechts«, beschloss Ginny. Sie würden bestimmt eine Unterkunft finden, auch wenn es an Weihnachten vielleicht nicht ganz einfach wäre. Auf keinen Fall wollte sie in die Wohnung zurückkehren, denn Bens Mutter würde mit Sicherheit sofort bei ihnen hereinschneien und wissen wollen, warum sie früher nach Hause gekommen waren. Ginny würde eingestehen müssen, dass etwas mit der Buchung schiefgegangen war, und sich stundenlange Vorhaltungen anhören müssen, wie sie es hätte besser machen können.

»Das ist ja merkwürdig!«, sagte Ben plötzlich. »Da ist ein Wegweiser nach Withycombe! Sind wir da nicht gerade hergekommen?«

»Eigentlich schon«, meinte Ginny. »Aber wir sind doch schon ein paar Kilometer gefahren, oder?«

»Wir sind seit einer Viertelstunde unterwegs.«

»Lass uns mal das Navi einschalten. Vielleicht liegt ein größerer Ort in der Nähe, den wir ansteuern können ... Tja, also offenbar doch Withycombe«, fuhr sie hastig fort. »Schau, da ist der nächste Wegweiser! *Withycombe Cottages und Manor House*. Das ist es, was ich gebucht habe, da bin ich mir ganz sicher.«

»Dann lass uns hinfahren! Vielleicht steht unser Cottage noch zur Verfügung«, schlug Ben vor.

»Wir ... ähm ... ich habe es vielleicht nicht gebucht. Vielleicht liegt ja ein Fehler vor.« Beide waren nicht bereit, darüber zu reden, wo sie die vergangene Nacht verbracht hatten und was dort geschehen war.

»Fahren wir trotzdem hin. Zum Teufel mit den Kosten! Wenn sie ein Zimmer frei haben, nehmen wir es!« Er unterbrach sich. »Ich will auf keinen Fall zurück nach Hause, wo meine Mutter uns sicher wegen unserer Flitterwochen ins Kreuzverhör nehmen würde.«

Ginny kicherte. Ben so über seine Mutter reden zu hören verbesserte ihre Laune.

Kurz hinter der Kreuzung stand ein weiteres Hinweisschild. Ein paar Hundert Meter folgten sie einem Sträßchen, das zu einem großen, imposanten Herrenhaus führte.

Jetzt wäre Ginny am liebsten doch wieder umgekehrt, aber Ben war wild entschlossen. Sie stiegen aus dem Auto, und er nahm ihre Hand. Er ging auf das große Haus zu, als hätte er jedes Recht dazu. Ginny ließ sich ein wenig zögerlich mitziehen.

»Guten Tag!«, grüßte Ben mit fester Stimme. »Wir hätten gern ein Zimmer …«

Ehe er jedoch eine Erklärung abgeben und sich dafür entschuldigen konnte, dass sie so kurzfristig gekommen waren, blickte die Frau am Empfang auf. Ihr Namensschild wies sie als *Sharon* aus. Kurz angebunden fragte sie: »Name?«

»Andrews«, sagte Ben.

Ginny öffnete den Mund, um etwas hinzuzufügen, schloss ihn aber sofort wieder.

Sharon konsultierte eine Liste. »Ah ja«, meinte sie. »Die Flitterwöchner.« Sie lächelte. »Sie sind in einem der Cottages untergebracht. Kommen Sie, ich zeige es Ihnen.«

Nachdem sie eine Vertretung für den Empfang gerufen hatte, griff Sharon nach einem großen Eisenschlüssel. »Wenn Sie Ihre Autoschlüssel hierlassen, kümmert sich jemand um Ihr Gepäck. Kommen Sie, ich zeige Ihnen, wo Sie wohnen.«

Sie führte Ginny und Ben über die mit Flutlicht ausgeleuchtete Auffahrt und ein Stück Rasen zu einem von kleinen Laternen erhellten Pfad, der in einen Wald führte. Er sah aus wie der Weg zu dem Cottage, aus dem sie gerade geflohen waren. Zumindest ähnelte er ihm sehr, und doch sah Ginny, dass er anders war.

Oberflächlich betrachtet sah auch das Häuschen dem anderen sehr ähnlich, allerdings war es eine deutlich modernere Version. Die Wände waren in geschmackvollen, gedeckten Farben gestrichen. Zwei kleine Lorbeerbäume standen zu beiden Seiten der Veranda (die das Cottage von letzter Nacht nicht gehabt hatte), und obwohl der Schlüssel auch hier groß und aus Eisen war, bezweifelte Ginny, dass er je unter einem Blumentopf gelegen hatte.

»Ich führe Sie herum. Wir sind sehr stolz auf dieses kleine Cottage; es ist unsere zuletzt renovierte Unterkunft.«

Dieses Mal handelte es sich wirklich um das Häuschen, das Ginny gebucht hatte. Sie erkannte es von der Website her. Da war das geschmackvolle Wohnzimmer mit dem Holzofen, die bequemen, mit Kaschmirdecken versehenen Tweed-Sofas, die weiß gestrichenen Bücherschränke und das Entertainment-Center, das von alten Schwarz-Weiß-Filmen bis hin zu den neuesten Kinohits alles bot.

»Die Küche ist hier hinten«, sagte Sharon. »Ach ja, Ihre Kiste mit Lebensmitteln wurde geliefert. Wir haben alles in den Kühlschrank gestellt.«

Es kam Ginny wie eine kleine Ewigkeit vor, seit sie die Kiste gepackt hatte – eine Zeit, an die sie sich kaum noch erinnerte.

Die Küche war mindestens doppelt so groß wie die vorige und so umfangreich mit Hightech ausgestattet, wie die erste einfach gewesen war. Die Arbeitsplatten bestanden aus Granit, es gab eine Kochinsel, einen Kühlschrank von den Ausmaßen einer Familienlimousine und alle nur denkbaren Geräte. Nur ein ausgebildeter Koch könnte das alles sinnvoll nutzen, dachte Ginny.

»Natürlich brauchen Sie nicht zu kochen, wenn Sie keine Lust dazu haben«, erklärte Sharon. »Sie können entweder im Speisesaal essen, oder Sie lassen sich die Mahlzeiten liefern.« Sie lachte. »Keine Sorge, wir sind sehr diskret. Ich nehme an, Schlafzimmer und Bad finden Sie selbst.« Sie blickte Ginny und Ben an. »Haben Sie noch Fragen?«

Ben nickte. »Ja. Unterwegs haben wir im Wald ein ganz ähnliches Cottage entdeckt …«

»Ach ja? Das war vermutlich das Haus der ehemaligen Wirtschafterin. Es muss noch renoviert werden. Die ursprünglichen Besitzer stellten ihren wichtigsten Bediensteten Cottages zur Verfügung, in denen diese ihr Leben lang wohnen durften. Bisher vermieten wir fünf davon, und bald gibt es ein sechstes.«

»Wissen Sie etwas über diese Haushälterin?«, fragte Ginny. In gewisser Weise hatte sie Angst vor der Antwort, doch wenn sie sich nicht nach Hannah Stanway erkundigt hätte, hätte sie sich später bestimmt darüber geärgert.

»Ihre Aufzeichnungen sind oben im Haus. Sie können sie lesen, wenn Sie zum Essen hinaufkommen«, sagte Sharon. »Wir veranstalten übrigens heute Abend eine *Downton-Abbey-Nacht*. Alles ist, wie es um die Jahrhundertwende war. Einige Gäste verkleiden sich sogar und gehen ganz darin auf, doch das muss nicht sein. Aber es macht viel Spaß.«

»Wir werden sehen, wie es uns geht, wenn wir uns frisch gemacht haben«, meinte Ben.

»Prima. Die Entscheidung steht Ihnen völlig frei.

Rufen Sie uns an, wenn Sie so weit sind. Möchten Sie den Holzofen selbst anzünden, oder soll ich jemanden schicken?«

»Wir kümmern uns selbst darum«, antwortete Ginny schnell. »Mein Mann kennt sich gut damit aus.«

Ginny und Ben tauschten einen warmen Blick. Es war das erste Mal, dass sie ihn als ihren »Ehemann« bezeichnet hatte.

»Wenn Sie sonst nichts brauchen, lasse ich Sie jetzt allein. Ach ja, falls wir Sie heute Abend nicht zum Essen sehen: Morgen zum Frühstück gibt es Champagner und Sekt mit Orangensaft. Schließlich ist morgen Weihnachten.«

»Morgen ist Weihnachten?«, wunderte sich Ben.

Sharon lachte. »Ja. Heute ist ja Heiligabend. Sie waren sicher sehr beschäftigt mit der Hochzeit und müssen ziemlich erschöpft sein. Vielleicht ist Ihnen mehr danach, morgen den ganzen Tag durchzuschlafen, doch vertrauen Sie mir: Morgen ist Weihnachten!«

Kaum waren sie allein, blickten Ginny und Ben sich an.

»Wir sind wahrscheinlich wirklich übermüdet«, meinte Ginny. »Ich hatte die ganzen Hochzeitsvorbereitungen am Hals, und du bist zwei Jobs nachgegangen. Vielleicht hatten wir beide den gleichen Traum oder sonst etwas Seltsames.«

Ben nickte zwar, sah aber genauso wenig überzeugt aus wie Ginny. »Das muss es wohl gewesen sein. Doch es war ein angenehmer Traum. Mir gefiel vor allem der Teil in der Kirche.« Er legte die Hand auf ihre.

Ginny schloss die Finger um seine. »Jedenfalls hatte es mehr Bedeutung als diese blöden Gelübde, die wir im Hotel vor den vielen Leuten abgelegt haben.«

»In der Kirche ging es nicht darum, unsere Gefühle möglichst gut klingen zu lassen, sondern wir haben sie aus tiefstem Herzen ausgesprochen.«

»Genau das habe ich auch gespürt und spüre es noch.« Sie räusperte sich, um die aufsteigenden Tränen zu vertreiben. »Wie wäre es mit Essen? Ich habe einen Bärenhunger.«

»Gute Idee. Sollen wir uns chic machen und zum Hotel rübergehen?«

»Das würde mir Spaß machen.« Obwohl sie mit Ben sehr glücklich war, hatten die jüngsten Erfahrungen ihre Neugier geweckt. Und ein bisschen Gesellschaft wäre auch nicht schlecht.

»Prima. Ich rufe oben an.«

Der Weg zum Haus war gut beleuchtet, sodass der Spaziergang durch den Wald eher anregend als gruselig war. Trotzdem klammerte sich Ginny an Bens Arm.

Unter ihrem Mantel trug sie das Kleid, das sie eigens für diese Gelegenheit sorgfältig eingepackt hatte. Sie hatte es im letzten Jahr angesichts der bevorstehenden Hochzeitsreise im Schlussverkauf erstanden – es war knielang, aus dunkelgrünem Samt, mit langen Ärmeln und einem tiefem V-Ausschnitt. Dazu hatte sie eine Perlenkette angelegt, die Ben ihr kurz nach dem Kennenlernen zum Geburtstag geschenkt hatte, und kleine Perlohrstecker. Sie fühlte sich elegant und gleichzeitig dezent zurechtgemacht. Ben pfiff anerkennend und raunte ihr ein Kompliment ins Ohr.

Auch er war elegant gekleidet, und Ginny empfand großen Stolz, als sie zusammen ins Hotel gingen. Jenseits des ihnen bereits bekannten Empfangsbereichs war das Hotel ein Meisterwerk seiner Zeit. Man hatte sich große Mühe gegeben, Weihnachten in einem aristokratischen Landhaus nachzustellen. Dies hier war *Downton Abbey* mit allem Drum und Dran.

Es gab einen riesigen Weihnachtsbaum, geschmückt mit altmodischen Glaskugeln, Miniaturtrompeten aus Messing, hölzernen Weihnachtsmännern, bunten Päckchen, kleinen Gipsengeln und Eiszapfen aus Kristall. Lametta sorgte für noch mehr Glitzer, und die elektrische Beleuchtung sah aus, als bestünde sie aus echten Kerzen.

An jedem Kaminsims und über jedem Bild waren Stechpalmenzweige, Efeu und Tannengrün mit roten Bändern und goldenen Schleifen befestigt.

Die weiblichen Bediensteten trugen lange schwarze Kleider mit gestärkten Spitzenschürzen und passenden Spitzenhauben. Die Männer traten in engen schwarzen Hosen, gestreiften Westen und auf Hochglanz polierten Schuhen auf.

Einige Gäste hatten sich viel Mühe gegeben, sich in historische Kostüme zu kleiden, die sie offenbar zu diesem Zweck ausgeliehen hatten. Aber die meisten Anwesenden trugen geschmackvolle, moderne Kleidung, worüber sich Ginny sehr freute. Auf zu viel Authentizität konnte sie gut verzichten.

Nach einem Glas heißem Punsch wurden sie zum Dinner gebeten. Der große, aufwendig dekorierte Tisch mit mehr Gläsern pro Gedeck, als Ginny je zuvor gesehen hatte, war mit einem prächtigen Tafelaufsatz sehr zeitgemäß geschmückt. Neben jedem Platz lagen hübsche Knallbonbons, die zum englischen Weihnachtsfest einfach dazugehörten.

Es machte Spaß, in großer Gesellschaft zu essen, und obwohl die Anwesenden einander nicht kannten, verliefen die Gespräche mühelos und heiter, was vielleicht auch dem Wein geschuldet war, der immer wieder großzügig nachgeschenkt wurde.

Zu Ginnys großer Erleichterung wurden die Damen zum Portwein nicht aufgefordert, die Herren zurückzulassen. Nachdem alle satt und zufrieden waren und ein viktorianisches Spiel gespielt hatten, bei dem Früchte und Nüsse flambiert wurden, schlug die Leitung vor, dass die Gäste sich zum Digestif ein wenig zerstreuen sollten. Ein Chor trug Weihnachtslieder vor, und die meisten Anwesenden wollten gern zuhören. Ginny und Ben aber machten sich auf die Suche nach der Bibliothek.

Wie erwartet gab es darin eine Menge Bücher. Ein Kaminfeuer verbreitete angenehme Wärme, doch außer ihnen war niemand im Raum.

»Gut«, meinte Ben, »lass uns nach dem Buch der Haushälterin suchen. Ich will unbedingt mehr über sie wissen.«

»Aber waren wir uns nicht einig, dass wir nur den gleichen Traum hatten?«

»Schon«, gab Ben zu. »Trotzdem würde ich gern mehr über sie erfahren, wenn es möglich ist.«

Sie fanden das Buch recht schnell auf einem Stapel Bücher, der auf einem Tisch für die Gäste zum Lesen ausgelegt war.

Ben nahm es in die Hand. »Komm, machen wir uns an die Detektivarbeit.«

Nachdem sie es sich auf einem Sofa neben dem knisternden Feuer bequem gemacht hatten – Gläser mit Portwein und einen Teller mit hausgemachtem Fudge und Schokolade in Reichweite –, begeisterte sich auch die zuvor eher zurückhaltende Ginny für das Buch.

»Hier steht«, sagte sie und nahm eine laminierte Karte aus dem Buch, »dass Hannah Stanway sechzig Jahre lang für die Familie gearbeitet hat.« Laut las sie vor: *»Die Familie liebte und schätzte sie sehr. Sorgen und Nöte wurden mit ihr besprochen. Sie hatte immer einen weisen Ratschlag bereit und spendete Trost. Als sie mit fünfundsiebzig in den Ruhestand ging, besuchte die Familie sie auch weiterhin und bat sie um Rat, bis zu ihrem Tod im Jahr 1900.«*

Ben schlug das Buch auf. Es war genau das Buch, das sie auf dem Küchentisch gefunden hatten, nur dass es viel älter aussah. Die Schrift im Inneren war beinahe vollständig verblasst und nicht durchgängig lesbar.

»Jedenfalls wissen wir jetzt, wonach wir suchen müssen«, meinte Ben. »Sie hat etwas für uns in dieses Buch geschrieben, und ich will es finden.«

Ben blätterte vom Ende her zurück, und es dauerte nicht lange, bis er den Eintrag fand, den sie erst an diesem Morgen gelesen hatten. Zu wissen, dass er am Heiligen Abend geschrieben worden war, erleichterte die Suche.

»Hier steht es«, flüsterte er plötzlich. »Es ist genau die Nachricht, die sie uns hinterlassen hat, nur ist die Tinte sehr verblichen, und es sind auch ein paar Kleckse auf der Seite. Und schau mal, es gibt außerdem einen Hinweis auf Schnee im Eintrag davor.«

Ginny wagte kaum, über das nachzudenken, was Ben gesagt hatte. Sie zog es vor, die letzten vierundzwanzig Stunden als Sinnestäuschung zu betrachten, als gemeinsamen Traum, den sie in der Benommenheit nach der Hochzeit geteilt hatten. Selbst wenn es sich unwahrscheinlich anhörte, so war doch die andere Erklärung noch lächerlicher.

»Okay«, meinte Ginny, »ich glaube eher, dass wir beide den gleichen seltsamen, in der Vergangenheit stattfindenden Traum hatten. Aber es ist nicht wirklich passiert.« Sie sprach mit fester Stimme.

Ben betrachtete sie ein paar Sekunden lang, ehe er nickte. Er glaubte ihrer Theorie genauso wenig wie sie selbst. »Einverstanden. Wie wäre es, wenn wir in unser Cottage zurückkehrten? Wir sind schließlich auf Hochzeitsreise.«

Hand in Hand schlenderten sie zurück, und Ginny fühlte sich wie im siebten Himmel. Sie hatten die zufriedenstellendste und logischste Erklärung gefunden, die ihnen möglich war. Ben und sie waren zusammen; morgen würden sie ihr erstes gemeinsames Weihnachten feiern, weit weg von der Familie, eingekuschelt in ihrem behaglichen Ferienhäuschen mit allem modernen Komfort.

Erst viel später, als sie den Koffer öffnete, den sie in dem alten Cottage benutzt hatte, fand Ginny das Nachthemd. Sie wusste genau, dass es ordentlich über dem Handtuchhalter im Badezimmer des alten Hauses neben den Leinenhandtüchern gehangen hatte, als sie es das letzte Mal gesehen hatte. Sie selbst hatte es dort hingehängt, und Ben hatte es ganz sicher nicht eingepackt.

Ginny ignorierte den unruhigen Schauder, der ihren Rücken hinabkroch. Immerhin hatte die alte Haushälterin mit allem, was sie getan hatte, Ben und sie näher zusammengebracht. Ob sie ein Geist oder ein Traum gewesen war, spielte keine Rolle. Ben und sie würden vergnügt und glücklich bis an ihr Ende leben.

Weihnachtlicher Kerzenschein

Sie sind deine Eltern, Rupe! Es ist Weihnachten! Ich konnte einfach nicht Nein sagen.«

»Aber du hasst meine Eltern«, meinte Rupert.

Fenella seufzte angesichts des entsetzten Gesichtsausdrucks ihres Mannes und lehnte sich an den großen alten Küchentisch, der, zu voller Länge ausgezogen, neben dem ebenfalls großen und alten Aga-Herd stand.

Die Küche war im Winter das Zentrum der Familie Gainsborough auf Somerby. Sie war Fenellas Lieblingsraum in dem weitläufigen alten Haus, riesengroß und etwas verwohnt, aber mit dem erst kürzlich angeschlossenen Holzofen und einem Sofa nebst Sitzgelegenheiten immer gemütlich. Der Ofen war ein vorgezogenes Weihnachtsgeschenk für das Haus, weil Somerby endlich so gerade eben die Unterhaltskosten einbrachte, indem es als Hochzeitslocation, Filmkulisse und manchmal auch als Kochschule vermietet wurde.

Fenella schürzte die Lippen. »›Hassen‹ ist vielleicht ein bisschen übertrieben. Aber ich gebe zu, dass sie eine Herausforderung sind, und ich hatte mich wirklich darauf gefreut, sie in diesem Jahr nicht hierzuhaben, doch …« Sie zuckte die Schultern. »Doch die Freunde, mit denen sie Weihnachten feiern wollten, haben sich das Norovirus eingefangen. Und damit ist nicht zu spaßen, vor allem, wenn man älter ist.«

»Damit ist auch in jungen Jahren nicht zu spaßen«, sagte Rupert, lachte aber dabei. »Hast du sie gewarnt, dass wir die Hütte voller Leute haben?«

»Habe ich natürlich, doch bei einem so großen Haus kann man beim besten Willen nicht behaupten, keinen Platz zu haben. Was ich ihnen allerdings nicht gesagt habe: Sarah hat kurz vor deiner Mutter angerufen und berichtet, dass die Zwillinge zahnen und im Moment viel Arbeit machen. Sie und Hugo wollten wissen, ob wir sie trotzdem zu Weihnachten bei uns haben wollen.«

»Ich hoffe, du hast Ja gesagt.«

Fenella nickte. »Logisch!« Sie biss sich auf die Lippen. »Weihnachten wird bestimmt schön, allerdings ... Ich hatte mich so sehr auf ein gemütliches Fest gefreut: nur wir, unsere Mädchen, Sarah und Hugo mit den Babys und Gideon und Zoe, die immer so gern beim Kochen helfen. Als alte Freunde hätten wir oben im Wohnzimmer faulenzen, etwas trinken und Clementinen- und Nussschalen ins Feuer werfen können.«

»Zoe ist schwanger, also trinkt sie keinen Alkohol.«

»Du weißt genau, was ich meine«, gab Fenella verdrießlich zurück.

Er nickte. »Ich weiß doch, wie sehr du dich darauf gefreut hast, Liebling. Ich übrigens auch. Ich wollte Hugo endlich mal im Poker schlagen ... oder es zumindest versuchen.«

»Das kannst du doch sicher trotzdem, oder?«

Rupert schüttelte den Kopf. »Eher nicht. Meine Eltern werden mit allen Mitteln versuchen, mich zum Bridge zu überreden; für etwas anderes interessieren sie sich nämlich nicht mehr. Aber da mache ich nicht mit. Ich habe es ohnehin verlernt.«

»Ich bin mir nicht sicher, wie deine Mutter und dein Vater mit den Babys zurechtkommen«, sorgte sich Fenella. »Ich bringe Sarah, Hugo und die Zwillinge in der Hochzeitssuite unter und hoffe, dass deine Eltern nicht allzu sehr gestört werden. In der Suite ist viel Platz. Die Familie kann sich dort ausbreiten, und es ist nicht so schlimm, wenn es ein bisschen laut wird. Und außerdem sind die Zimmer richtig nett eingerichtet, obwohl Eigenlob ja bekanntlich stinkt.«

Rupert nickte. »Das Positive an zwei schreienden Babys ist, dass meine Eltern vielleicht endlich aufhören, uns wegen eines ›Sohnes und Erben‹ zu nerven und uns Vorwürfe zu machen, dass wir noch keinen haben.«

Fenella beließ es dabei und meinte nur: »Apropos Kinder: Wo sind eigentlich die Mädchen?«

»Sie räumen den Schrank im Vorratsraum auf. Glory ist ganz aufgeregt, dass ihre Patentante Zoe zu Weihnachten kommt.«

Fenella lächelte. Ihre ältere Tochter Glory war sehr gut darin, ihre jüngere Schwester Simmy – kurz für Cymbeline – unter ihre Fittiche zu nehmen. Manchmal kommandierte sie die Kleine auch ganz ordentlich herum. Im Vorratsraum gab es einen speziellen Schrank, in dem nur Plastikbehälter aufbewahrt wurden. Alles herauszunehmen und wieder einzuräumen gehörte zu den Lieblingsspielen der Mädchen.

»Gut, wenn sie beschäftigt sind, bereite ich das Rosa Zimmer für deine Eltern vor. Im Moment herrscht dort allerdings noch wüste Unordnung.«

»Bist du sicher? Du siehst ganz schön müde aus, mein Schatz«, wandte Rupert ein.

»Es ist der Tag vor Heiligabend. Natürlich bin ich müde!«, seufzte sie. »Und als wäre das nicht schon genug, musste ich mich heute Morgen auch noch darum kümmern, ob Geralds Haus für Feriengäste okay ist.« Sie runzelte die Stirn. »In der Theorie sollte es ein Klacks sein, dass wir uns um seine Ferienunterkünfte kümmern, wenn er nicht da ist, aber es macht trotzdem Arbeit. Obwohl das Cottage pieksauber war, musste ich Blumen, eine Flasche Wein und einen Geschenkkorb hineinstellen. Gerald ist ein Geizkragen, dass er zu Weihnachten nicht etwas mehr bereitstellt – bei dem Preis, den er verlangt.«

Rupert blickte sie wissend an. »Und du bist heute ein bisschen miesepetrig. Normalerweise macht es dir Spaß, solche Dinge zu tun. Bekommst du bald deine Periode? Soll ich die Notfall-Schokolade holen?«, fragte er liebevoll.

Eigentlich hatte Fenella Rupert noch nichts sagen wollen, aber ihr wurde klar, dass sie es tun musste. »Eigentlich müsste ich meine Tage schon längst haben, Rupe.« Sie biss sich auf die Lippen.

»Bist du schwanger?«

Fenella nickte und beobachtete, wie ihr Mann um den entsprechenden Gesichtsausdruck kämpfte. Er war sehr glücklich mit seinen beiden Mädchen, und Fenella wusste nicht recht, ob sie wirklich noch ein Baby wollte – und doch war plötzlich eines unterwegs. »Es ist noch sehr früh«, sagte sie.

»Hast du schon einen Test gemacht, Fen?«

»Noch nicht. Wir waren so beschäftigt, dass keine Zeit blieb, zur Drogerie zu fahren. Lass uns jetzt nicht darüber nachdenken. Meine Periode hat sich vielleicht nur verspätet, weil ich etwas gestresst bin. So, und jetzt muss ich Ordnung schaffen. Ach ja – könntest du den Mädchen etwas zu essen machen? Im Ofen sind noch Kartoffeln. Du könntest ihnen weiße Bohnen und Käse dazu geben, das mögen sie.«

Als Fenella die Küche verließ, hatte sie ein schlechtes Gewissen, weil sie Rupert nicht die ganze Wahrheit gesagt hatte. In Wirklichkeit hatte sie längst einen Schwangerschaftstest gekauft, allerdings hatte sie bisher nicht den Mut gehabt, ihn zu machen. Und jetzt mit den zusätzlich anstehenden Vorbereitungen war sie nicht sicher, ob sie die Zeit dazu finden würde.

Fenella ging nach oben zum Wäscheschrank und nahm einen ganzen Arm voll Bettwäsche und Handtücher heraus. Und dann stand sie in der Rumpelkammer, die sie das »Rosa Zimmer« nannten. Glücklicherweise war die Unordnung nur oberflächlich. Sie nahm einfach alles vom Bett und verstaute es in einem Schrank. Ihre Schwiegermutter würde zwar stöhnen, wenn sie nicht genug Platz zum Aufhängen ihrer Kleider hätte, aber die Kommode war relativ leer, und der Schrank bot durchaus noch genügend Stauraum für ein paar Sachen. So müsste es gehen.

Ihr Handy vibrierte in der Gesäßtasche. Es war Zoe. Fenella ließ sich auf das Bett sinken. Sie fürchtete, dass Zoe absagen wollte. »Hallo, Zoe«, sagte sie schnell, ehe die Freundin Zeit hatte zu sprechen. »Wie schön, von dir zu hören! Wir hatten noch eine kleine Programmänderung in letzter Minute – meine Schwiegereltern kommen ebenfalls über die Feiertage. Erinnerst du dich? Lord und Lady Gainsborough? Du hast sie kennengelernt, als ich Glory bekommen habe und du in Somerby zu einem Kochwettbewerb warst.« Fenella versuchte so zu klingen, als wäre dieser Besuch nicht die Katastrophe, für die sie ihn hielt.

»Ich erinnere mich an die beiden, und ich erinnere mich auf jeden Fall an den Kochwettbewerb«, meinte Zoe trocken. Offenbar ließ sie sich nicht von Fenellas aufgesetzter Begeisterung täuschen. »Es ist eher unwahrscheinlich, dass ich Ruperts Eltern unter den gegebenen Umständen vergesse. Da Gideon und ich uns dort kennengelernt haben, würde ich sagen, dass dieser Wettbewerb unmittelbar für meinen momentanen Zustand verantwortlich ist.«

Fenella lachte. Der Kochwettbewerb in Somerby war äußerst unterhaltsam und extrem stressig gewesen. Zoe, eine der vielversprechendsten Teilnehmerinnen, und Gideon, das gefürchtetste Jury-Mitglied, hatten sich damals kennengelernt. Zoe hatte zwar den Wettbewerb verloren, dafür aber Gideons Herz erobert. »Wie geht es dir? Ich hoffe, du rufst nicht an, um abzusagen. Ich verlasse mich ganz und gar darauf, dass du und Gideon mich bei Laune haltet.«

Zoe lachte. »Und dass wir kochen?«

»Das auch, aber nur, wenn ihr Spaß daran habt.« Zoe war eine großartige Köchin, und Fenella setzte auf ihre Hilfe.

»Ich koche gern und möchte auch nicht absagen, doch ich muss dich um einen großen Gefallen bitten.«

Seit klar war, dass die Freunde, auf die sie sich so gefreut hatte, auch wirklich kommen würden, fühlte sich Fenella entspannt. »Was immer du willst«, sagte sie großzügig. »Ich bin sicher, es geht in Ordnung.«

»Gideon ist schuld. Zurzeit arbeitet bei ihm ein junger Franzose, der zu Weihnachten nicht nach Hause kann. Er ist erst einundzwanzig, und wir fanden es nicht in Ordnung, ihn ganz allein zu lassen. Also schlug Gideon vor, dass er mit uns zu euch kommen könnte. Ganz schön frech, oder? Gideon glaubt, dass ihr genug Platz habt.«

Ein französischer Gast zusätzlich schien Fenella im Vergleich zu ihren Schwiegereltern keine besondere Mühe zu bereiten. »Natürlich kann er kommen! Kein Problem! Gideon hat recht, in diesem Haus ist immer Platz. Und wenn nicht, haben wir ja noch den alten Kuhstall. An Weihnachten geht es schließlich darum, entwurzelte oder einsame Menschen bei sich aufzunehmen«, seufzte sie. »Wäre es nicht so, würde ich mir wahrscheinlich nicht die beiden schwierigsten Gäste der Welt aufhalsen.«

Zoe lachte. »Du Ärmste! Aber ich glaube nicht, dass du diesen Mann als ›entwurzelt‹ bezeichnen kannst. Ich habe ihn noch nicht kennengelernt, doch Gideon sagt, er ist adelig und lebt in einem Schloss. Sein Vater ist ein berühmter Weinproduzent.«

Fenellas entspanntes Gefühl verflüchtigte sich sofort. »Oh Gott, jetzt mache ich mir Sorgen.«

»Ach was! In Frankreich wäre euer Haus doch auch ein Château.«

»Aber es ist nur zum Teil renoviert! Ein hochnäsiger französischer Adliger verachtet das schäbige Gemäuer ganz bestimmt.«

»Ich glaube nicht, dass er hochnäsig ist, sonst hätte Gideon sicher nicht vorgeschlagen, ihn mitzunehmen.«

Sie unterhielten sich noch ein paar Minuten darüber, was Gideon und Zoe zum Festessen beisteuern würden, und verabschiedeten sich dann voneinander.

Fenella blickte sich um und stellte fest, dass sie nicht nur das Bett noch beziehen musste. Auch die Beleuchtung im Rosa Zimmer schwächelte ein wenig. Ruperts Eltern hatten gern Einhundert-Watt-Glühbirnen in allen Lampen. Von Energiesparlampen hielten sie gar nichts und hatten vor der Umstellung jede Menge der herkömmlichen Birnen eingelagert. Fenella würde für zusätzliches Licht sorgen müssen, damit der Raum für die Schwiegereltern angemessen beleuchtet wäre. Sie fühlte sich versucht, die Fotoscheinwerfer, die noch irgendwo herumlagen, dafür zu benutzen. Das würde Ruperts Eltern vielleicht zur Vernunft bringen!

Darüber hinaus musste sie überlegen, wo Gideons französischer Bekannter schlafen sollte. Plötzlich fühlte sich Fenella den Tränen nah. Vermutlich war sie wirklich schwanger. Normalerweise machte es ihr nicht das Geringste aus, Zimmer für Gäste herzurichten.

Als sie in die Küche zurückkehrte, blickte Rupert selbstzufrieden drein. Die Mädchen saßen fröhlich bei Bratkartoffeln und Bohnen, aber dass sie diese Zusammenstellung liebten, war bekannt; das konnte also nicht der Grund für seine Selbstzufriedenheit sein.

»Ich habe die Situation gerettet!«, erklärte er mit einer triumphierenden Handbewegung.

»Wirklich?« Fenella lächelte ermutigend. Abgesehen davon, dass er seine Eltern vielleicht überredet hatte, über Weihnachten in ein nettes Hotel zu ziehen, war sie sich nicht sicher, ob es noch einen anderen Weg gab, die Situation zu retten.

»Ich habe uns ein Kindermädchen besorgt, das uns mit den Kindern zur Hand gehen kann.«

Fenella setzte sich hin. Sie betrachtete die Flasche Wein, die auf dem Tisch stand, und fragte sich, ob sie vielleicht ein Glas trinken sollte. Aber gleich darauf verwarf sie den Gedanken wieder. »Wie hast du das geschafft?«

Nachdem Rupert ihr alles erklärt hatte, wurden ihre Zweifel noch größer. Die Babysitterin, von der Rupert sprach, war Meggie, die Tochter von Freunden. Meggie war charmant, jung und hübsch, doch sehr schüchtern. »Aber warum ist sie bereit, über Weihnachten zu uns zu kommen?«, hakte Fenella nach.

»Dieses Jahr sollte sie Weihnachten bei ihrem Vater verbringen; Meggie scheint jedoch nicht gern dort hinzugehen«, erklärte Rupert. »Und da ich ihr eine sehr großzügige Bezahlung angeboten habe, hatte ihr Vater, der die Ausgaben für sie ziemlich knapp bemisst, nichts dagegen!«, schloss er triumphierend.

Die fünfjährige Glory freute sich sichtlich. »Ich habe Meggie gern«, rief sie und steckte sich mit den Fingern eine Bohne in den Mund.

»Ich auch«, erklärte Simmy, die wie immer ihrer älteren Schwester nachplapperte.

»In Ordnung. Ich bin sicher, dass es mit Meggie ganz toll wird«, sagte Fenella halbherzig. Obwohl Rupert sich viel Mühe gegeben hatte, ihr zu helfen, war es ihr nicht ganz recht, eine weitere Person im Haus zu haben. »Wann kommt sie denn?«

»Morgen gleich nach dem Mittagessen. Genau zur richtigen Zeit, um uns ordentlich zur Hand zu gehen.«

»Du kennst ja Fenella und Rupert«, sagte Meggies Mutter Amanda auf der Fahrt nach Somerby zu ihrer Tochter. »Sie sind total nett! Und Rupert zahlt dir ein schönes Sümmchen.«

Meggie lächelte über den veralteten Slang ihrer Mutter. »Deshalb hat Dad auch zugestimmt. Aber du hast recht: Weihnachten auf Somerby ist bestimmt viel besser als Weihnachten mit Dad und Ignatia.«

»Mit der Klapperschlange.« Ihre Mutter grinste. So nannte sie Ignatia, seit ihr Mann sie wegen der jüngeren Frau verlassen hatte.

»Mich erinnert sie eher an eine Stabheuschrecke. Mich hält sie für viel zu fett«, sagte Meggie.

»Ach, Schätzchen, sie ist nur neidisch auf deine Kurven. Deine sind echt, ihre aus Silikon«, entgegnete Amanda und warf Meggie einen besorgten Blick zu. »Du bist eine bildhübsche, reizende junge Frau mit einer tollen Haut.«

»Ich weiß, dass ich nicht fett bin! Aber die Klapperschlange behauptet – oder weist mich sehr deutlich darauf hin –, dass ich bestimmt einen Freund hätte, wenn ich dünner wäre. Letztes Mal, als ich bei ihnen war, hat sie erklärt, dass mit einem Mädchen, das im ersten Studienjahr noch keinen Freund hat, etwas nicht stimmen kann.« Sie verstummte und durchlebte das demütigende Gespräch von Neuem. »Es ist ihre Art, mir klarzumachen, dass ich übergewichtig und eine soziale Niete bin.«

»Du bist nur ein bisschen schüchtern ...«

Meggie seufzte. »Aber ich kann gut mit Kindern umgehen, deshalb duldet Ignatia mich. Ich mache mich bei ihren Kleinen nützlich. Eigentlich toll. Ich darf Weihnachten als Kindermädchen auf Somerby verbringen, anstatt bei Dad herumzuhängen.«

»Du freust dich auf diesen Job, nicht wahr, mein Schatz? Ich habe vorgeschlagen, dass du aushelfen könntest, als ich Rupert wegen Feuerholz angerufen habe und er erwähnte, dass seine Eltern kommen würden und die Babys seiner Freunde gerade zahnen. Er schien unendlich erleichtert zu sein ...«

Meggie klopfte ihrer Mutter beruhigend das Knie. »Ist schon gut, Mum, wirklich. Und du hast es mit Dad geregelt, damit ich mich nicht mehr darum kümmern muss.«

»Irgendwie ist es schrecklich, dass es dir mehr Spaß macht, als Kindermädchen einzuspringen, als deinen Vater zu besuchen, findest du nicht?«

»Klar wäre ich lieber bei Jim und dir«, sagte Meggie. »Doch zumindest kann Dad mir so nicht vorwerfen, dass ich während der Ferien nicht arbeite.« Sie seufzte. »Ich nehme an, er berücksichtigt nicht, wie abgelegen wir wohnen. Solange ich keinen Führerschein habe, geht es eben nicht so leicht!«

»Ich weiß, Schatz. Aber mir gefällt es, wenn du zu Hause bist, und du kümmerst dich so süß um Petal …«

»Ja klar. Sie ist meine kleine Halbschwester, und ich liebe sie!«

Ihre Mutter lächelte Meggie zu, ehe sie nach links abbog. »Dad sagt übrigens, du sollst von dem Geld die Fahrstunden bezahlen.«

»Nett von ihm, mir vorzuschreiben, wie ich mein eigenes Geld ausgebe«, brummte Meggie. »Doch im Ernst, das hatte ich sowieso geplant.«

»Er ist schon etwas speziell«, bestätigte ihre Mutter, »und außerdem muss er stets alles kontrollieren. So war er schon immer, und jetzt ist es noch schlimmer geworden.« Sie schwiegen eine Weile. Schließlich fuhr Amanda fort: »Na egal. Er meinte, solange du an Silvester bei ihm bist …«

»Zum Babysitten?«

»Nein, sie geben eine Party.«

»Ah, dann darf ich also als Kellnerin aushelfen«, sagte Meggie. Sie zog die Babysitter-Option vor. Sie liebte ihren Halbbruder und die Halbschwester, und die beiden vergötterten sie. Anders als Erwachsene fällten Kinder kein Urteil über Menschen. Auf den Partys ihres Vaters verbrachte ihre Stiefmutter viel Zeit damit, ihren Gästen wortreich zu erklären, dass Meggie nicht ihre Tochter war, und wies darauf hin, dass sie sonst bei ihrer Geburt erst ungefähr zehn Jahre alt gewesen wäre. Wieder schwiegen Mutter und Tochter.

»Hier ist es«, sagte Meggie. »Lass mich einfach aussteigen, sonst musst du vielleicht rückwärts aus der Einfahrt fahren, wenn schon viele Autos dort parken.«

Meggie ging die lange, geschwungene Einfahrt hinauf und betrachtete das riesige alte Haus, das die Gainsboroughs nach und nach restaurierten. Es stand auf einem Hügel mit Blick auf die umliegende Landschaft, die winterlich, aber trotzdem schön war. Das ursprüngliche Haus stammte aus der Zeit von Königin Anne, war jedoch im Laufe der Jahrhunderte immer wieder erweitert worden. Die Anbauten ließen es zwar weniger elegant wirken, doch es sah sehr freundlich aus – und natürlich war es jetzt deutlich größer.

Verdutzt registrierte Meggie, dass die ganze Familie Gainsborough vor der Tür stand, um sie zu begrüßen. Nach dem langen Weg die Einfahrt hinauf war Meggie ein wenig außer Atem.

»Entschuldige bitte das Begrüßungskomitee.« Fenella lächelte und küsste sie auf die Wange. »Wir haben dich von einem der oberen Fenster aus gesehen. Die Mädchen waren nicht mehr zu halten.«

»Und ich kam gerade aus der Küche, als sie schon die Eingangstür öffneten«, erklärte Rupert und nahm ihr die Tasche ab. »Toll, dass du gekommen bist, Meggie! Ich kann dir gar nicht sagen, wie dankbar wir dir sind.«

»Es ist lange her, dass wir dich zum letzten Mal gesehen haben«, fügte Fenella hinzu. »Du bist jetzt im ersten Studienjahr, oder? Meine Güte, ich wünschte, ich hätte in diesem Alter so hübsch ausgesehen wie du. Aber wie es so ist: zu viele Partys, zu wenig Schlaf! Du hingegen siehst absolut strahlend aus.«

»Oh, na ja, ich bin nicht gerade ein Party-Girl«, gab Meggie zurück. Sie lächelte, fühlte sich jedoch nach wie vor nervös. Als sie Somerby das letzte Mal besucht hatte, waren überall Hunde herumgewuselt, aber jetzt war keiner zu sehen, und das fühlte sich irgendwie falsch an. »Wo sind die Hunde?«

Fenellas Gesicht nahm einen traurigen Ausdruck an. »Unsere alte Bessie ist vor einigen Monaten gestorben. Dieses Haus ist jetzt hundefreie Zone.« Ein kurzes, schmerzliches Lächeln huschte über ihr Gesicht, ehe sie rasch das Thema wechselte: »Kommt, Mädchen! Sollen wir Meggie ihr Zimmer zeigen?«

»Ich zeige es ihr!«, rief Glory und übernahm die Führung die Treppe hinauf. Simmy stapfte hinter ihr her. Rupert folgte den beiden Mädchen mit Meggies Tasche.

»Wenn du dich ein wenig frisch gemacht hast, trinken wir eine Tasse Tee«, sagte Fenella, während Meggie und sie die Stufen langsamer nahmen.

»Nur, wenn ihr sowieso welchen aufbrüht«, wehrte Meggie ab. Sie war sich bewusst, dass sie bezahlt wurde und nicht ein zusätzlicher Gast war. »Für mich würde es keinen Sinn machen, hier zu sein, wenn du dich auch noch um mich kümmern müsstest.«

Fenella blieb lachend stehen. »Ich freue mich so sehr, dass du da bist, und Tee mag ich zu jeder Zeit. Obwohl: Es ist Weihnachten! Wir dürften uns ruhig etwas Stärkeres gönnen, wenn wir wollen. Die Mittagszeit ist schließlich vorüber.«

»Auf jeden Fall«, hörten sie Rupert sagen, »eigentlich gehört es sich sogar so.«

Als Meggie und Fenella die obere Etage erreichten, ergriff Glory Meggies Hand und führte sie in ein kleines Zimmer, das zwischen zwei größeren Räumen lag.

»Den Rest überlasse ich euch Mädels«, verkündete Rupert. »Ich muss im Speisesaal ein Feuer anzünden. Wenn es mir nicht gelingt, den Kamin zu befeuern, ist der Raum das reinste Kühlhaus, wenn wir ihn morgen benutzen wollen.« Mit seinen langen Beinen stürmte er im Nu die Treppe hinunter.

»Tut mir leid, dass das Zimmer so winzig ist«, entschuldigte sich Fenella an der Tür. »Ursprünglich war es ein Boudoir oder ein extra Schlafzimmer, das zu der Suite gehörte, in der die Mädchen schlafen. Die hat ein schönes Badezimmer mit einer leicht abgesenkten Doppelbadewanne, ideal für Kinder. Wenn die Hochzeitssaison wieder anfängt, müssen die beiden allerdings ausziehen, doch jetzt ist es praktisch.«

Meggie sah sich um. Das Zimmer war zwar klein, aber gemütlich und bequem.

»Das berühmt-berüchtigte Bad ist hier.« Fenella öffnete eine Tür auf dem Treppenabsatz. »Die Mädchen benutzen es als eine Art beheiztes Schwimmbad«, erklärte sie, »obwohl es natürlich nicht ganz so groß ist.«

»Ich will baden«, meldete sich Simmy sofort.

Meggie versuchte, sich zu erinnern, warum sie Simmy hieß, aber es fiel ihr nicht ein. »Findest du nicht, dass es noch zu früh für ein Bad ist?« Sie beugte sich zu dem kleinen Mädchen hinunter. Meggie wünschte sich oft, sie könne im Gespräch mit Erwachsenen so viel Sicherheit zeigen wie im Kontakt mit Kindern.

Fenella nahm ihre jüngere Tochter an die Hand. »Meggie braucht eine Tasse Tee und vielleicht ein paar Weihnachtsplätzchen, ehe sie irgendetwas anderes macht. Außerdem kommen die Zwillinge schon bald.« Fenella blickte Meggie an. »Sie sind ungefähr sechs Monate alt und scheinen zu zahnen. Genau das Richtige, um das Weihnachtsfest meiner Schwiegereltern perfekt zu machen! Zum Glück schlafen sie weit von ihnen entfernt.«

Meggie fiel auf, wie müde Fenella aussah. »Sag mir Bescheid, wenn ich beim Bettenmachen helfen soll oder so«, meinte sie. »Ich kann auch einen Truthahn stopfen. Ich mache mich gern nützlich.«

Fenella wurde blass. »Der Truthahn! Ich habe vergessen, ihn abzuholen! Hoffentlich kann Rupert ihn besorgen.«

Meggie spürte, wie Fenella zwischen dem Wunsch, eine gute Gastgeberin zu sein, und dem Bedürfnis, den Truthahn zu holen, hin- und hergerissen war. »Ich denke, die Mädchen können mich in die Küche begleiten«, schlug sie vor. »Ich brühe den Tee auf, und du kannst den Truthahn holen.«

»Würde das gehen?«, fragte Fenella. Die Erleichterung war ihr anzusehen.

»Aber sicher! Glory und Simmy können mir bestimmt zeigen, wo ich alles Notwendige finde, wenn Rupert keine Zeit hat«, sagte Meggie. »Ganz bestimmt!«

»Das ist so lieb von dir! Ich weiß, dass er den Esszimmertisch ausziehen muss. Die Einzelteile muss er aber erst zusammensuchen. Wir benutzen den Speisesaal eigentlich nie, wenn wir unter uns sind. Und die meisten Leute, die uns besuchen, fühlen sich in der Küche sehr wohl. Daher bedeutet es immer ein bisschen Arbeit, den Raum für seine Bestimmung herzurichten.«

In diesem Moment erschien Rupert mit zwei Nachttischlampen auf der Treppe. »Die sind für das Zimmer meiner Eltern. Du weißt ja, dass sie es hell mögen, und mir ist eingefallen, dass die Beleuchtung im Rosa Zimmer ein wenig zu wünschen übrig lässt.«

»Oh, Rupe, du bist super! Ich wollte mich darum kümmern, habe es aber total vergessen! Wann holst du deine Eltern ab?«, fragte Fenella und warf einen Blick auf ihre Uhr. »Ich muss noch den Truthahn besorgen.«

»Ich habe ihnen gesagt, ich könnte sie nicht abholen.« Er klang sehr zufrieden mit sich. »Ich habe ihnen ein Taxi bestellt.«

»Rupert! Waren sie damit etwa einverstanden?«

»Natürlich nicht. Aber das Taxi bringt sie von Tür zu Tür, damit müssen sie sich jetzt abfinden. Sie wissen ja selbst, dass alles sehr kurzfristig war.«

»Wann sind sie hier?«

»Ungefähr um sechs.«

Fenella riss die Augen auf. »So spät?«

»Ich habe behauptet, früher wären die Taxis ausgebucht, doch eigentlich wollte ich dir so viel Zeit wie möglich geben, damit du bis zu ihrer Ankunft fertig wirst. Und ich denke, die brauchst du, wenn du jetzt noch wegfahren musst.«

»Ich helfe euch«, erklärte Meggie. »Sagt einfach, was ich tun soll. Im Einpacken von Geschenken bin ich auch ganz gut.«

»Verpackt der Weihnachtsmann seine Geschenke nicht selbst?«, fragte Glory.

»Nein«, antwortete Fenella, »nur die, die er in eure Weihnachtsstrümpfe steckt. Die anderen müssen wir einpacken. Und da ich es nie so schön hinkriege, wäre ich für etwas Hilfe sehr dankbar, Meggie!«

Es war dunkel geworden. Meggie beaufsichtigte die Mädchen im Badezimmer. Glory und Simmy planschten fröhlich in der riesigen Wanne, und Meggie ließ den Nachmittag noch einmal Revue passieren. Sie hatte für Fenella Geschenke eingepackt, mit den Mädchen noch eine Ladung Plätzchen gebacken, war im Garten gewesen und hatte Sträuße aus Stechpalmenzweigen, Rosmarin und Efeu mit etwas Bartflechte für die Gästezimmer arrangiert. Sie war gern hier und fühlte sich nützlich und anerkannt. Außerdem war es eine willkommene Abwechslung, sich einmal nicht von ihrer diätbesessenen Stiefmutter gängeln zu lassen und sich unzulänglich zu fühlen.

Das Weihnachtsfest bei den Gainsboroughs versprach himmlisch zu werden. Der Plan war, dass die Mädchen so lange in der Badewanne bleiben sollten, wie es möglich war, ohne dass ihre Haut schrumpelig wurde. Später sollten sie in ihren Nachthemden nach unten gehen, um sich den Baum anzusehen. Das lange Bad sollte sie müde machen.

Meggie las den Kindern in der Badewanne gerade *Als der Nikolaus kam* vor, als sie unten Geräusche, Stimmen und Begrüßungen hörte. Das werden wohl die anderen Gäste sein, dachte sie. Sie fühlte sich mit Fenella und Rupert richtig wohl, doch den Gedanken, auf ihre smarten Freunde zu treffen, fand sie einschüchternd. Fenella hatte Meggie alles über sie erzählt: Hugo war Fotograf, seine Frau Sarah Hochzeitsplanerin, Gideon schrieb Restaurantkritiken und Kochbücher, und Zoe war Küchenchefin. Sie waren offensichtlich langjährige und enge Freunde. Meggie würde sich im Hintergrund halten und so viel wie möglich bei den Kindern bleiben. So hielt sie es auch, wenn sie bei ihrem Vater war. Zumindest versuchte sie es.

Dann gab es noch mehr Trubel, dieses Mal begleitet von Babygeschrei. Das mussten Sarahs und Hugos Zwillinge sein, von denen Fenella ihr erzählt hatte – einer der Gründe, warum Meggie gebraucht wurde. Das Weinen wurde lauter. Offenbar brachte man die Babys nach oben.

»Hallo!«, sagte eine vornehm klingende Männerstimme. Meggie drehte sich um und sah einen großen blonden Mann mit einem Säugling im Arm in der Badezimmertür stehen. »Tut mir leid, wenn ich störe, aber Fen meinte, wir sollen sofort raufgehen. Ich bin übrigens Hugo, der Vater dieses kleinen Monsters. Sarah bringt das andere.«

»Onkel Hugo!«, jubelte Glory.

Meggie war aufgestanden und streckte automatisch die Hände aus, um ihm das weinende Baby abzunehmen.

Lachend trat Hugo einen Schritt zurück. »Ich würde ihn nicht nehmen, wenn ich Sie wäre. Seine Windel ist nicht mehr ganz astrein.«

Meggie lachte leise und streckte weiter die Arme aus. »Ich bin Windelexpertin«, sagte sie. Ihr Vater hatte einmal kategorisch erklärt, ein Baby frisch zu machen gehöre nicht zu seinen Aufgaben, und so hatte Meggie bei ihm und Ignatia schon viele schmutzige Windeln gewechselt.

»Na gut«, meinte Hugo. »Wenn es Ihnen wirklich

nichts ausmacht. Das hier ist Edward, kurz Ted. Fen hat vorgeschlagen, die beiden Kleinen zu den Mädchen in die Wanne zu setzen – die, wie ich jetzt sehe, fast ein Swimmingpool ist.« Er betrachtete die Wanne.

»Igitt!« Glory rümpfte die Nase. »Aber nicht, wenn sie gekackt haben.«

»Keine Sorge, wenn sie in die Wanne kommen, sind sie ganz sauber«, beruhigte Meggie sie. Sie legte Ted auf die Badematte, über die sie ein weiches Frotteehandtuch gebreitet hatte, und begann, ihn auszuziehen.

»Ich sehe, Sie sind eine echte Expertin«, bemerkte der Mann.

Eine elegante, aber etwas müde aussehende Frau kam mit einem weiteren weinenden Baby ins Bad. »Ich habe die Windeltasche.« Sie hielt inne, als sie sah, wie Meggie ihren Sohn entkleidete. »Macht Ihnen die volle Windel nichts aus?«, erkundigte sie sich. »Ich bin Sarah, und das hier ist Imogen. Wir nennen sie Immi.«

»Ich bin Meggie, und ich habe kein Problem mit vollen Windeln«, erwiderte Meggie und dachte, dass diese Vorstellung sie sehr gut beschrieb.

Kaum war Ted von seiner Windel und den meisten seiner Kleider befreit, hörte er auf zu weinen. Meggie nahm Immi und legte sie neben ihren Bruder.

»Sie können das ja richtig gut«, stellte Sarah fest. »Ich hole ihre Badewannensitze.« Sie lächelte die beiden Mädchen in der Wanne an. »Keine Sorge, Meggie macht die Babys ganz sauber, ehe sie zu euch in die Wanne kommen.« Sie hielt eine Hand ins Wasser. »Die Temperatur ist perfekt.«

Wenig später war Meggie mit den vier Kindern allein. Die Mädchen freuten sich über ihre neuen Badegefährten. Vor allem Simmy – kurz für Cymbeline, wie sich Meggie nun erinnerte – war fasziniert von ihrem neuen, lebendigen Badespielzeug. Die Babys gluckten und strampelten zufrieden in ihren Sitzen.

Rupert erschien an der Tür, begutachtete die Situation und verkündete: »Ich werde dann mal Drinks organisieren.«

»Danke!«, rief Sarah aus ihrem Schlafzimmer, wo sie auspackte.

Meggie nahm Badetücher aus dem Regal. Allmählich wurde es Zeit, die größeren Mädchen aus dem Wasser zu fischen. Sobald sie trocken und angezogen waren, würde sie sich um die Babys kümmern.

Sie hatte den Mädchen gerade die entzückenden rosa gemusterten Nachthemden übergezogen, als sich jemand an der Tür räusperte. Vor Meggie stand der schönste Mann, den sie je gesehen hatte. Er hielt eine Flasche Champagner in der einen und drei Sektflöten in der anderen Hand.

»Du meine Güte«, sagte Fenella zu Zoe, als sie sah, wie Étienne, der Franzose, mit dem Champagner die Treppe hinauf verschwand. Sie gingen in die warme Küche, und Fenella fügte verschwörerisch hinzu: »Wo habt ihr den denn aufgetrieben? Und wird Meggie das verkraften?«

»Sarah sagte, dass Meggie ganz toll mit den Babys umgeht«, meinte Hugo besorgt. Er war Fenella und Zoe in die Küche gefolgt und hatte offenbar nur den letzten Satz gehört.

Fenella schnitt ihrer Freundin ein Gesicht. Zoe lachte. »Das haben wir eigentlich nicht gemeint, Hugo-Schätzchen.« Sie setzten sich an den Küchentisch.

Zoes Ehemann Gideon schleppte einen Riesenstapel Kisten in die Küche. Sie waren offensichtlich voller Lebensmittel. »Étienne ist der Sohn eines bekannten Weinproduzenten«, erklärte er, »und arbeitet mit uns zusammen, um Erfahrungen zu sammeln und sein Englisch zu perfektionieren.«

»Er mag Babys.« Zoe legte unbewusst die Hand auf ihren eigenen Bauch. »Anscheinend vermisst er seine kleinen Nichten und Neffen.«

»Oh!« Fenella empfand plötzlich Mitleid mit dem jungen Mann. »Wie schade, dass er zu Weihnachten nicht zu Hause sein kann!«

»Schon gut«, meinte Gideon beschwichtigend und nahm einen großen Teller mit etwas Goldenem darin aus einer der Kisten. »Auf seine Geschwister ist er nicht ganz so wild.«

»Apropos Kleinvolk: Ich freue mich schon darauf, Glory und Simmy zu sehen. Sie müssen seit dem letzten Mal ganz schön gewachsen sein«, sagte Zoe.

»Und wie! Und ich weiß es wirklich zu schätzen, dass du Simmy genauso großzügig beschenkst wie Glory, Zoe. Als ich klein war, bekam meine Schwester von ihrer Patin tolle Klamotten von Harrods geschenkt, und ich durfte zusehen. Einmal habe ich geweint und war dann schrecklich verlegen, als ihre Patentante auch mir etwas kaufte. Wahrscheinlich hat meine Mutter sie dazu gebracht.« Fenella schluckte und zwang sich, ihre innere Ergriffenheit nicht allzu deutlich zu zeigen. Es musste an den Hormonen liegen!

»Himmel, sei doch nicht albern. Ich habe die beiden ja auch gleich lieb. Aber warum befürchtest du, dass Meggie Étienne nicht verkraften könnte?«, erkundigte sich Zoe. Sie schien zu spüren, dass Fenella gerührt war, und schnitt ein etwas neutraleres Thema an. »Er ist ausgesprochen nett.«

»Meggie ist sehr schüchtern«, erklärte Fenella. »Ihre Stiefmutter setzt alles daran, sie zu demoralisieren. Ihre Mutter Amanda rief mich an und erzählte mir davon, als ich eben den Truthahn abgeholt habe.« Sie runzelte die Stirn. »Offen gesagt kommt mir diese Stiefmutter ein bisschen wie die von Schneewittchen vor. Du hast Meggie noch nicht gesehen, Zoe, aber sie ist ein bildhübsches Mädchen, und ihre tolle Figur hat die Kurven an den richtigen Stellen. Außerdem hat sie ein liebenswertes Naturell – kein Wunder, dass die Kinder sie vergöttern. Zwar ist Meggie als Kindermädchen hier, doch wir wollen dieses Weihnachten auch ganz besonders nett zu ihr sein.«

»Ich habe ein schönes Geschenk für sie«, sagte Zoe. »Eine ausgesprochen hübsche Strumpfhose. Ich habe sie für mich gekauft, aber vergessen, dass ich schwanger bin und sie mir nicht passen würde.«

Fenella nickte. »Ich habe einen Kaschmirpullover, den ich kürzlich erstanden habe. Den schenke ich ihr. Ich war mir nicht sicher, ob die Farbe mir steht, doch für Meggie ist sie perfekt. Es ist eine Art dunkles Rosa.«

»Ich fürchte, in diesem Jahr sind all meine anderen Geschenke essbar«, sagte Zoe. »Scottish Tablet, also leckere, krümelige Toffees für die meisten. Ich weiß, dass ich lange Zeit nicht mit heißem Zucker werde kochen können, wenn das Kleine erst auf der Welt ist.«

»Ich liebe Tablet!«, rief Rupert begeistert, der gerade in die Küche kam.

»Nicht zu fassen!«, verkündete Sarah, die direkt hinter ihm stand. »Ich habe die Zwillinge bei den netten jungen Leuten und deinen beiden Mädchen gelassen.«

»Was bedeutet, dass wir alle uns schnell einen Drink für Erwachsene genehmigen können«, sagte Rupert und zauberte wie ein Magier Champagner und Gläser hervor.

»Bevor deine Eltern eintreffen«, ergänzte Fenella düster.

»Ich erinnere mich, dass wir mit deinen alten Herrschaften eine Menge Spaß hatten, Rupes«, sagte Gideon und lehnte sich gegen den Aga-Herd. »Auch wenn sie es nicht gemerkt haben. Damals, als wir uns um sie gekümmert haben, während du Glory bekommen hast und im Krankenhaus warst, Fen. Weißt du noch, Schatz?«

»Ich weiß nur noch, dass ich sie mit einem nicht mehr ganz frischen Eintopf beinahe vergiftet hätte, aber an mehr erinnere ich mich nicht«, gab Zoe frech zurück. »Waren sie krank, weißt du das noch?«

»Nein«, antwortete Fenella, »nicht, dass ich es bemerkt hätte. Glory war gerade auf die Welt gekommen, und dieser Kochwettbewerb nahm meine ganze Zeit in Anspruch.«

»Meine auch«, sagte Zoe und warf Gideon einen zärtlichen Blick zu. Er trat neben sie und zog sie an sich.

Fenella, die vorsichtshalber nicht mehr als einen winzigen Schluck Champagner trinken wollte, seufzte. »Ich habe mich so darauf gefreut, Weihnachten wieder einmal zusammen mit euch zu feiern!«

»Wir werden bestimmt unseren Spaß haben«, tröstete Sarah sie. »Schließlich sind wir sechs gegen zwei.«

»Ich weiß.« Fenella bemühte sich, optimistisch zu klingen, obwohl ihr nicht danach zumute war. »Zumindest war das Weihnachtssingen schon letzten Sonntag und findet nicht heute Nachmittag statt. Es ist nämlich eine meiner Lieblingsveranstaltungen zu Weihnachten – so wunderbar beschaulich mit all den bei Kerzenschein gesungenen Weihnachtsliedern.«

»Die Zwillinge hätten bestimmt die ganze Zeit geschrien«, sagte Hugo. »Schön, dass du es genießen konntest. Keiner von uns hätte einen Ton mitbekommen.«

»Vielleicht ist es wirklich gut, dass du es schon hinter dir hast, wenn Lord und Lady Gainsborough kommen. Also, ich meine, dass du es ungestört erleben konntest«, korrigierte sich Zoe. »Aber du musst zugeben, dass deine Schwiegereltern einen gewissen komischen Wert haben«, fügte sie hinzu.

»Genau«, stimmte Sarah zu. »Bei Glorys Taufe waren sie urkomisch.«

»Für euch ist es anders. Sie sind nicht eure Schwiegereltern«, erwiderte Fenella.

»Wir beschützen dich vor ihnen«, versprach Zoe augenzwinkernd. »Sie werden denken, dass ich deine Putzfrau oder dein Kindermädchen bin. Das wird lustig.«

Gideon lachte. »Wenn du Dienstmädchenkleidung trägst, werden sie Rupert verdächtigen, dich geschwängert zu haben, und darauf bestehen, dass du noch am Heiligen Abend dieses Haus verlässt.«

»In diesem Sinne – frohe Weihnachten!« Hugo hob sein Glas und prostete ihnen zu. Fenella begann, die lustige Seite des Ganzen zu erkennen, und war dankbar, dass ihre Freunde so viel Humor hatten.

Rupert nahm ein Blech aus dem Aga-Herd. »Hier, bedient euch. Zoe hat sie mitgebracht. Käsestangen. Ich liebe sie.«

Fenella stand auf. »Ich bringe welche hoch zu Meggie und Étienne.«

»Setz dich, Schatz. Du siehst müde aus«, sagte Rupert. »Ich erledige das.«

Sarah schüttelte den Kopf. »Ich muss ohnehin nach oben und meine Kinder in Empfang nehmen.« Ehe Fenella oder Rupert Einspruch erheben konnten, schnappte sie sich einen Teller mit Käsestangen und verließ die Küche.

Meggie verschlug es die Sprache, als der wunderschöne Mann mit einer Flasche Champagner das Badezimmer betrat.

»Hallo«, begrüßte er sie mit einem sehr sexy Akzent. »Ich bin Étienne, aber hier in England nennt man mich Steve.«

»Aha. Französisch für Steven nehme ich an«, sagte Meggie und beschloss, ihn lieber Étienne zu nennen.

Er setzte die Gläser ab, drehte den Korken aus dem Champagner und schenkte ein. »Wie heißt du?«, erkundigte er sich und reichte ihr ein Glas.

»Ich bin Meggie. Ich bin eine Art Nanny.«

»Nanny? Ist das nicht das englische Wort für eine weibliche Ziege?«

Sie lachte. Er neckte sie – aber so charmant, dass es ihr nichts ausmachte. Und da sie von dem langen Aufenthalt im Badezimmer ohnehin schon erhitzt war, würde er ihr Erröten wahrscheinlich nicht bemerken. »Ganz richtig.«

Sarah kam mit einem Teller Käsestangen. »Champagner im Bad! Wie dekadent! Obwohl ich bezweifle, dass Rupert und Fen so etwas im Sinn hatten, als sie dieses erstaunliche Badezimmer entwarfen. Frohe Weihnachten!«

Étienne schenkte auch ihr ein Glas ein, und sie stießen miteinander an. »Vielleicht sollte ich die beiden Kleinen jetzt besser aus der Wanne holen«, meinte Sarah.

»Warum?«, fragte Étienne. »Sie sind doch total zufrieden.«

»Kann man wohl sagen«, stimmte Sarah zu. »Aber ich dachte, dass ihr beide nach unten gehen und euch zu den anderen gesellen wollt.« Sie zeigte auf die Tasche voller Babysachen.

»Wir wollen hierbleiben«, erklärte Glory. Ihre Schwester nickte.

»Mir gefällt es auch hier oben«, sagte Meggie. »Und den Babys scheint es bei mir gut zu gehen ... bei uns«, korrigierte sie sich.

»Ich bin ebenfalls sehr glücklich«, pflichtete Étienne ihr bei. »Ich vermisse die Kinder meiner Schwester.«

»Oh«, sagte Sarah mitfühlend, »es muss schrecklich für dich sein, Weihnachten nicht mit deiner Familie verbringen zu können.«

Er zuckte mit den Schultern. »*C'est la vie.*«

»Warum geht ihr beide nicht runter und trinkt in aller Ruhe ein Glas mit den anderen?«, schlug Meggie vor. »Ich nehme an, dass die Babys dich sowieso bald brauchen werden, aber du hättest noch ein paar Minuten für dich.« Sie wusste sehr wohl, wie sehr sich junge Mütter manchmal nach babyfreier Zeit sehnten. Ihre Stiefmutter hörte nie auf, darüber zu lamentieren, und ihre Mutter war immer dankbar, wenn Meggie ihr die kleine Halbschwester einmal abnahm.

»Gut«, erklärte Étienne. »Du gehst runter, Sarah, wir versorgen die Babys.« Irgendwie bekam diese ganz banale Formulierung durch seinen Akzent einen fast erotischen Klang.

»Du musst nicht bei mir bleiben«, wandte Meggie ein. »Mir geht es bestens.«

»Und mir geht es mit dir und dem Rest dieses ausgezeichneten Champagners bestens.«

Meggie wusste nicht so recht, warum Étienne so gern bei ihr bleiben wollte. Er litt sicherlich nicht unter Schüchternheit, im Gegenteil. Er wirkte sehr selbstbewusst.

»Dürfen wir doch mitkommen, Tante Sarah?«, fragte Glory.

»Na klar! Wenn ich Glory und Simmy mitnehme, habe ich wenigstens kein ganz so schlechtes Gewissen, dass ich euch mit meinen beiden Kleinen allein lasse.« Sarah griff nach ihrem Glas. »Seid ihr wirklich ganz sicher? Ruft einfach, wenn es schwierig wird! Kommt, Mädels, schauen wir uns den Baum an. Vielleicht hat der Weihnachtsmann etwas daruntergelegt.«

»Dumme Tante Sarah! Der Weihnachtsmann tut doch nur etwas in die Strümpfe.«

»Stimmt ja«, sagte Sarah. »Das hatte ich ganz vergessen.«

»Du hättest wirklich nicht bei mir bleiben müssen«, sagte Meggie zu Étienne, als die Tür sich hinter Sarah und den Mädchen geschlossen hatte. »Du könntest dich mit Fenella und Rupert bekannt machen.«

»Ich habe die beiden bereits kennengelernt, und so charmant sie auch sind, ich trinke meinen Champagner lieber in diesem sehr angenehmen Badezimmer mit einem hübschen Mädchen und zwei Babys als Gesellschaft.«

Meggie brauchte eine Weile, ehe ihr eine Antwort darauf einfiel. »Du scheinst Kinder zu mögen.«

»Das stimmt.«

»Dann bist du sicher traurig, dass du zu Weihnachten nicht mit den Kindern deiner Schwester zusammen bist.«

»Ich sehe sie zum Jahreswechsel.« Er lächelte (auf eine umwerfende Art und Weise, wie Meggie fand). »Alle haben Mitleid mit mir, weil ich Weihnachten nicht nach Hause fahren konnte, aber ich wollte gar nicht zu meiner Familie.«

»Warum nicht?«

»Das ist mir jetzt ein bisschen peinlich zuzugeben, doch am Tag nach Weihnachten möchte ich unbedingt ein bestimmtes Fußballspiel sehen.«

»Oh.«

»Und was ist mit dir? Du feierst Weihnachten ja auch nicht zu Hause, sondern hier. Diese Leute sind doch nicht deine Familie, oder?«

Meggie schüttelte den Kopf. »Nein, sind sie nicht. Meine Eltern sind geschieden. Dieses Jahr sollte ich Weihnachten eigentlich mit meinem Vater und meiner Stiefmutter verbringen, doch dann hörte meine Mutter, dass Rupert das Haus voller Besuch hatte, und bot meine Dienste als Kindermädchen an.«

Étienne runzelte die Stirn. »Und darüber freust du dich?«

Meggie nickte. »Ja, sogar sehr. Ich hasse es, Weihnachten bei meinem Vater zu verbringen. Meine Stiefmutter ...« Sie hielt inne. War es in Ordnung, vor einem wildfremden Mann schlecht über die Stiefmutter zu reden? Ja, war es, entschied Meggie. Ignatia hätte bestimmt nicht gezögert, über sie herzuziehen. »Wir kommen nicht miteinander aus. Sie ist sehr ... kritisch. Ohnehin verbringe ich meiste Zeit damit, auf ihre Kinder aufzupassen. Meine Halbgeschwister habe ich gern.«

»Und was kritisiert sie an dir? Ein hübsches Mädchen, das sich um ihre Kinder kümmert, ist doch eine tolle Sache, oder etwa nicht?«

»Sie freut sich, dass ich mich um meine Halbgeschwister kümmere, doch sie hält mich absolut nicht für hübsch. Ich bin ihr nicht dünn genug.« Hätte sie keinen Champagner getrunken, hätte sie das wahrscheinlich nicht laut ausgesprochen. Sogar sie wusste, dass man die Aufmerksamkeit nicht auf die eigenen Makel lenken sollte.

»Echt? Steh mal auf!«

Sie saß auf dem Badewannenrand. Étienne nahm ihre Hand, half ihr auf die Beine und inspizierte sie. »Du bist absolut entzückend. Und deshalb mag deine Stiefmutter dich nicht.«

Meggie war verblüfft und wollte gerade verlegen protestieren, als Étienne ihr Glas nachfüllte. »Ich werde für meinen Job als Ruperts und Fenellas Kindermädchen bezahlt. Mein Vater wünscht, dass ich Geld verdiene. Seit er eine neue Familie hat, interessiert er sich nicht mehr so sehr für mich. Er findet, dass ich finanziell unabhängiger sein sollte.«

»Dann werden sie dich also nicht vermissen, wenn du nicht bei ihnen bist?«

»Nicht wirklich. Hauptsache, ich komme Silvester zu ihnen. Dann geben sie eine große Party. Ich soll erst bei den Vorbereitungen helfen und dann auf die Kleinen aufpassen.«

»Würdest du Silvester nicht lieber mit deinen Freunden ausgehen?«

»Ach, das ist okay, ehrlich.«

»Du kommst mir ein bisschen unglücklich vor …«

Sie brachte ein Lächeln zustande. »Nicht unglücklich. Ich bin nur ein wenig genervt. Meine Stiefmutter reitet immer darauf herum, dass ich keinen Freund habe. Hätte ich aber einen, wäre ich sicher nicht bereit, mich von ihr an Silvester zur Minna machen zu lassen.«

»Das ist ein neues Wort! Minna?«

»Es bedeutet, für jemanden die unangenehme Hausarbeit zu erledigen, so wie Aschenputtel. Aschenputtels Stiefmutter und die Stiefschwestern machen sie zur Minna, ehe sie die gute Fee kennenlernt.«

»Ah! Diese Geschichte kenne ich. *Cendrillon*. Sind deine Stiefgeschwister auch gemein zu dir?«

Meggie lachte. »Sie sind auch die Kinder meines Vaters, also meine Halbgeschwister. Und nein, sie sind sehr süß.«

»Wir denken jetzt einfach nicht mehr an sie.« Er schüttete den letzten Rest Champagner in sein Glas.

Überrascht stellte Meggie fest, wie schnell sie die Flasche geleert hatten. Hoffentlich war sie nun nicht beschwipst! Schließlich trug sie die Verantwortung für die Zwillinge. »Ich denke, wir sollten die Babys jetzt aus dem Wasser holen.«

Sarah hatte offensichtlich den gleichen Gedanken gehabt, denn sie tauchte in diesem Moment mit ein paar Kanapees im Badezimmer auf. »Hier, die sind auch noch für euch. Oder wollt ihr beide jetzt auf einen Drink runtergehen? Die Mädchen bestaunen gerade den Weihnachtsbaum und sind total niedlich. Hugo kommt in einer Minute nach und hilft mir, die Babys zu füttern.«

Meggie warf Étienne einen Blick zu. »Geh du runter.

Ich helfe Sarah noch, die Babys zu füttern.« Sie hatte die Fläschchen in der Tasche entdeckt.

Sein Blick blieb ein paar Sekunden an ihr hängen, dann zuckte er mit den Schultern. »Okay. Bis gleich, Meggie.«

Meggie gefiel es, mit Sarah auf dem Sofa in der Hochzeitssuite zu sitzen. Jede von ihnen hatte ein Baby im Arm, und das dämmrige Licht und die sanften Sauggeräusche wirkten beruhigend. Sie selbst hätte wahrscheinlich geschwiegen, damit die Kleinen langsam einschlafen konnten, aber Sarah war da ungezwungener.

»Étienne ist ein wirklich schöner Mann, findest du nicht? Gideon sagte eben, dass alle Mädchen im Büro ein bisschen in ihn verliebt sind, doch dass er sich immer französisch-distanziert gibt.«

»Er war sehr freundlich zu mir«, erwiderte Meggie, »und ausgesprochen lieb zu den Kindern. Überhaupt nicht abgehoben.«

»Fenella ist so froh, dass du bei den Kleinen mithilfst, aber dass Étienne auch so gut mit ihnen zurechtkommt, ist das Sahnehäubchen. Ruperts Eltern sind ein Albtraum, und wir erwarten sie jede Minute.«

Meggie war sich nicht sicher, wie viel sie als Kindermädchen zu dem Thema sagen durfte, doch sie wollte auch nicht unhöflich zu Sarah sein. »Inwiefern?«

»Sie entstammen einer anderen Gesellschaftsschicht – und einer anderen Zeit, als man noch Diener hatte und sich nicht verpflichtet fühlte, höflich zu ihnen zu sein. Es ist ein Wunder, dass Rupert so reizend ist. Seine Eltern sind nämlich absolut hochmütig! Und sie können Fenella nicht verzeihen, dass sie keinen ›Sohn und Erben‹ bekommen hat.«

»Aber liegt es nicht am Mann, welches Geschlecht ...«

»Klar! Doch versuch mal, ihnen das klarzumachen!« Sie schlug sich bei dem Gedanken die Hand vor den Mund. »Nein, lieber doch nicht.« Sarah blickte Meggie an. »Du scheinst auch beim Füttern ein echtes Naturtalent zu sein.«

Meggie lachte leise. »Ich habe Übung darin. Ich denke ernsthaft darüber nach, beruflich etwas mit Kindern zu machen, denn ich liebe Kinder.«

Sarah nickte. »Wenn du dich entscheidest, Erzieherin zu werden, lass es mich wissen. Ich bin ständig auf der Suche nach guter Kinderbetreuung, genau wie halb London.«

»Du bist Hochzeitsplanerin, nicht wahr?« Normalerweise wäre Meggie viel zu schüchtern gewesen, um mit jemandem wie Sarah eine Unterhaltung anzufangen, doch die Intimität des Augenblicks half ihr.

»Ja, das stimmt, obwohl ich auch viele andere Events plane. Ich brauche bei diesen Veranstaltungen häufig Gelegenheitspersonal. Du könntest mir deine Nummer geben.«

»Ich glaube nicht, dass ich für Events die Richtige wäre. Ich bin zu schüchtern. Diese Leute, für die du arbeitest, sind sicher sehr glamourös und kontaktfreudig.«

Sarah lachte. Das Baby in ihrem Arm öffnete kurz die Augen. »Also, du bist nicht gerade unglamourös, wenn ich das so sagen darf. Und manchmal ist ein aufrichtiges Lächeln wirkungsvoller als all das gekünstelte Getue, auf das diese Event-Leute so stehen. Und ich wette, du bist verlässlich. Du kommst auch, wenn du einmal zugesagt hast.«

»Natürlich!«

»Dann lass uns unsere Adressen austauschen. Ich nehme an, du bist auf der Uni? Wenn du mal in den Ferien arbeiten willst, habe ich bestimmt etwas für dich.«

»Das wäre toll, allerdings wohne ich nicht in London. Ich bin eigentlich nur dort, wenn ich zu meinem Vater fahre.«

»Nun, mein Angebot steht, und nicht alle Jobs sind in London. Wenn ich etwas hier in der Umgebung habe, lasse ich es dich wissen. Oh! Ich glaube, da kommt jemand. Bestimmt sind es Ruperts Eltern.«

Obwohl die Babys tief und fest schliefen und in ihre Reisebettchen hätten gelegt werden können, kamen Sarah und Meggie stumm überein, vorerst nicht nach unten zu gehen und die Neuankömmlinge zu begrüßen. Ganz still saßen sie da und lauschten den ärgerlichen Stimmen, die zu ihnen drangen. Bestimmt beklagten sich Ruperts Eltern über die beschwerliche Reise und die Kälte im Haus. Kurz darauf vernahmen sie schwerfällige Geräusche auf der Treppe. »Ich habe euch im Rosa Zimmer untergebracht«, hörten sie Fenella sagen. »Das Bad ist hier drüben. Es hat eine ebenerdige Dusche.«

»Alles andere wäre auch eine Zumutung gewesen«, äußerte eine arrogante, ungeduldige Männerstimme. »Wie hätten wir sonst denn hineinkommen sollen? Etwa hüpfen?«

Meggie und Sarah sahen einander an und versuchten, nicht zu kichern.

Fenella seufzte erleichtert und suchte Ruperts Blick. Er saß am anderen Ende des Küchentisches. Sie tauschten ein kleines Lächeln. Alle Erwachsenen hatten sich jetzt um den Tisch versammelt. Die Babys schliefen, und die kleinen Mädchen spielten mit einem Geschenk, das sie bereits von Zoe erhalten hatten. Zoes und Gideons Fischpastete stand neben einem Stapel heißer Teller, die man zwar nicht durchreichen konnte, die aber den Ansprüchen von Lady und Lord Gainsborough genügen würden. Es hatte lange gedauert, bis alle die von Sarah zugewiesenen Plätze eingenommen hatten. Erleichtert stellte Fenella fest, dass sie bald die Runde verlassen und die Mädchen zu Bett bringen konnte. Allerdings war ihr klar, dass sie wahrscheinlich mit ihnen einschlafen würde, sobald sie ihnen eine Weihnachtsgeschichte vorlas. Zwar würde sie noch lange nicht richtig zu Bett gehen können – die Weihnachtsstrümpfe waren noch zu füllen und aufzuhängen –, aber ein Nickerchen wäre wunderbar.

»Okay«, sagte Rupert und tauchte den Servierlöffel in die goldene Kruste der Pastete. »Ich hoffe, alle haben Hunger!«

»Soll ich den Wein einschenken?«, fragte Étienne.

»Gern, vielen Dank«, antwortete Rupert erfreut. Fenella am anderen Ende des Tisches hoffte, dass der junge Franzose, der aus einer Familie bekannter Weinproduzenten stammte, den Jahrgang billigen würde.

»Hoffentlich sind in der Fischpastete keine Garnelen«, meldete sich Lady Gainsborough zu Wort. »Ich bin allergisch gegen Garnelen.«

Fenella blickte Zoe fragend an, die den Kopf schüttelte.

»Keine Garnelen.«

»Ich werde nämlich immer schrecklich krank, wenn ich Krustentiere esse«, fuhr Lady Gainsborough fort, wohl für den Fall, dass jemand nicht genau wusste, was »allergisch« bedeutete.

Es würde ein langes Essen werden, fürchtete Fenella und plante schon einmal ihre Flucht.

Meggie brauchte beim Aufwachen einen Moment, ehe sie wieder wusste, wo sie war. Dann erinnerte sie sich. Es war Weihnachten, und sie war auf Somerby. Plötzlich wurde ihr etwas Schweres am Fuß ihres Bettes bewusst. Ein Strumpf! Sie war entzückt. Ihre Mutter füllte immer einen für sie, aber ihr Vater und ihre Stiefmutter fanden, sie wäre zu alt dafür. Glücklich zog Meggie den dicken, gestreiften Strumpf zu sich heran und packte ihn aus. Fenella musste ihn trotz ihrer Müdigkeit noch in der Nacht vorbereitet und aufgehängt haben. Meggie war tief gerührt. In der Spitze fand sie eine Schokoladenorange (auch ihre Mutter steckte sie immer in den Strumpf – sie nahm viel Platz in Anspruch), eine Miniflasche Bailey's Irish Cream (eine sehr nette Kleinigkeit), eine Packung Weihnachtsmann-Taschentücher, ein Paar flauschige Socken und ein Trio Toilettenartikel: Duschgel, Shampoo und Körperlotion.

Meggie aß ein Stück ihrer Schokoladenorange (Schokolade zum Frühstück war eine Familientradition im Haus ihrer Mutter) und dachte an Étienne. Er war umwerfend attraktiv, aber dennoch sehr freundlich. Er hatte sie dazu gebracht, sich hübsch zu fühlen. Und er war lieb zu den Kleinen. Meggie seufzte sehnsüchtig und beschloss, dass er nur ein Teil dessen war, was sich als ein ganz besonderes Weihnachtsfest entpuppte.

Sie zog sich an und ging hinunter in die Küche. Rupert hatte am vergangenen Abend nicht zugelassen, dass sie unten blieb und ihm nach dem Abendessen beim Aufräumen half, und Meggie dachte, dass es vielleicht noch den einen oder anderen Handgriff zu erledigen gab. Fenella und Rupert gaben sich viel Mühe, ihren Aufenthalt hier nett zu gestalten, und sie war fest entschlossen, alles daranzusetzen, ihnen die Arbeit zu erleichtern.

Meggie genoss es, die große alte Küche für sich allein zu haben, obwohl sie ohne die Hündin Bessie irgendwie verwaist wirkte. Gern hätte sie Weihnachtsmusik aufgelegt, aber sie wollte niemanden im Haus wecken. Die Küche sollte glänzen, bevor Fenella erschien. Meggie schaltete die Lichter der Chili-Lichterkette ein, die die Küchenzeile über dem Aga-Herd schmückte, und machte sich an die Arbeit.

Gerade wischte sie ein letztes Mal den Tisch ab, als Étienne erschien. »Guten Morgen!«, sagte er. »Frohe Weihnachten!«

In seinem engen, marineblauen Pullover zu der gut sitzenden Jeans und den glänzenden Lederschuhen schaffte er es, unglaublich chic und zugleich entspannt auszusehen. Er trat zu ihr und küsste sie auf die Wange. Er hatte sich offenbar gerade rasiert und roch nach etwas köstlich Zitronigem und Frischem.

Meggie lächelte verlegen. »Frohe Weihnachten! Soll ich dir einen Kaffee machen?« In der Ecke stand eine Kaffeemaschine.

»Ich kümmere mich darum«, verkündete Étienne und ging zu der Maschine. »Hast du einen Weihnachtsstrumpf bekommen?«

»Ja, tatsächlich! Ich hatte keinen erwartet, aber es war eine schöne Überraschung. Hattest du auch einen?«

»Ja, doch ich glaube, der Weihnachtsmann hält mich für ziemlich schmutzig und für einen Alkoholiker. Ich habe Duschgel und Seife in meinem Strumpf gefunden, aber auch eine kleine Flasche Brandy.« Er sagte es ganz ernst, doch Meggie wusste, dass er scherzte.

»In meinem Strumpf war etwas Ähnliches und zusätzlich noch Schokolade«, meinte sie. Dabei wurde ihr klar, dass die Toilettenartikel wahrscheinlich aus dem Vorrat stammten, mit dem die Gästezimmer auf Somerby bei Vermietung bestückt wurden.

»Ich hatte auch Schokolade!«

Meggie überlegte krampfhaft, was sie als Nächstes sagen sollte. Zu ihrer Erleichterung kam Rupert in die Küche. Er wirkte noch müde, und sein Haar war zerzaust; unter seinem Morgenmantel trug er einen bunt gestreiften Pyjama.

»Guten Morgen! Frohe Weihnachten!«, sagte er mit verschlafenem Lächeln. »Die Mädchen kamen heute Morgen um vier, um ihre Strümpfe zu öffnen. Zum Glück sind sie irgendwann wieder eingeschlafen. Fenella auch. Tee?«

Meggie hatte den Kessel bereits auf die heiße Platte des Aga-Herdes geschoben, und Rupert ging hin. »Ich bringe meinen Eltern ihren Tee ans Bett«, sagte er, »danach können wir hier unten zu Sekt mit O-Saft übergehen.« Er goss kochendes Wasser in eine kleine Teekanne, die er von einem Haken genommen hatte. »Ich hoffe, ich kann meine Eltern überreden, auch im Bett zu frühstücken. Dann können wir anderen so laut sein, wie wir wollen.«

Rupert hatte gerade sein Tablett fertig bestückt, als Hugo erschien. Er war angezogen, sah aber auch müde aus. Er hatte Ted auf dem Arm, der, wie Meggie wusste, einen blau gestreiften Strampelanzug trug.

»Morgen allerseits«, sagte er. »Himmel, was ist das für ein Schlafanzug, Rupes? Ziemlich bunt, oder?«

»Die Mädchen suchen mir jedes Jahr einen weihnachtlichen Pyjama aus einem schicken Katalog aus«, erklärte Rupert lachend. »Eines Tages wird er vielleicht dunkelblau mit einem dezenten Muster sein, aber momentan gefallen ihnen eben knallbunte Streifen.«

»Soll ich Ted nehmen?«, erkundigte sich Meggie und trat zu Hugo. Sie hatte das Bedürfnis, sich nützlich zu machen, und genoss es immer, ein Baby oder ein kleines Kind im Arm zu halten, hinter dem sie sich verstecken konnte. »Braucht er eine Flasche?«

»Ich wollte schauen, ob es hier eine Banane gibt, die ich für ihn zerdrücken könnte. Ich muss die Kinderstühle aus dem Auto holen.«

»Nicht nötig«, sagte Meggie. »Ich bereite ihm den Bananenbrei zu und füttere Ted dann auf dem Schoß. Was ist mit Immi? Sie hat bestimmt auch Hunger.«

Hugo strahlte. »Du bist toll. Ich gehe und hole sie. Ich würde Sarah gern noch etwas Ruhe gönnen. In der Nacht stillt sie die Babys noch und hat am Morgen Schlaf nachzuholen.«

»Weißt du, was?« Étienne nahm Meggie den kleinen Burschen ab. »Du holst Immi, Hugo, und ich übernehme Ted, während Meggie sich um den Brei kümmert.«

Hugo zog los, um seine Tochter zu holen. Diesen umwerfend gut aussehenden jungen Mann zu sehen, der ein Baby in den Armen hielt, erfüllte Meggie mit einem solchen Lustgefühl, dass sie froh war, sich abwenden und ihr Erröten verbergen zu können. Sie musste sich daran erinnern, dass sie erst neunzehn und damit viel zu jung war, um überhaupt an ein eigenes Baby zu denken. Außerdem spielte Étienne so sehr außerhalb ihrer Liga, dass es schon lachhaft war, im

Zusammenhang mit ihm überhaupt in diese Richtung zu denken.

Sie war noch etwas atemlos, als er auf sie zukam. Er reichte ihr eine Schürze, die er auf dem Handlauf des Aga-Herds gefunden hatte. »Hier, zieh das über. Babys ferkeln gern herum.«

»Wohl wahr«, stimmte Rupert zu. Er trug ein Tablett mit Tee, Brot und Butter. »Ich will mal schauen, ob ich meine alten Herrschaften überzeugen kann, lange genug im Bett zu bleiben, dass wir ein fröhliches Frühstück haben können. Oh, hi, Zoe! In Sachen bunter Schlafanzug stehst du mir in nichts nach, wie ich sehe.«

Zoe betrat fröhlich lächelnd die Küche, als Rupert sie gerade verließ. Sie trug einen roten Flanellschlafanzug mit passendem Morgenmantel und Hausschuhen. Zoe schafft es immer, süß auszusehen, dachte Meggie, und mit ihrem Babybauch könnte man sie in diesem Aufzug fast mit dem Weihnachtsmann verwechseln.

»Frohe Weihnachten, ihr zwei!«, sagte Zoe zu Meggie und Étienne.

»Frohe Weihnachten!«, antworteten sie unisono.

Wenige Minuten später standen Hugo und Rupert wieder in der Küche. Hugo hatte Immi auf dem Arm.

Rupert rieb sich zufrieden die Hände. »Mission erfüllt – meine Eltern bleiben im Bett. Ich denke, wir können jetzt frühstücken. Wenn Sarah und Fen noch nicht runterkommen wollen, bringen wir ihnen etwas nach oben.«

»Sarah will bestimmt dabei sein«, meinte Hugo. »Ich gehe gleich hoch und sage ihr Bescheid.« Er reichte Immi mit einem dankbaren Blick an Meggie weiter und ließ sich auf einen Stuhl fallen.

»Ich glaube auch nicht, dass Fen und die Mädchen das Frühstück versäumen wollen«, bemerkte Rupert, »aber oben rührte sich bereits etwas, als ich vorbeikam. Sie werden sicher gleich hier erscheinen. So! Wer ist für Sekt-Orange?«

»Ach, weißt du«, antwortete Hugo schmunzelnd, »Orangensaft zu einem perfekten Champagner hinzuzufügen, macht ihn nur süß, und Zucker ist bekanntlich Gift.«

Zoe schüttelte den Kopf. »Hugo! Champagner ist Alkohol! Den Orangensaft wegzulassen macht ihn nicht gesünder!«

»Du bist nur so pedantisch, weil du nicht trinkst«, erwiderte er. »Ich jedenfalls bevorzuge den Champagner pur.«

»Es ist Weihnachten: Du bekommst ihn so, wie du ihn magst.« Rupert entfernte die Folie vom Korken.

»Ich glaube, ich komme genau im richtigen Moment«, sagte Gideon. »Hoch die Tassen!« Er küsste seine Frau auf die Wange. »Also, was gibt's zum Frühstück? Rührei und Räucherlachs? Soll ich es zubereiten, Rupes?«

Rupert nickte erfreut. »Ja, bitte.«

»Ich bin schon halb verhungert«, erklärte Zoe.

»Ich auch«, pflichtete Étienne ihr bei, während er pürierte Banane von einem winzigen Kinn abwischte.

»Dann nichts wie los!«, rief Gideon.

Meggie war überrascht, sich inmitten dieser coolen Leute, die einander schon lange kannten, so entspannt zu fühlen. So war sie sonst nicht. Obwohl sie Immi an Sarah weitergereicht hatte, als diese zu ihnen gestoßen war, fühlte sie sich keineswegs hilflos.

Erfreut hatte sie festgestellt, dass Étienne sich große Mühe gegeben hatte, am Frühstückstisch neben ihr zu sitzen. Als sich alle um den Tisch versammelt hatten und voller Appetit zugriffen, fragte sie: »Wann öffnet ihr immer die Weihnachtsgeschenke? Ich müsste noch ein paar Kleinigkeiten einpacken.«

»Oje, und das nur, weil du so viel Zeit damit verbracht hast, meine Geschenke einzuwickeln«, sagte Fenella mit vollem Mund.

»Es gibt da eine kleine Kontroverse«, erklärte Rupert. »In meiner Familie mussten wir immer bis nach dem Tee warten.«

»In meiner fand die Bescherung gleich nach dem Frühstück statt«, fügte Fenella hinzu. »Und dies hier ist mein Haus!«

Meggie wurde klar, dass die beiden diese Diskussion nicht zum ersten Mal führten.

»Na gut«, meinte Rupert, »dann machen wir jetzt den ersten Teil auf und halten ein paar der Päckchen für später zurück. Wie wäre es, die Geschenke für die Erwachsenen nach dem Tee zu öffnen?«

»Wann essen wir den Truthahn?«, fragte Gideon. »Und sollen Zoe und ich uns darum kümmern?«

»Ja, bitte«, sagten Rupert und Fenella wie aus einem Mund.

»Wir kennen da keine Revierprobleme«, fuhr Fenella fort. »Wir haben auch so noch genug zu tun. Normalerweise essen wir ungefähr um drei. Irgendwie schaffen wir es nie früher.«

»Ich kann die Kartoffeln und den Rosenkohl übernehmen«, erbot sich Meggie. »Zumindest, wenn ich mich nicht gerade um die Kinder kümmere.« Weil es ihr ein wenig peinlich war, dass alle sie ansahen, fühlte sie sich verpflichtet hinzuzufügen: »Wenn ich bei meinem Vater feiere, bin ich immer für die Kartoffeln und den Rosenkohl zuständig.«

»Wir packen alle mit an«, entschied Fenella, »allerdings lassen wir die Großeltern lieber außen vor.« Sie unterbrach sich. »Meine Mum und ich betrinken uns immer ein bisschen, während wir die Kartoffeln schälen, und sehen, wer von uns schneller ist. Sie arbeitet lieber mit dem Messer, ich bevorzuge den Sparschäler …« Sie räusperte sich. Offenbar vermisste sie ihre Mutter.

Fenella atmete nach dem Frühstück noch einmal kurz durch und genoss ein paar Augenblicke der Stille, während die anderen ihre Geschenke zusammensuchten und Rupert die Mädchen anzog. Da hörte sie ihre Schwiegereltern, die sich lautstark über die Treppe, den leicht abgestoßenen Lack und alles andere beschwerten, was sie auf ihrem Weg in die Küche entdeckten.

Fenella trat rasch in den Flur und wartete dort auf sie. »Guten Morgen! Frohe Weihnachten! Ich hoffe, ihr habt gut geschlafen. Gehen wir doch ins Wohnzimmer.«

»Wo sind all die anderen?«, erkundigte sich Lady Gainsborough frostig, ohne auf Fenellas »Frohe Weihnachten« einzugehen.

»Sie sind dabei, die Geschenke unter den Baum zu legen«, antwortete Fenella und war Gideon und Étienne unendlich dankbar, dass sie im Kamin eine solche Höllenglut entfacht hatten, dass jede andere Heizung fast überflüssig wurde.

Fenella begleitete ihre Schwiegereltern in den Salon, wo sie erfreut und erstaunt ihre Kinder entdeckte, die hübsch angezogen waren und mit einem Zug zum Aufziehen spielten, einem Geschenk von Zoe und Gideon.

Meggie saß bei ihnen auf dem Boden, um die Waggons bei Bedarf wieder auf die Schienen zu setzen. Die Babys, die sich beim Frühstück noch recht lautstark bemerkbar gemacht hatten, schliefen nun friedlich in ihrem riesigen Kinderwagen, der in einer ruhigen Ecke stand.

»Setzt euch ans Feuer«, schlug Fenella vor. »Kinder? Kommt, wünscht euren Großeltern fröhliche Weihnachten.« Sie lächelte ermutigend, weil sie wusste, dass Glory und Simmy nicht begeistert sein würden.

Meggie verstand sofort und erhob sich. »Kommt, Mädels! Lasst uns Fröhliche Weihnachten sagen!«

Lord und Lady Gainsborough musterten die Kinder.

Himmel, dachte Fenella, die beiden erinnern mich an Charaktere von Roald Dahl! Sie begutachten die Mädchen, als wären sie Straßenkinder.

»Los«, flüsterte Meggie. »Sagt Frohe Weihnachten!«

»Frohe Weihnachten, Oma und Opa!«, rief Glory. Simmy plapperte es ihr sofort nach.

»Fenella!«, rügte Lady Gainsborough. »Ich dachte, wir hätten uns klar ausgedrückt, wie wir von unseren Enkeln angesprochen werden wollen! ›Großmutter‹ und ›Großvater‹, wie wir auch zu unseren Großeltern gesagt haben!«

»Sie sind nur ein bisschen durcheinander«, erklärte Fenella. »Nichts für ungut.«

Aber ihre Schwiegermutter tat nichts lieber, als sich beleidigt zu fühlen.

»Und wer sind Sie?«, wollte Lady Gainsborough von Meggie wissen.

»Ich bin Meggie und nur für ein paar Tage hier, um mit den Kindern zu helfen. Wir haben uns gestern beim Abendessen bereits kennengelernt.«

Lady Gainsborough nickte nur zustimmend, winkte

die Kinder mit ihrer runzeligen, schwer beringten Hand fort und griff nach dem Heft mit dem Kreuzworträtsel, das man eigens für sie dort hingelegt hatte. Ihr Gatte grunzte und nahm eine alte Ausgabe von *Punch* zu Hand, die Fenella für ihn aus irgendeiner Kiste ausgegraben hatte.

Nachdem die unangenehme Situation vorüber war und die Kinder wieder mit Meggie und Étienne spielten, atmete Fenella auf. Sie nahm die Gelegenheit wahr, nach oben in ihr Badezimmer zu gehen, um sich die Zähne zu putzen. Vielleicht würde sie sogar mutig genug sein, den Schwangerschaftstest zu machen, der tief in ihrer Handtasche versteckt war. Den Aufschub hatte sie vor sich selbst damit gerechtfertigt, dass sie mit den Weihnachtsvorbereitungen so beschäftigt war, aber eigentlich wusste sie, dass es nur Feigheit war. Sie hatte sich gestresst gefühlt und nicht gewollt, dass dieser Stress einen – vielleicht – sehr glücklichen Moment verderben könnte.

Eine halbe Stunde später kehrte Fenella in den Salon zurück und fühlte sich für den bevorstehenden Tag gerüstet. Sie hatte etwas Make-up aufgelegt und trug einen neuen Pullover zu ihren Jeans. Alle saßen bei Drinks zusammen und unterhielten sich angeregt. Amüsiert erkannte Fenella, wie ihre sonst so steife Schwiegermutter angesichts des geballten Charmes von Hugo, Gideon und Étienne förmlich dahinschmolz. Vielleicht lag es daran, dass Étienne Franzose war; er gab sich respektvoll und flirtete gleichzeitig ein bisschen mit Lady Gainsborough, was der alten Dame offensichtlich sehr gefiel. Alles wird gut werden, dachte Fenella. Uns allen steht ein perfektes Weihnachten bevor!

Und dann gingen alle Lichter aus.

Fenella hörte einen unterdrückten Fluch, gefolgt von einem Hustenanfall ihres Mannes. »Vermutlich ist eine Sicherung rausgeflogen«, sagte er. »Ich gehe mal nachsehen.«

»Ich komme mit«, erklärte Gideon, »nur für den Fall, dass wir einen Plan B zum Kochen brauchen.«

Angesichts der vielen batteriebetriebenen Lichterketten, die neben geschmackvollen grünen Sträußen den Salon schmückten, waren die Tischlampen nicht wirklich notwendig. Wenn aber der Grund für den Stromausfall mehr als nur eine Sicherung war, könnte es ein Problem geben. Der Aga-Herd hatte zwar vier Backöfen, doch sie hatten geplant, auch den Elektroherd zu benutzen.

»Haben alle noch genug zu trinken?«, fragte Fenella und wünschte, sie könnte sich selbst einen Drink gönnen.

»Darum kümmere ich mich«, sagte Hugo. »Setz du dich erst einmal hin.«

Fenella gehorchte, war aber bereit, jederzeit wieder aufzuspringen. Dass alle Lichter ausgegangen waren, verursachte ihr ein ungutes Gefühl. Sie hatten erst kürzlich die Elektrik des Hauses komplett erneuert. Ein Stromausfall wäre damit wahrscheinlicher als eine herausgesprungene Sicherung. Sie zog ihr Handy aus der Tasche. »Ich gehe einfach mal auf Twitter. Vielleicht weiß da jemand, was los ist.«

»Aber doch nicht an Weihnachten!«, wandte Lady Gainsborough ein. Sie klang schockiert.

»Doch«, erklärte Étienne, »meine Großmutter hat auch Angst vor der neuen Technik. Aber sie kann wirklich nützlich sein. Ich habe übrigens Fotos von meiner

Familie und unseren Weinbergen auf dem Handy gespeichert. Château de Saint-Vire – es ist berühmt, *n'est-ce pas?*«

Offensichtlich war es tatsächlich berühmt. Sogar Lady Gainsborough, die sich weniger für Wein interessierte als ihr Ehemann, reagierte positiv. »Kann ich die Bilder einmal sehen?«

»*Certainement.*«

Als Fenella Étienne mit ihrer Schwiegermutter die Fotos anschauen sah, hoffte sie, dass es auch einige vom Schloss gab. Rupert und sie hatten welche gesehen, die Lady Gainsborough sicher beeindrucken würden!

Fenella fand schnell heraus, dass es sich um einen lokal begrenzten Stromausfall handelte, doch noch wusste niemand, wie lange es dauern würde, bis die Panne behoben werden konnte. An den Weihnachtsfeiertagen und ohne schlechte Wettervorhersage waren vermutlich nicht viele Ingenieure in Bereitschaft.

Kurz darauf erschien Rupert mit den gleichen Informationen. Sie gingen hinaus in den Gang, um ungestört reden zu können.

»Was sollen wir jetzt tun?« Fenella dachte daran, dass Teile des Hauses nun immer kälter werden würden, wenn die zusätzlichen elektrischen Heizkörper nicht mehr arbeiteten.

»Gideon hat vorgeschlagen, den Truthahn auf dem Grill zuzubereiten, aber damit sollten wir gleich anfangen. Alles andere dürfte mehr oder weniger in den Aga passen, da gibt es also kein Problem. Gott sei Dank sind wir nicht komplett auf Strom angewiesen. Außerdem haben wir ein paar Campinglampen. Ich hole sie gleich, solange noch Tageslicht da ist.«

Plötzlich kam Fenella etwas in den Sinn. »Das Cottage! Geralds Cottage! Die armen Leute! Sie sind zu sechst und haben keine Möglichkeit, ihr Weihnachtsessen zuzubereiten …«

Ruperts Gesichtsausdruck bestätigte sie in ihren Befürchtungen. »Schlimmer noch: Dieser armselige kleine Holzofen gibt so gut wie keine Wärme ab.«

»Das ist schlimm, Rupe. Du weißt, wie ich zu Menschen stehe, die auf sich selbst angewiesen sind. Mir würde es nicht gefallen, ein Weihnachtsessen in diesem Cottage zu kochen, selbst wenn es keinen Stromausfall gäbe. Wir müssen sie einladen, wenigstens zum Essen«, drängte Fenella.

Rupert nickte. »Ich weiß, du wärst nicht glücklich, wenn wir sie dort sich selbst überließen. Kannst du sie holen?«

»Kannst du nicht gehen?«, bat Fenella überrascht. »Ich habe hier genug zu organisieren.«

»Ich muss den Grill besorgen …«

»Nein, musst du nicht! Er ist im Schuppen. Gideon und Hugo sind durchaus dazu in der Lage, ihn zu holen. Und dann sind da noch die Kinder …«

»Die Kinder haben Meggie.«

»Ich kann Meggie nicht im Stich lassen! Was ist mit deinen Eltern?«

»Sie werden schon zurechtkommen. Stromausfälle sind nichts Besonderes für sie. Ich sorge dafür, dass sie ausreichend Licht haben. Ältere Menschen sind in solchen Dingen viel härter im Nehmen, als du denkst.«

»Aber warum kannst du nicht zum Cottage hinübergehen?«

Rupert wirkte ein wenig schuldbewusst. »Es gibt da noch etwas, das ich erledigen muss.« Er legte die Hände auf ihre Schultern und küsste Fenella. »Es tut mir wirklich leid, Liebling, du musst dich selbst darum kümmern.«

Obwohl Fenella sich zunächst darüber geärgert hatte, dass Rupert nicht zum Cottage gehen wollte, fand sie es nun sehr angenehm, ein wenig abseits des Weihnachtstrubels zu sein. Normalerweise pflegte sie während der Festtage einen Spaziergang zu organisieren, aber mit so vielen Menschen und Babys im Haus hatte sie in diesem Jahr darauf verzichtet.

Eigentlich hätte sie zum Cottage laufen können, doch sie entschied sich, mit dem Auto zu fahren, falls die Leute etwas nach Somerby mitnehmen wollten. Wenn das Cottage tatsächlich eiskalt und unbewohnbar war, könnte sie sie sogar im kürzlich umgebauten Kuhstall unterbringen. Fenella erinnerte sich, wie sie selbst gesagt hatte, dass es an Weihnachten darum ging, Entwurzelten oder Einsamen eine Bleibe zu bieten, und war bereit, ihren Worten nun auch Taten folgen zu lassen. Zumindest war der Stall mit einem guten Holzofen ausgestattet.

Eine Frau in Fenellas Alter öffnete die Tür. Sie sah beunruhigt aus und schien über den Besuch nicht erfreut zu sein.

Fenella setzte ein einnehmendes Lächeln auf. »Hi! Frohe Weihnachten! Ich wollte nur hören, ob bei Ihnen der Strom ausgefallen ist. Ich bin Fenella Gainsborough. Wir wohnen drüben in dem großen Haus. Ich bin diejenige, die Ihnen das Willkommenspaket hingestellt hat. Wenn Gerald, der Eigentümer, nicht da ist, kümmern wir uns um das Cottage.«

Die Frau nickte. »Hi. Stimmt, wir haben keinen

Strom. Und alles in diesem elenden Cottage wird elektrisch betrieben! Mein Name ist Sam, also eigentlich heiße ich Samantha.«

»Wollen Sie nicht zu uns hinaufkommen und das Weihnachtsessen mit uns genießen? Wir essen gegen drei Uhr – gleich nach der Weihnachtsansprache der Königin. Aber wenn Sie frieren, können Sie auch sofort mitkommen.«

»Treten Sie bitte ein«, bat Sam. »Das ist wirklich nett von Ihnen.«

Fenella betrat das Cottage und fand eine bedrückte kleine Familie vor, die sich um den Holzofen drängte, der eher zur Dekoration als zur Wärmeerzeugung taugte. Der Familienvater in einem Weihnachtspullover blickte besorgt drein, zwei kleine Jungen, denen der Stromausfall offenbar herzlich egal war, spielten mit ihren Gameboys, und ein älteres Ehepaar sah unglücklich und schlecht gelaunt zugleich aus.

»Hallo, zusammen!«, begrüßte Fenella die Runde. »Dieser Stromausfall trifft uns wirklich zur ungünstigsten Zeit. Ich habe vorgeschlagen, dass Sie alle zu uns kommen. Zwar haben wir ebenfalls kein elektrisches Licht, aber wir besitzen einen riesigen Aga-Herd, im Kamin brennt ein wunderbares Feuer, und meine abgehärteten männlichen Gäste planen, den Truthahn draußen auf dem Grill zuzubereiten.« Sie unterbrach sich. »Und das scheint wirklich gut zu funktionieren.«

Die ältere Frau, die so nah am Ofen saß, dass sie ihn fast berührte, sagte: »Das können wir Ihnen und Ihrer Familie am Weihnachtstag doch nicht zumuten.«

Sie klang so sehr nach ihrer Schwiegermutter, Lady Gainsborough, dass Fenella fast lachen musste. »Es wäre wirklich keine Zumutung«, entgegnete sie mit fester

Stimme. »Wir würden Sie gern bei uns begrüßen. Und da wir ohnehin schon eine ziemlich große Gesellschaft sind, können wir Sie auch gleich in die bunte Schar aufnehmen.« Sie merkte zu spät, dass sie sich wohl etwas anders hätte ausdrücken sollen, und legte die Hand auf Sams Arm. »Gehen wir kurz in die Küche. Ich kann das genauer erklären ...«

»Oh ja, gern!«, stimmte Sam schnell zu. »Wir können ein Glas Sherry trinken.«

Die winzige Küche würde sich gut als Kühlraum in einem Restaurant eignen, dachte Fenella. Auf dem Tisch standen eine offene Flasche und ein halb volles Glas Sherry.

»Um ehrlich zu sein, es wäre geradezu lebensrettend, zu Ihnen zu kommen«, sagte Sam. »Abgesehen davon, dass wir das blöde Essen nicht kochen können, leiden meine Schwiegereltern fürchterlich unter der Kälte. Sie sind ohnehin schon recht schwierig, und ich möchte nicht, dass sie sich auch noch stark erkälten.« Sam griff nach der Sherry-Flasche und blickte Fenella einladend an. »Ich habe mich in diesen Tagen in eine heimliche Trinkerin verwandelt. Henry, mein Mann, traut sich nicht, auch nur den kleinsten Tropfen zu sich zu nehmen. Es könnte ja sein, dass er seine Eltern ins Krankenhaus bringen muss oder so.«

»Ich habe auch meine Schwiegereltern zu Besuch, und sie sind ebenfalls ziemlich anstrengend. Glücklicherweise sind auch gute Freunde da, die ganz toll sind. Außerdem gibt es jede Menge zu essen und richtig viel Platz. Es würde keine Mühe bedeuten, wenn Sie zu uns kämen, und Sie müssten nicht heimlich trinken.« Sie zwinkerte Sam zu. »Meine Leute haben schon beim Frühstück mit dem Champagner angefangen.«

»Sie nicht?«

Fenella schüttelte den Kopf. »Im Moment nicht. Ich muss meine fünf Sinne ein bisschen zusammenhalten. Leider fürchte ich, dass meine Kinder zu jung sind, um für Ihre interessant zu sein; außerdem ist ein sechs Monate altes Zwillingspärchen zu Besuch. Aber die nette Meggie geht uns mit den Kindern zur Hand, und ein französischer Bekannter ist da, der Kinder vergöttert. Er würde mit Ihren beiden Jungs gut zurechtkommen.«

»In diesem Fall kommen wir natürlich gern. Das ist so nett von Ihnen! Ich bin sicher, Henry wird ebenfalls sehr dankbar sein, und wenn seine Eltern es nicht sind – nun, sie sind sowieso immer unzufrieden!«

»Genau wie meine Schwiegereltern. Ich habe vollstes Verständnis. Aber das Haus ist groß genug, um sich im Notfall aus dem Weg zu gehen. In der Scheune haben wir übrigens ein Spielzimmer und eine Tischtennisplatte.« Fenella machte eine Pause. »Vielleicht wollen Sie ja noch ein paar Vorbereitungen treffen? Kommen Sie, sobald Sie bereit sind. Sie wissen, wo wir wohnen?«

Fenella machte sich auf den Weg nach Hause, nachdem sie sich vergewissert hatte, dass die Familie Somerby ohne Schwierigkeiten finden würde, und fragte sich, wie alles ohne sie weitergegangen war.

In der Küche fand sie Zoe, Sarah und Hugo, die im Licht einer ziemlich trüben Sturmlampe Gemüse vorbereiteten. Meggie saß auf dem Sofa mit Immi auf dem Schoß, während sie Ted in seiner Kinderwippe mit dem Fuß schaukelte. Trotz der spärlichen Beleuchtung wirkte die Gesellschaft sehr fröhlich. Ihre Töchter waren vermutlich bei Rupert.

»Sie kommen«, verkündete Fenella. »Die Ärmsten!

Selbst mit Heizung ist das Cottage eigentlich viel zu klein für sie. Sam – das ist die Mutter – hat ebenfalls ihre Schwiegereltern da, und sie scheinen aus dem gleichen Holz geschnitzt zu sein wie meine. Ist Rupe bei den Herrschaften?«

»Keine Ahnung, wo er sich herumtreibt«, antwortete Zoe, während sie vorsichtig ein Auge aus einer Kartoffel schnitt. »Warum setzt du dich nicht ein bisschen hin?«

Fenella winkte ab. »Wenn es die Schwiegereltern oben gemütlich haben und sie mit Drinks versorgt sind, bereite ich die Snacks vor, die uns helfen, bis zum Truthahn durchzuhalten.« Sie ging zu einem großen Kühlschrank und öffnete die Tür. »Was soll man servieren, wenn man um drei so viel auftischt? Aber zwischen Frühstück und Truthahn braucht man etwas. Ruperts Eltern lieben Sandwiches. Der Belag ist fertig gekauft, doch verrate ihnen das bloß nicht! Sie wären entsetzt. Es gibt geräucherten Lachs und deine Blinis.«

»Jetzt setz dich endlich mal hin, Fen!«, schimpfte Zoe. »Ich kümmere mich schon um die Sandwiches. Wann kommen unsere neuen Gäste?«

»Weiß ich noch nicht«, antwortete Fenella und fand es überraschend angenehm, sich setzen zu dürfen. Das gedämpfte Licht wirkte beruhigend. »Ich nehme an, wir hören, wenn sie ankommen. Obwohl es schwieriger geworden ist, seit wir keine Hunde mehr haben, die anschlagen, wenn jemand an der Tür ist.«

Ungefähr zwanzig Minuten später hatte Hugo die Gesellschaft verlassen und war hinausgegangen, um nachzuschauen, was der Truthahn auf dem Grill machte; Sarah hatte die schlafende Immi übernommen, Meggie und Zoe hatten einen ganzen Berg Sandwiches zubereitet, und Fenella, die es nicht lange im Sessel aushielt, hatte mehrere Dutzend Portionen Räucherlachs auf Blinis mit einem Klecks saurer Sahne verziert. Jetzt schmückte sie die Kleckse mit kleinen schwarzen Kaviarperlen.

»Gut«, meinte Fenella schließlich, »die nehmen wir mit nach oben.« Sie griff nach einem Teller.

»Lass mich das machen«, sagten Zoe und Meggie wie aus einem Mund.

»Immer mit der Ruhe, ihr beiden! Ich übernehme die Sandwiches, und einer von euch kann die Blinis hochtragen. Ich denke, wir sollten sie besser im Salon essen, oder? Von dort oben hören wir die Türklingel auch, und uns entgeht nicht, wenn die Leute aus dem Cottage kommen.«

Lord und Lady Gainsborough saßen am fröhlich prasselnden Feuer im Schein einer Campinglaterne und lasen. Ansonsten war der Raum leer. Fenella fiel auf, wie hübsch das nur von Lichterketten, Kerzen und der Lampe beleuchtete Zimmer aussah.

»Wo steckt Rupert bloß?«, fragte sie. Er hatte seine Eltern mal wieder sich selbst überlassen. Vermutlich hatte er sich davongemacht, um ein Geschenk zu verpacken.

»Nun, Fenella, wir wissen es nicht«, erklärte Lady Gainsborough verärgert. »Er ist schließlich *dein* Mann. Wir haben ihn nicht mehr gesehen, seit er uns die Lampe gebracht hat.«

»Sind die Mädchen bei ihm?«, fragte Fenella besorgt.

»Die beiden spielen mit dem Puppenhaus«, beruhigte Meggie sie schnell. »Étienne ist bei ihnen. Sie basteln eine Deko aus Lametta. Keine Ahnung, wie sie das beim Licht einer einzelnen Taschenlampe schaffen wollen, aber sie sind glücklich.«

Was für ein toller Mann, dachte Fenella und beschloss, dass sie noch eine Flasche guten Brandy aus dem Keller zu Étiennes Geschenk hinzufügen würde, das zurzeit aus einem Kaschmirschal bestand, den sie einmal für Rupert gekauft hatte. Doch er hatte ihn bis heute nicht aus der Plastikhülle gewickelt.

»Meggie«, sagte Fenella, »wärst du bitte so lieb, die Männer hereinzuholen, wenn sie den Grill für eine Sekunde verlassen können? Sie müssen etwas essen, und wir brauchen sie, um bei den Getränken zu helfen.«

Meggie lief die Treppe hinunter und ging hinaus in den Hof, wo Gideon und Hugo, in Schals und Wollmützen gehüllt, neben dem Grill standen. Sie hatten Gläser in der Hand und lachten.

»Macht mal ein Päuschen«, rief sie. »Fen braucht euch.«

»Okay«, rief Gideon sofort. »Schon unterwegs.«

Meggie nahm sich die Zeit, das untere Bad aufzusuchen, um sich ein bisschen auf Vordermann zu bringen. Alle hier schienen ziemlich lässig mit dem Thema »Weihnachtsoutfit« umzugehen. Ihre Stiefmutter trug immer ein neues kleines Schwarzes (jedes Mal kleiner und schwärzer als das vom Vorjahr) und lief auf schwindelerregend hohen Absätzen und in voller Kriegsbemalung herum. Meggie und ihre Mutter machten sich gern über die Fotos lustig, die Ignatia auf Facebook postete und auf denen sie aussah, als wäre sie nie auch nur in die Nähe der Küche gekommen. Was ziemlich genau der Wahrheit entsprach, wie Meggie nur zu gut von ihren Weihnachtsbesuchen wusste.

Hier jedoch schienen alle Jeans und Pullover zu tragen, die durchaus schön, aber auch sehr zwanglos waren. Trotzdem hatte Meggie sichergehen und sich nicht zu nachlässig kleiden wollen. Immerhin wollte sie Étienne beeindrucken. Er sah in seiner Kleidung unglaublich stylish aus, und Meggie versuchte, da mitzuhalten, so gut sie eben konnte. Leider konnte sie im Badezimmerspiegel kaum etwas sehen, obwohl ein umsichtiger Zeitgenosse ein paar Teelichter auf dem Waschbeckenrand aufgestellt hatte. Sie konnte gerade so eben ihr Spiegelbild erkennen: dunkles, leicht gewelltes, mit einem Haargummi zusammengehaltenes Haar, aus dem sich einige Strähnen gelöst hatten, die sich nun auf ihren Schultern ringelten. Der bequeme rote Pullover, den sie am Morgen angezogen hatte, sah gut aus und brachte ihre Kurven hübsch zur Geltung.

Je länger Meggie mit diesen netten Leuten in Somerby Umgang hatte – ganz besonders mit Étienne –, desto klarer wurde ihr, dass ihr Mangel an Selbstvertrauen ausschließlich auf die ständige Kritik ihrer Stiefmutter zurückzuführen war. Die aber entstammte Ignatias eigener Unsicherheit und sollte Meggie eigentlich nicht beeinflussen. Ermutigt warf sie einen letzten Blick in den Spiegel und ging dann zurück in den Salon.

Meggie trat gerade rechtzeitig ein, um Hugo sagen zu hören: »Ich habe gerade eine SMS von Rupert bekommen.«

»Du hast eine SMS von ihm bekommen?«, fuhr Fenella auf. »Was steht drin, um Himmels willen?«

Die kleinen Mädchen schauten ihre Mutter verwundert an, und Meggie ahnte, dass sie sie wohl nicht oft so aufgebracht erlebten.

Meggie ging zu ihnen hinüber. »Habt ihr Hunger? Wie wäre es mit ein bisschen Räucherlachs?«

»Er schreibt nur, dass er mal kurz wegmusste«, entgegnete Hugo schuldbewusst. Mit einer Flasche Champagner in der Hand ging er zu Lady und Lord Gainsborough.

Aber der alte Herr winkte ab. »Whisky«, sagte er. »Oder, noch besser: Whisky-Punsch. Hat Rupert keinen gemacht? Das ist nämlich eines der wenigen Dinge, die er wirklich gut beherrscht.«

»Rupert ist uns offenbar abhandengekommen«, sagte Fenella, die sichtlich darum kämpfte, ihren Ärger zu verbergen.

Zoe stellte sich neben sie. »Wirklich, Fen, es ist alles in Ordnung. Er ist nicht ›abhandengekommen‹. Er ist einfach nur mal kurz weg, wie Hugo gesagt hat. Wir sollten jetzt alle etwas essen, und dann können wir vielleicht die Geschenke auspacken.«

»Bei uns wurde immer erst nach dem Essen beschert«, sagte Lady Gainsborough missbilligend. »Und damit meine ich den Truthahn, nicht etwa ein Sandwich.« Allerdings schien sie die Sandwiches zu mögen, denn auf ihrem Teller lagen gleich vier davon.

Zoes Bemerkung rüttelte Fenella wach. »Richtig! Die Geschenke! Wir verteilen sie und fangen schon einmal an, sie auszupacken. Glory, Schätzchen, kannst du die Geschenkanhänger lesen? Dann könntest du nämlich die Geschenke für jeden Einzelnen auf einen eigenen Stapel legen.« Sie hielt inne. »Natürlich könnten unsere Gäste jeden Moment ankommen – das ist sogar ziemlich wahrscheinlich –, aber wir können nicht länger mit der Bescherung warten. Blöder Rupert!«, entfuhr es ihr leise.

Meggie half den Mädchen, und Étienne unterstützte sie dabei. Bemerkenswert schnell hatten sie alle Geschenke auf Stapel verteilt. Es stellte sich heraus, dass die Erwachsenen, abgesehen von den Schwiegereltern, ihr selbst und Étienne nur je ein Geschenk erhielten. Gerührt und überrascht stellte Meggie fest, dass ihr eigener Stapel aus fünf Geschenken bestand, und das, obwohl bis zum Tag vor Heiligabend niemand gewusst hatte, dass sie kommen würde.

Sie selbst schenkte Fenella und Rupert eine Schachtel selbst gebackener Plätzchen. Für Glory und Simmy gab es eine Auswahl an Malbüchern sowie Perücken und Kleider, damit sich die kleinen Mädchen als Elsa und Anna aus *Die Eiskönigin* verkleiden konnten.

Meggie spürte, dass Fenella nervös war. Immer wieder schaute sie auf die Uhr und schien sich zu fragen, wo um alles in der Welt Rupert steckte. Da klingelte es an der Tür, gerade als Fenella verkündete: »So. Die Ältesten zuerst. Großvater, mach dein erstes Geschenk auf!«

»Ich gehe!«, rief Fenella, und ehe jemand anderes etwas sagen konnte, verschwand sie aus dem Zimmer.

Meggie traf eine einsame Entscheidung. Die kleinen Mädchen, die ihrer Meinung nach die Geduld von Heiligen bewiesen hatten, wurden langsam unruhig. Sie flüsterte ihnen zu: »Macht schon mal meine Geschenke auf. Es sind die beiden da. Aber seid dabei leise, damit eure Großmutter nicht ärgerlich wird.«

Doch Lady Gainsborough war bereits verärgert. Hugo hatte ihr tapfer erklärt, wer gerade ankam, worauf sie mit lauter Stimme antwortete: »Ich sehe wirklich nicht ein, warum ausgerechnet zu Weihnachten Wildfremde ins Haus kommen müssen! Aber meine Meinung ist wohl nicht gefragt!« Sie blickte sich im Wohnzimmer um, und ihr Gesichtsausdruck machte klar, dass die Anwesenden in den Augen der Lady ebenfalls als Fremde galten.

Wie dumm, dachte Meggie, dass Lady Gainsboroughs arrogante Bemerkung auch von der Familie gehört wurde, die gerade verlegen den Raum betrat.

Fenella stellte alle schnell einander vor und sagte zum Schluss: »So, Mr. und Mrs. Williams, setzen Sie sich doch zu meinen Schwiegereltern ans Feuer.«

Meggie rechnete mit einer scharfen Bemerkung von Lady Gainsborough, doch die Lady hob nur die Campinglaterne hoch und inspizierte das Paar, dem sie vorgestellt worden war. »Ich nehme nicht an, dass Sie Bridge spielen, oder? Meine Familie ist dabei, die Geschenke zu öffnen, und ich kann mir nichts Langweiligeres vorstellen, als mich für jedes Paar Socken und jede Krawatte begeistern zu müssen.«

Meggie wurde bewusst, dass sie Glorys Hand etwas zu fest umklammerte, und ließ sie los.

»Oh doch, wir spielen Bridge!«, sagte die ältere Mrs. Williams. »Sehr gern sogar. Wir bedauern es, dass unser Sohn eine Frau geheiratet hat, die nicht spielt. Haben Sie Karten?«

»Natürlich haben wir Karten!«, erklärte Fenella.

Ihre Schwiegermutter schüttelte sich. »Wir meinen keine Mau-Mau-Karten! Mein Ehemann und ich reisen immer mit unseren eigenen Karten, in der Hoffnung, dass wir eine Vierergruppe zusammenbekommen. Sie liegen in unserem Zimmer.«

»Wir haben einen Kartentisch«, sagte Fenella und ergriff die willkommene Gelegenheit, die älteren und schwierigeren Gäste glücklich zu machen.

»Sag mir, wo er ist«, meinte Hugo. »Ich schaffe ihn her.«

»Und ich hole Ihre Spielkarten, Lord und Lady Gainsborough«, bot Gideon an, »wenn es Ihnen recht ist.«

Während alle in Aktionismus verfielen und die Neuankömmlinge innerhalb weniger Minuten mit Getränken, einem Kartentisch und ihren eigenen, von Sam mitgebrachten Weihnachtsgeschenken versorgten, konzentrierte sich Meggie auf die Mädchen. Étienne und die etwa zehnjährigen Jungen waren bereits in eine Unterhaltung über Sport vertieft.

»Ich fürchte, ich bin fast zu erschöpft, um Geschenke zu öffnen«, sagte Fenella und ließ sich seufzend in einen Sessel fallen.

In diesem Moment ging die Tür auf. »Tja«, meinte Rupert und trat mit einem großen Karton ins Wohnzimmer, »dieses hier musst du aber öffnen, Schatz.«

Er stellte mit einem erwartungsvollen Gesichtsausdruck den Pappkarton auf Fenellas Schoß, doch ehe sie ihn näher begutachten konnte, hob sich ganz von selbst der Deckel, und ein schwarzer Labrador-Welpe krabbelte heraus. Fenella stieß einen Freudenlaut aus, nahm den Kleinen in die Arme und drückte ihn an sich. »Oh, Rupert«, sagte sie mit Tränen in den Augen, »du bist verrückt! Wunderbar – aber verrückt!«

Niemand im Raum zweifelte daran, dass sie gerade das schönste Geschenk der Welt bekommen hatte. Fenella vergrub die Nase in dem wuseligen Bündel. »Riechen Welpen nicht himmlisch? Wie sollen wir ihn nennen, meine Lieben?«

»Etwas Weihnachtliches!«, rief Glory, die über das ganze Gesicht strahlte.

»Sie hat recht – es sollte etwas Weihnachtliches sein«, stimmte Rupert zu.

»Vielleicht Rudolph«, schlug Simmy schüchtern vor.

»Was für eine geniale Idee, meine kleine Cymbeline!«, jubelte Rupert, hob sie hoch und umarmte sie. »Nur sollten wir sie vielleicht Rudie nennen, denn sie ist ein Mädchen.« Er drückte Simmy noch einmal an sich und sagte: »Und jetzt: Wo sind meine Geschenke?«

Auf dem riesigen Tisch im Speisesaal standen silberne Kandelaber mit jeweils vier brennenden Kerzen. Dazwischen waren die Speisen aufgetischt: Röstkartoffeln, gebratenes Gemüse, gedünsteter Rosenkohl mit Pancetta und gedünsteter Rosenkohl natur (Lady Gainsborough bevorzugte diese Variante). Es gab Platten mit Yorkshire-Pudding sowie von Familie Williams mitgebrachte Fischstäbchen und gebackene Bohnen, für den Fall, dass ihre Söhne sich weigerten, Truthahn zu essen. Da waren Kartoffel- und Karottenpüree für Sarahs Zwillinge und silberne Teller mit Nüssen und Rosinen, Chips und Käsekugeln (die Lord Gainsborough besonders liebte). Alles sah wunderschön und stimmungsvoll aus.

Auf jeder freien Oberfläche standen Kerzen. Über dem Kaminsims hing ein antiker Spiegel, der das flackernde Kerzenlicht reflektierte. Das Prasseln des Feuers unterstrich die heimelige Atmosphäre.

Am Kinderende des Tisches, das von Meggie und Étienne beaufsichtigt wurde, standen zwei große Marmeladengläser mit batteriebetriebenen Lichtern, die als Laternen dienten. Die beiden kleinen Mädchen trugen blonde Prinzessinnenperücken, die Babys Kronen aus Goldpapier. Sie saßen in Hochstühlen, und alle waren sehr, sehr entspannt. Von vielen Streicheleinheiten erschöpft, schlief Welpe Rudie auf einem Samtkissen vor dem Feuer.

»Nun, meine Liebe«, sagte Lord Gainsborough unvermittelt zu Fenella, die am Kopfende des Tisches saß. »Ich denke, wir sollten auf dich anstoßen. Du hast uns ein wirklich großartiges Weihnachtsfest ausgerichtet.«

»In der Tat«, stimmte seine Frau zu. »Ich finde, es war eines der besten Weihnachtsfeste überhaupt. Und es ist richtig schön, Weihnachten einmal ganz stilvoll im Kerzenschein zu feiern.«

Angesichts dieses Lobes aus einer so unerwarteten Richtung errötete Fenella, doch man sah ihr an, wie sehr sie sich darüber freute. »Oh, danke!«, sagte sie. »Ich bin froh, dass alles so gut geklappt hat.« Sie schaute Sams Schwiegereltern an, die beide sehr zufrieden wirkten.

»Es ist wunderbar, mit vernünftigen Bridge-Partnern zu spielen«, fuhr Lady Gainsborough fort. »Ein wahrer Glücksfall! Überhaupt Mitspieler zu finden ist bereits angenehm, aber Mitspieler auf dem gleichen Level ist mehr, als man hätte erwarten können.«

»Nun komm schon«, meinte Lord Gainsborough, der dank einer ansehnlichen Menge genossenen Alkohols in sehr guter Stimmung war, »stoßen wir an!«

»Lieber nicht«, wehrte Fenella ab. »Jedenfalls vorerst nicht. Eigentlich gibt es keinen besseren Augenblick, um es euch zu sagen: Ich bin schwanger.«

Einer überwältigten Stille folgten sehr schnell viele Glückwünsche.

Fenella suchte hastig Ruperts Blick, weil ihr klar wurde, dass es vielleicht besser gewesen wäre, zuerst mit ihm zu sprechen. Aber er sah sie mit einem so strahlenden Lächeln an, dass sie wusste, er war genauso begeistert wie sie. Was für ein perfektes Weihnachtsgeschenk für sie beide!

»Tolle Show, altes Mädchen!«, sagte Lord Gainsborough. »Vielleicht hast du dieses Mal Glück und bekommst einen Jungen.«

Zu Meggies großer Erleichterung schien Glory, die sonst die Ohren eines Luchses hatte, diesen nicht ganz einwandfreien Kommentar überhört zu haben. Denn sie rief vom anderen Ende des Tischs herüber: »Bedeutet das, dass du ein Baby bekommst?«

»Ja, Schatz«, bestätigte ihre Mutter liebevoll. »Ist das okay für dich?«

»Ja«, Glory nickte, dass ihre blonden Prinzessinnenlocken nur so flogen, »denn das heißt, dass wir nächstes Jahr beim Weihnachtssingen unser eigenes Jesuskind haben und nicht diese hässliche rosa Puppe mit dem gebrochenen Arm nehmen müssen.«

»Prima gemacht, Liebling«, sagte Rupert und küsste seine Frau. »Du hast die Mädchen vor der hässlichen rosa Puppe gerettet.«

»Ich schrecke eben vor keiner Mühe zurück, meine Familie glücklich zu machen«, erwiderte Fenella schmunzelnd und küsste ihn sehr ausgiebig zurück.

Meggie stand im Haus ihres Vaters und hielt ein Tablett mit gefüllten Champagnergläsern bereit. Es war Silvester, und sie trug den Kaschmirpullover in einem sehr schmeichelnden Rosa, den Fenella ihr zu Weihnachten geschenkt hatte, und dazu einen Minirock mit einem breiten Gürtel und Zoes Strumpfhose, in der ihre Beine umwerfend aussahen. Sie fühlte sich attraktiver und selbstbewusster als je zuvor. Leider wurden ihre Vorzüge gerade an einen Freund ihres Vaters verschwendet.

»Was studierst du eigentlich, Meggie?«, fragte er und starrte dabei ungeniert auf ihre Brust.

»Kunstgeschichte und Französisch«, antwortete Meggie und versuchte, ihm mit ihrem Tablett zu entkommen.

»Dann sprichst du also gut Französisch?«, fuhr der Mann fort.

»So einigermaßen.« Sie sprach es zwar recht gut, wollte aber nicht prahlen. »Ich muss jetzt wirklich ...«

In diesem Moment klingelte es. Ihre Stiefmutter, von Kopf bis Fuß in schwarzem Kunstleder, öffnete die Tür. Draußen stand Étienne, wie Meggie von ihrem Platz aus sehen konnte.

»Guten Abend«, sagte er mit seinem wunderbaren Akzent. »Ich heiße Étienne de Saint-Vire und möchte zu Meggie. Sie müssen ihre Mutter sein.« Er nahm Ignatias Hand und küsste sie. »Ist es nicht nett, dass sie mich eingeladen hat?«

»Ja, natürlich!«, gab Ignatia zurück. »Aber ich bin nicht Meggies Mutter!« Sie lachte gekünstelt. »Dazu bin ich kaum alt genug!«

»Oh, ich bitte vielmals um Verzeihung!«, sagte Étienne entschuldigend. »Erst jetzt sehe ich, dass Sie nicht ihre wunderschönen Augen haben.«

»Nein, doch ich habe ...«

Meggie beobachtete, wie ihre Stiefmutter sich in Gegenwart dieses überaus attraktiven jungen Mannes spreizte und geradezu schnurrte. Sie schauderte und konnte es kaum erwarten, ihrer Mutter zu berichten, wie grässlich peinlich Ignatia sich verhalten hatte.

Étienne hörte ihr jedoch gar nicht zu. »Ach, da drüben ist Meggie ja. Ich muss mit ihr reden. *Enchanté, Madame.*«

Mit wenigen Schritten war er bei ihr. Er nahm ihr das Tablett mit den Gläsern aus den Händen und stellte es ab. Dann bediente er sich und reichte ihr ebenfalls ein Glas.

Meggie glaubte, vor Glück sterben zu müssen. Erstens hatte er ihre Einladung per E-Mail angenommen, zweitens war er noch umwerfender als in ihrer Erinnerung, und zu guter Letzt hatte er offenbar ihre Stiefmutter bewusst geärgert, was sie ganz wunderbar fand.

»Hallo«, sagte sie und hoffte, dass ihr glückliches Lächeln sie nicht verriet. »Du bist gekommen.«

»Natürlich bin ich gekommen. Ich war geradezu entzückt, dich so bald wiedersehen zu dürfen.«

Ignatia ärgerte sich offenbar darüber, dass Meggie die gesamte Aufmerksamkeit dieses umwerfenden jungen Mannes beanspruchte. »Meggie! Du hast uns gar nicht gesagt, dass du einen Freund hast.«

»Meggie und ich sind noch kein Paar«, erklärte Étienne sanft. »Obwohl ich hoffe, dass sich das bald ändern wird. *Madame*«, wandte er sich an Ignatia, »ich soll Ihnen von meiner *grand-mère* ausrichten, dass sie um die Erlaubnis bittet, Meggie bei sich und unserer ganzen Familie auf unserem Schloss begrüßen zu dürfen. Und zwar zum Dreikönigsfest.«

»Oh«, sagte Ignatia kurz. »Da müssten Sie wohl Meggies Mutter fragen. Aber vielleicht kann Ihnen auch der Vater weiterhelfen. Liebling!« Sie beorderte ihren Ehemann an ihre Seite.

Étienne stellte sich vor. »Ich hoffe sehr, dass Meggie den Dreikönigstag mit meiner Familie und mir im Haus meiner Großmutter verbringen darf.«

»Es ist ein Château«, fügte Ignatia hinzu.

Meggies Vater schien unbeeindruckt zu sein. »Da müssen Sie Meggies Mutter fragen. Ich finde, ein französisches Château zu besuchen würde ihrem Französisch guttun.«

Meggie wunderte sich, warum Étienne sich genötigt fühlte, ihre Eltern um Erlaubnis zu bitten, und nahm an, dass es sich in Frankreich eben so gehörte.

Étienne wandte sich ihr zu. »Du sprichst Französisch?«

Meggie zuckte mit den Schultern. Sie wollte nicht gestehen, dass ihr Französisch ziemlich gut war – sie wäre ohnehin zu schüchtern, es vor ihm zu probieren. »Ein bisschen.«

»Sie hat die beste Note im ganzen Kurs«, warf ihr Vater stolz ein.

Meggie zuckte erneut mit den Schultern und ging davon aus, dass diese Information Étienne nichts bedeuten würde.

Aber das war keineswegs der Fall. »*Ah bon!*«, freute er sich. »Das ist eine ausgesprochen gute Nachricht. Meine Großmutter zieht es nämlich vor, mit ihren Gästen in ihrer Muttersprache zu sprechen.«

Meggies Vater nahm Ignatias Arm, um sie wegzuführen. »Frag deine Mutter, Meggie, aber von mir aus kannst du gern fahren«, sagte er.

Als sie allein waren, räusperte sich Meggie. »Ich kehre morgen nach Hause zurück. Hättest du Lust mitzukommen, falls du nicht morgen wieder arbeiten musst? Du könntest meine Mutter und meinen Stiefvater kennenlernen, und wir können ihnen von der Einladung nach Frankreich erzählen.«

»Gute Idee«, sagte Étienne. »Ich werde Gideon fragen, ob es möglich ist. Das Geschäft mit den Lebensmittelimporten läuft im Moment ruhig. Ich denke, das geht in Ordnung. Und jetzt …« Er schaute ihr tief in die Augen. In Meggies Bauch tanzten tausend Schmetterlinge. »Bald ist Mitternacht, *n'est-ce pas?*«

»*Oui.*«

»Und die Leute küssen sich?«

»*Oui.*«

»Dann sollten wir schon mal üben.« Er legte den Arm um sie und schob sie sanft in eine Ecke neben einer riesigen Topfpflanze. »Das sollte gehen.« Étienne hob ihr Kinn an, blickte ihr tief in die Augen und küsste sie.

Meggie war früher schon geküsst worden, aber noch nie so leidenschaftlich und so gekonnt. Sie schloss die Augen. Ihre Beine fühlten sich an, als könnten sie sie kaum noch tragen. Sie klammerte sich an Étienne und sehnte sich danach, dass es ewig so weiterginge.

Aus dem Augenwinkel stellte sie fest, dass jemand sie fotografierte. Häufig waren die Bilder, die Ignatia auf Facebook postete, wirklich nervig. Aber gegen diese Aufnahmen hatte Meggie absolut nichts einzuwenden.

Schließlich unterbrachen sie den Kuss, um zu Atem zu kommen. Meggie schluckte und blickte zu Étienne auf. »War das ein French Kiss?«

Er nickte. »*Certainement.*«

»Wenn ich dich in Frankreich besuche, sollte ich die französische Art zu küssen vielleicht noch ein wenig üben.«

Er lächelte. »Sehr vernünftig«, murmelte er. Und half ihr dabei.

Weihnachtshunde

Es war sehr, sehr früh am Weihnachtsmorgen und noch stockdunkel. Stella ging langsam den Hügel hinauf zur Gemeindewiese. Sie hatte vergessen, wie steil die Anstiege in den Cotswolds sein konnten. Mit ihrer Wollmütze und den zwei Pullovern unter ihrer Jacke wurde ihr schon bald richtig heiß.

Sie hatte die alte Taschenlampe ihres Vaters dabei, um den Weg zu erkennen. Im Gehen stellte sie sich vor, wie es jetzt in den Häusern zuging, wo aufgeregte Kinder ihre erschöpften Eltern weckten, weil sie ihre Geschenke öffnen wollten, während die Erwachsenen sicher gern noch ein paar Stunden geschlafen hätten. Dafür, dass es erst fünf Uhr morgens war, brannte bereits in erstaunlich vielen Häusern Licht. Die hellen Fenster und die blinkenden Weihnachtsbeleuchtungen ließen das Tal wie eine etwas kitschige Grußkarte aussehen. Stella musste lächeln.

Sie freute sich über die fröhlichen Blinklichter, denn ihre eigene Mission war ziemlich düster. Jetzt hätte sie einen Hund an ihrer Seite brauchen können. Mit einem Hund wäre dieser Ausflug am frühen Morgen etwas ganz Normales und nicht nur eine verrückte, etwas sentimentale Laune. Außerdem könnte ein Hund sie vor möglichen Bösewichten beschützen. Nicht, dass sie wirklich Angst davor hatte, angegriffen zu werden, aber sie war eine Frau in den Dreißigern, und obwohl sie sich ziemlich fit fühlte, könnte ein entschlossener Gelegenheitsdieb ihr sicher etwas anhaben.

Stella war auf dem Weg zum sogenannten »Hunde-Weihnachtsbaum«, der mehr als nur ein lustiger Weihnachtsbaum im Freien war. Für viele galt er auch als Mahnmal für ihre sehr geliebten, aber leider verstorbenen Haustiere. Es war ein Weißdorn – klein für einen Baum, aber groß genug für einen Weihnachtsbaum – mitten auf der Gemeindewiese, weit weg von den Häusern des Dorfes, der jedes Jahr von Hundespaziergängern geschmückt wurde. Stella wusste nicht, wer als Erster auf die Idee gekommen war, den Baum mit Lametta und Christbaumkugeln zu schmücken. Aber immer mehr Hundebesitzer kamen und fügten ihre eigene Dekoration hinzu, und zu Weihnachten war er voll mit meist selbst gemachtem Schmuck, der später wieder von den Leuten abgenommen wurde. Es gab auch einen Kasten für Hundefutterspenden. Dieser Baum war sowohl ein trauriger als auch ein hoffnungsvoller Ort.

In der Tasche der alten Wanderjacke ihres Vaters steckte ein kleiner Hund aus Blech, den ihr Dad vor vielen Jahren einmal gebastelt hatte. Er stellte einen ganz gewöhnlichen Hund dar, wie ihr Vater ihr einmal erklärt hatte, denn er sollte alle Hunde repräsentieren, die ihn in seinem langen Leben begleitet hatten. Mit seinen Möglichkeiten hätte er auch nichts Kunstvolleres zustande gebracht.

Abgesehen von dem Blechhund, der nach vielen Jahren in Schnee, Regen und Wind ein wenig mitgenommen aussah, hatte Stella eine Schachtel bei sich.

Die Schachtel enthielt die Asche Geoffreys, des letzten Hundes ihres Dads, und außerdem (aber das würde sie ihrer Schwester Annabel niemals beichten) ein wenig von der Asche ihres Vaters.

Stella wusste, dass ihr Dad sich gefreut hätte, dass sie seine Asche mit der seines treuen Begleiters Geoffrey vermischt hatte, und dass er es amüsant gefunden hätte, unter dem verwitterten alten Baum verstreut zu werden. Doch diese Vorstellung hätte Annabel sicher entsetzt. Sie würde behaupten, Stella sei viel zu sentimental und das Ganze entspringe einer Laune. Dank Annabels schrecklich vernünftiger Einstellung befanden sich die Überreste ihres Vaters in einer Urne, und im Sommer, an seinem neunzigsten Geburtstag, wollten ihre Schwester und sie die Asche gemeinsam verstreuen.

Stella wusste, dass es einigermaßen wirklichkeitsfremd war, einen Teil seiner Asche mit der seines Hundes zu vermischen, aber das war ihr gleichgültig. Um niemanden zu verärgern und um zu vermeiden, dass die Asche versehentlich mit den Hinterlassenschaften von Menschen und Hunden verunreinigt wurde, war sie sehr früh zum Hunde-Weihnachtsbaum aufgebrochen. Sie wollte sichergehen, dass sich zu diesem Zeitpunkt niemand anders dort oben aufhielt. Am Weihnachtsmorgen hatten die Leute meist viel zu viel zu tun.

Sie hatte gerade zugesehen, wie die Asche vom Wind weggetragen wurde, und dabei an ihren geliebten Vater gedacht, als ein Hund an ihr hochsprang, sie beinahe umstieß und ihr seine Pfoten auf die Brust setzte. Sie schwankte und stützte sich gerade noch rechtzeitig an der Bank neben dem Baum ab, um nicht von einem zweiten Hund überrumpelt zu werden.

Ein Mann rannte hinter den beiden her. Er schwitzte und wirkte sehr verlegen. Offensichtlich wusste er nicht, was er zuerst tun sollte: mit den Hunden schimpfen oder sich bei Stella entschuldigen. Die Hunde, die beide noch sehr jung waren, jagten einander inzwischen um den Baum. Der Mann räusperte sich und sprach Stella an.

»Entschuldigen Sie bitte. Es tut mir sehr, sehr leid«, sagte er, zog seine Beanie-Mütze ab und enthüllte eine Menge dichtes, dunkles Haar. »Meine Hunde haben Sie nicht nur fast umgeworfen, sie haben Sie auch schmutzig gemacht.«

Einer der Vierbeiner kam zu ihm, und automatisch streckte er die Hand aus, um den runden Kopf zu streicheln, der ihn anstupste. Stella erkannte sofort, dass der Mann die Hunde sehr liebte, obwohl sie ihn in eine peinliche Situation gebracht hatten.

Als waschechte Engländerin und angesichts seiner Gefühle für die Tiere, die jetzt munter herumtollten, hätte Stella fast gesagt, dass Anspringen ihr nichts ausmachte und dass es wahrscheinlich ihre eigene Schuld gewesen war, weil sie vor sich hin geträumt hatte. Aber weil die braune Jacke ihres Vaters tatsächlich mit schlammigen Pfotenabdrücken bedeckt war, schwieg sie.

»Das ist ganz schrecklich!«, fuhr der Mann fort. »Natürlich bezahle ich Ihnen die Reinigung. Keine Sorge! Und dabei sind die beiden nicht einmal meine Hunde!«

Der Mann, der nur wenig älter war als sie (obwohl er vielleicht schon eher auf die vierzig zuging), hörte gar nicht mehr auf, sich zu entschuldigen. »Sie gehören eigentlich meiner Mutter. Sie hat sie sich aufgehalst, obwohl sie nicht mehr in der Lage war …« Er unterbrach sich. »Ich musste sie kürzlich in einem Pflegeheim unterbringen.«

Stella und ihre Schwester hatten es geschafft, ihren Vater in seinen letzten Wochen zu Hause zu versorgen, und waren glücklich darüber. Sie beschloss, die Stimmung aufzulockern. »Von dort aus dürfte es schwer für sie sein, ihnen genug Bewegung zu verschaffen.«

Der Mann, der gerade erst wieder zu Atem kam, brauchte nur den Bruchteil einer Sekunde, um zu begreifen, dass sie einen Scherz gemacht hatte. Er ahnte offenbar, dass sie ihn nicht wegen Beschädigung von Designerkleidung verklagen würde, und entspannte sich ein wenig. »Da haben Sie recht. Selbst wenn sie sie an einer dieser endlos langen Leinen hielte.«

Stella lachte. »Stellen Sie sich mal vor, wie sie den Leuten damit zwischen den Beinen herumlaufen und sie wie die Kegel umwerfen würden.«

»Lieber nicht. Es ist schon schlimm genug, was sie Ihnen angetan haben.«

»Machen Sie sich deswegen keine Sorgen«, sagte sie. »Diese Jacke kann in die Waschmaschine. Es ist die alte Wanderjacke meines Vaters und hat bestimmt schon eine Menge Schlamm abbekommen.«

»Nun, wenn Sie sicher sind. Aber ich schäme mich noch immer. Ich heiße übrigens Fitz. Mein richtiger Name ist Patrick Fitzherbert, doch alle nennen mich Fitz.«

Nachdem er ihr zu verstehen gegeben hatte, dass er Ire war, erkannte sie den leichten Akzent in seiner Stimme und fand ihn sehr attraktiv.

»Ich bin Stella. Und übrigens: Frohe Weihnachten!«

»Ihnen auch Frohe Weihnachten!« Er seufzte.

»Ist Ihr Weihnachten etwa nicht froh?«, erkundigte sich Stella.

Er lachte. »Bisher nicht wirklich. Immerhin haben meine Hunde Sie beinahe umgerissen und Ihre Jacke verdreckt.«

»Aber ich stehe noch. Und wie gesagt: Sie ist waschbar.«

Als er das Wort »Hunde« hörte, kam einer der beiden zu ihnen und schnüffelte an Stellas Bein. Sie streichelte ihm den Kopf und freute sich, ihn in ihrer Nähe zu haben.

»Was ist das für eine Rasse?«, fragte sie.

»Die Schrecklich-Rasse«, antwortete Fitz grinsend. »Sie sind nämlich schrecklich. Sie sind Mischlinge, und wir haben keine Ahnung, wer alles daran beteiligt war.«

Stella betrachtete sie genauer. »Ich würde sagen, irgendwas mit Labrador.«

»Gemischt mit ein bisschen Dieb, etwas Hochspringer und ein wenig Marathonläufer«, fügte Fitz hinzu. »Vielleicht noch eine Prise Collie, was die weißen Flecken erklären würde.«

»Nicht eher eine Handvoll Collie?«

»Eine ziemlich große Handvoll«, stimmte er zu. »Meine arme Mutter! Gott allein weiß, wieso sie zugestimmt hat, die beiden zu übernehmen. Ich vermute eine Erpressung, sonst macht es keinen Sinn.«

»Ist Ihre Mutter ... okay?«

»Sie ist in Ordnung, aber körperlich sehr gebrechlich, und ihr Haus ist für einen älteren Menschen völlig ungeeignet. Ich bin mir nicht einmal sicher, ob ich darin leben kann, ohne mich zu verletzen. Oder meinten Sie, ob sie geistig noch richtig beieinander ist?

Medizinisch gesehen ja, aber offensichtlich doch nicht ganz, sonst hätte sie die Hunde nicht genommen. Um ehrlich zu sein, sie war schon immer ein bisschen exzentrisch.«

»Das gefällt mir. Meine Mutter ist eher ernst. Mein Vater war etwa dreißig Jahre älter als sie, und sie hat ihn verlassen, weil er ihr zu flippig und zu kindlich war. Meine Schwester Annabel kommt nach ihr.« Plötzlich meldete sich ihr Gewissen. »Oje, das klingt schrecklich unloyal! Ich liebe meine Schwester wirklich. Sie passt immer auf mich auf. Aber sie kann sich nicht vorstellen, dass ich mein Leben ohne ihren Rat in den Griff bekomme.«

Fitz neigte den Kopf. »Ihr Vater ist …?«

Stella nickte. »Nicht mehr bei uns. Doch er ist sehr alt geworden und hatte ein wirklich gutes Leben.« Sie ahnte, wie seine nächste Frage nach ihrer indiskreten Bemerkung über ihre Familie und den Altersunterschied zwischen ihren Eltern lauten könnte, aber er war nicht so unhöflich, sie zu stellen. »Er ist erst sehr spät im Leben Vater geworden«, erklärte sie. »Mum war Ehefrau Nummer drei. Ich bin heute Morgen hergekommen, um die Asche von Dads Hund zu verstreuen. Und auch ein bisschen von Dads Asche.«

»Es tut mir leid.«

Sie nickte. Unerwartet spürte sie einen Tränenkloß in ihrer Kehle und räusperte sich. Ihr Vater hatte das perfekte Ende gehabt; er hatte zu Hause mit Geoffrey auf seinem Bett sterben dürfen. Geoffrey hatte nur wenige Minuten nach ihm den letzten Atemzug getan. Stumm betrachteten sie den Baum. Stella dachte an den Abschied ihres Vaters von dieser Welt und den kleinen Blechhund, den sie noch in der Tasche hatte.

»Dieser Baum ist wunderschön, nicht wahr?«, sagte Fitz und gab ihr die Chance, sich wieder in den Griff zu bekommen. »Ich bin so früh hergekommen, weil ich hoffte, dass noch niemand da ist. Ich wollte die beiden müde machen, damit ich mich aufs Kochen konzentrieren kann.«

»Und ich kam so früh, weil ich nicht wollte, dass jemand sieht, wie ich die Asche verstreue. Mission erfüllt.«

»Es tut mir nicht wirklich leid, dass meine gescheitert ist«, erklärte er. »Wie wäre es – wollen wir uns hinsetzen und wie alte Leute die Aussicht genießen? Ich weiß, dass es immer noch ziemlich dunkel ist, aber die Hunde spielen so schön, und der Weg von meinem Haus hier herauf verläuft so gut wie senkrecht. Ich würde mich gern einen Moment ausruhen.«

Stella fühlte sich sofort besser und nickte zustimmend. »Ganz so schlimm ist es bei mir nicht, doch von meinem Haus aus ist es auch ziemlich steil. Ich komme aus London, und es fühlt sich sehr ungewohnt an.« Sie setzte sich neben ihn auf die Bank. »Die Aussicht ist sogar bei diesem Licht atemberaubend.« Die Bank bot einen Blick auf die Hügel von Wales, die sich vor dem Himmel abzeichneten. Ein Schimmer Mondlicht zwischen den Wolken zeigte, wo sich der Fluss Severn unter ihnen schlängelte. »Der Aufstieg lohnt sich.«

»Finde ich auch«, stimmte Fitz zu.

Inzwischen lag einer der Hunde über Stellas Schoß, während der andere sich an ihr Knie lehnte, sodass die beiden sie wärmten. Sie mochte das tröstliche Gewicht, obwohl sie sicher war, dass sie es nicht zulassen sollte. Schlechte Angewohnheiten sollten bei jungen Hunden von Anfang an unterbunden werden.

»Wie heißen sie eigentlich? Bisher haben Sie sie noch nicht mit Namen gerufen.«

Fitz lachte. »Außer ›ihr elenden Ferkel‹, meinen Sie?«

»So auch noch nicht. Also, haben sie Namen? Richtige?

»Es ist mir fast peinlich, sie Ihnen zu verraten. Meine Mutter ist eben wirklich ein bisschen exzentrisch.«

»Und?«

Er sah verlegen aus. »Tristan und Isolde. Ich nenne sie Tris und Izzy. Die auf Ihrem Schoß mit dem lila Halsband ist Izzy.«

»Ganz schön abgehobene Namen – ich frage mich, wie sie mit dem verlässlichen Geoffrey zurechtgekommen wären. Ich hoffe, sie hätten nicht ihre feuchten Nasen über ihn gerümpft«, scherzte sie.

»Sie haben ihre Macken, aber sie sind keine Snobs.« Zerstreut kraulte er Tris' Ohren und schwieg einen Augenblick. »Dann verbringen Sie Weihnachten also nicht mit Ihrer Schwester?«

»Nein, dieses Jahr nicht. Ich habe mich entschlossen, hierher in die Cotswolds zu fahren, obwohl ich Ihnen sagen kann, dass es einige Kämpfe gekostet hat. Annabel glaubt, ich sterbe in Dads Cottage vor Einsamkeit. Sie ist der Ansicht, dass niemand Weihnachten ohne Familie feiern sollte.«

»In diesem Punkt hat sie nicht ganz unrecht.«

»Ja, ich weiß, doch es ist nur dieses Weihnachten! Ich möchte ein wenig Zeit im Cottage meines Vaters verbringen – es gehört jetzt nämlich mir – und herausfinden, ob ich für immer hier wohnen möchte.«

»Es gehört Ihnen ganz allein? Ihre Schwester hat kein Mitspracherecht, was damit passiert?«

»Dad hat beschlossen, sein Geld Annabel und das

Haus mir zu überlassen. Der Wert war ungefähr der gleiche, und auch wenn es schrecklich klingt: Jede von uns bekam, was sie sich mehr wünschte.«

»Dann wollen Sie London also verlassen? Das wäre eine weitreichende Entscheidung.«

Stella hatte deswegen mit ihrer Schwester schon so oft gestritten, dass sie ihren Part auswendig kannte. »Ja, aber ich würde mietfrei wohnen und hätte so die Freiheit, mein Leben zu verändern, womöglich zum Besseren. Ich könnte zum Beispiel in Teilzeit als Lehrerin arbeiten und gleichzeitig studieren.«

»Was wollen Sie studieren?«

»Das weiß ich noch nicht. Aber es könnte alles Mögliche sein! Stellen Sie sich das doch bloß vor!« Stella fand die Aussicht höchst erregend. Ihre Arbeit als Lehrerin in London war zwar wunderbar, aber anstrengend und stressig. Sie sehnte sich nach einer Veränderung ihrer Lebensumstände, und der Tod ihres Vaters, so traurig er auch war, eröffnete ihr die Möglichkeit dazu.

»Sie scheinen Veränderungen offen gegenüberzustehen.«

»Ich glaube, das stimmt. Und Sie?«, fuhr sie fort, denn sie fand es an der Zeit, nun auch ihn auszufragen. »Verbringen Sie Weihnachten mit Ihrer Mutter?«

»Ja. Ich koche das Weihnachtsmenü, und dann hole ich sie ab und bringe sie zum Festessen nach Hause.«

»Macht es ihr nichts aus, in ihr altes Zuhause zu kommen und es dann wieder verlassen zu müssen?« Stella stellte sich vor, dass das schwierig sein könnte.

»Das glaube ich nicht. Zumindest hoffe ich, dass es ihr nicht schwerfallen wird. Sie ist sehr pragmatisch, und, wie ich schon sagte, ihr Haus ist für ältere Menschen ziemlich ungeeignet: steile Treppen und unebene Böden. Außerdem hat sie im Pflegeheim ein tolles Sozialleben.«

»Das hört sich ja gut an. Und Sie? Leben Sie im Haus Ihrer Mutter?«

Er seufzte. »Im Moment ja. Meine Freundin mag keine Hunde. Ich werde ihnen bald ein neues Zuhause suchen müssen, doch es bricht mir das Herz.«

Stella hatte zerstreut Izzys Kopf gestreichelt und war sehr froh, dass sie nicht Fitz' Entscheidung treffen musste. »Aber wenn es ein gutes Zuhause wäre? Schließlich haben Sie auch Ihre Mutter in ein Pflegeheim gesteckt.« Das hatte sie nicht eben feinfühlig formuliert, fiel ihr auf, doch nun konnte sie die Worte nicht mehr zurücknehmen.

»Diesen Entschluss hat sie selbst gefasst. Nein, wirklich Sorgen bereitet mir, dass die Hunde vielleicht getrennt werden. Tris und Izzy stehen sich so nahe, und soweit wir wissen, hatten sie zuvor zwar kein tolles Leben, doch sie waren immer zusammen. Aber wer will schon zwei von diesen Ungetümen?« Er klang wehmütig.

»Würden Sie sie behalten, wenn Ihre Freundin Hunde mögen würde?« Ein kleiner, lächerlicher Teil von Stella war bei der Erwähnung seiner Freundin traurig geworden, ohne dass sie wusste, warum.

»Oh ja. Sie sind schrecklich, aber ich liebe sie.«

»Wo kommen Sie her?«

»Aus Bristol. Ich könnte von hier aus leicht zur Arbeit pendeln, aber … Ich weiß es nicht. Während ich über Weihnachten hier bin, versuche ich, darüber nachzudenken. Meine Freundin kommt nach den Feiertagen. Vielleicht gewöhnt sie sich an die Hunde, wenn sie sich benehmen. Und ich muss es noch mit meiner Mutter besprechen.«

»Auch wenn Ihre Freundin sich nicht in die beiden verliebt, bin ich sicher, dass irgendwer sie haben will. Sie sind jung, und man kann sie noch erziehen.«

»Ich merke schon, Sie sind sehr zuversichtlich«, bemerkte Fitz.

Stella genoss die behagliche Stille um sie herum, während Fitz nachdachte. Schließlich sagte sie: »Es ist seltsam, nicht wahr? Wir sind einander völlig fremd, und doch erzählen wir uns gegenseitig alles Mögliche über unser Leben auf eine Art und Weise, wie wir es nie tun würden, wenn wir zum Beispiel zusammen arbeiteten.«

»Es ist wie mit den Leuten, die man im Zug trifft.« Er hielt inne. »Da wir gerade davon sprechen: Darf ich fragen, ob Sie einen Freund haben? Nur damit ich mir ein Bild von Ihnen machen kann.«

»Wenn ich in London bleibe, habe ich einen Freund – wenn ich herziehe, nicht mehr.« Stella dachte an Piers und ihre Beziehung, die auf dem Spiel stand.

Bei ihrem letzten Gespräch hatten sie beschlossen, eine Beziehungspause einzulegen, während Stella Weihnachten im Cottage verbrachte. Piers hatte viele gute Seiten, aber er wollte sich noch nicht endgültig festlegen. Stella hingegen war sich noch nicht sicher, wo sie sich niederlassen wollte, doch sie wusste, dass sie prinzipiell bereit war, sich fest auf einen Menschen einzulassen.

»Wie könnte jemand nicht bereit sein, hier zu leben?« Fitz wies auf die Aussicht hin, die mit zunehmendem Licht immer klarer wurde.

»Wie kann man keine Hunde mögen?«, konterte Stella.

»*Touché*. Aber wenn Sie so ein Fan dieser beiden sind, warum kommen Sie dann nicht und verbringen Weihnachten mit meiner Mutter und mir? Sie ist sehr kontaktfreudig, und Weihnachten wäre viel netter, wenn sie nicht nur mit mir …«

»Mit ihrem geliebten Sohn?«

»… reden könnte.«

»Also, ich finde es ja wirklich nett von Ihnen …«

»Bitte sagen Sie nicht Nein! Ich weiß, wir haben festgestellt, dass wir einander völlig fremd sind, wir haben unsere Geheimnisse miteinander geteilt und sollten uns daher nie wiedersehen – doch können wir das nicht nach Weihnachten machen? An Weihnachten sollten wir etwas richtig Verrücktes tun.«

»Meine Schwester hält es für verrückt, mit einer Dose Plätzchen und einer Flasche Prosecco allein zu Hause zu sitzen.«

»Das ist überhaupt nicht verrückt!«, trumpfte er auf. »Richtig verrückt wäre, Mitleid mit einem Iren zu haben, der zum ersten Mal im Leben ein Weihnachtsessen kocht!« Er machte eine Kunstpause für die dramatische Wirkung. »Und zwar für seine arme alte Mutter, die in einem Pflegeheim lebt!«

Stella musste einfach lachen. Er führte sie in Versuchung und brachte sie zum Lachen – an einem Ort, von dem sie angenommen hatte, sie würde dort nur weinen.

»Es wird sich für Sie lohnen«, fuhr er fort, als er sah, dass sie über den Vorschlag nachdachte.

»Wie?«

Er überlegte einen Moment und zuckte dann mit den Schultern. »Ich werde mir etwas einfallen lassen.

Ich bin sehr einfallsreich.« Er dachte noch einmal nach. »Überlegen Sie doch mal, wie warm und wohl Sie sich fühlen werden, wenn Sie Ihr einsames Weihnachten für einen armen Mann und seine verwitwete Mutter opferten. Habe ich erwähnt, dass sie verwitwet ist?«

»Ich hatte es vermutet ...«

»Dann kommen Sie also? Ich bin insgesamt gesehen kein schlechter Koch. Und es gibt auch Yorkshire-Pudding! Geben Sie sich einen Ruck, Sie wissen, dass Sie es wollen!«

»Ja, aber ...«

»Die Hunde würden es wirklich gut finden, wenn Sie kämen. Man sieht ja, wie gern sie Sie haben.«

Stella konnte nicht mehr widerstehen, denn ihr gefielen Tris und Izzye auch. »Abgemacht! Ich komme.«

Nachdem sie ihre Kontaktdaten ausgetauscht und besprochen hatten, was Stella als Beitrag mitbringen durfte, fiel ihr plötzlich etwas ein.

»Ehe wir gehen, muss ich noch was erledigen.«

Der kleine Blechhund war etwas aus der Form, aber Stella bog ihn, so gut es ging, wieder zurecht.

»Hat Ihr Vater den gebastelt?«

»Hat er. Er wollte einen ganz gewöhnlichen Hund darstellen, keine bestimmte Rasse. Es genügte ihm, dass man ihn als Hund erkennen kann.«

Fitz lachte. »Ich glaube, ich hätte Ihren Vater gemocht.«

»Er hätte Sie sicher auch gemocht.« Ihr Freund Piers hatte ihren Dad einmal getroffen, und ihr Vater hatte sich wirklich Mühe gegeben, doch sie hatten sich nicht wirklich verstanden.

»Wollen Sie den an den Baum hängen?«, fragte Fitz sanft.

»Genau.«

Tris und Izzy machten es ziemlich schwierig, weil sie mit ihren Nasen überall dazwischengingen, aber schließlich hing das Blechtier an einem der Zweige.

»Es sieht toll aus«, lobte er.

»Stimmt. Eigentlich wollte ich auch Hundefutter für das Tierheim mitbringen, doch im Cottage ist nur Trockenfutter, und ich hatte keine wasserdichte Verpackung. Demnächst kaufe ich etwas und bringe es ein andermal mit.«

»Zu Hause habe ich noch ein paar Dosen Hundefutter, die meine Mutter seinerzeit zusammen mit den Hunden bekommen hat, aber es verursacht ihnen Durchfall.« Er schien sehr erfreut darüber zu sein.

Stella verzog das Gesicht. »Na, das nenne ich mal eine freundliche und großzügige Geste zu Weihnachten.«

Er zuckte mit den Schultern. »Na ja, ich gehe davon aus, dass nicht alle Hunde mit Durchfall auf dieses Futter reagieren. Es ist ein Premiumfutter.«

Sie versuchte, nicht zu lachen. Er sollte nicht noch in seinem Leichtsinn ermutigt werden, der sie ein wenig an seine Hunde erinnerte. »Ich gehe jetzt nach Hause, weil ich noch etwas für Sie backen will. Sonst wäre es kein richtiger Weihnachtsbesuch.«

Auf dem Heimweg musste Stella lächeln. Obwohl die Aussicht auf einen Weihnachtstag ganz für sich allein nett und sogar angenehm gewesen war, erschien ihr der Gedanke, das Fest mit einem attraktiven Mann, seiner offenbar fidelen Mutter und seinen liebenswerten, wenn auch manchmal etwas frechen Hunden zu verbringen, auf einmal noch verlockender.

Stella hatte ein Blech walisische Kekse gebacken (das ging schnell, und sie waren irgendwie festlich, weil sie getrocknete Früchte enthielten) und wollte gerade duschen, als ihre Schwester anrief. Weil sie sich wunderbar weihnachtlich fühlte, nahm sie das Gespräch begeistert an.

»Hey, Annabel! Wie geht es dir? Frohe Weihnachten!«

»Stella? Du klingst so aufgekratzt. Du hast doch hoffentlich den Prosecco noch nicht geöffnet? Es ist erst elf Uhr morgens, und wenn du allein bist …«

Stellas Hochstimmung erlosch fast augenblicklich. Ihre Schwester schien ihr ein Leben in Alkoholismus und Einsamkeit zu prophezeien. »Ich weiß, wie spät es ist, und nein, die Flasche ist noch zu.«

»Entschuldige. Es ist bloß, dass du ein bisschen übersprudelnd geklungen hast.«

»Nur ganz natürlicher Sprudel, ganz bestimmt«, erwiderte Stella selbstzufrieden. »Ich war spazieren, habe ein paar walisische Kekse gebacken und, was noch wichtiger ist, habe eine Einladung zu einem Weihnachtsessen bekommen!« Ihre Schwester sollte ruhig merken, dass sie absolut in der Lage war, ihr Leben allein zu meistern.

»Ah!« Annabel freute sich, das spürte Stella sofort. »Von Dads alten Nachbarn? Sie sind ein freundliches Paar!«

»Nein.«

»Von der netten Familie mit Kindern, die ein Stück bergab wohnt?«

»Von denen auch nicht. Aber es ist schön, dass so viele tolle Menschen in meiner Nähe sind, falls ich beschließe, hierher überzusiedeln.«

»Also mit wem feierst du dann Weihnachten?«

»Mit einem wirklich netten Mann, den ich auf der Gemeindewiese getroffen h…«

Aus der Stimme ihrer Schwester war jede Spur von weihnachtlicher Stimmung verschwunden, als sie Fragen über Fragen herunterratterte. »Was? Bist du verrückt? Du planst, Weihnachten mit einem Mann zu verbringen, den du auf der Gemeindewiese getroffen hast?«

»Ja«, sagte Stella langsam.

Annabel brauchte offenbar einen Moment, ehe sie wirklich begriff. »Sei nicht albern, Stella! Du kannst nicht Weihnachten mit einem völlig Fremden verbringen. Es wäre nicht sicher!«

»Seine Mutter ist auch dabei. Sie lebt in einem Pflegeheim. Er holt sie ab und kocht für sie das Weihnachtsessen. Sie ist Witwe«, fügte sie hinzu, um Annabel zu beruhigen.

»Die Geschichte hat er sich sicher nur ausgedacht! Tu es nicht! Sei doch ein Mal im Leben vernünftig.«

»Hör zu: Ich nehme den Wagen. Ich trinke nichts. Und wenn es mir zwielichtig vorkommt, verabschiede ich mich einfach!«

»Du willst zwar vielleicht nichts trinken, aber dann wirst du es doch tun und musst dort bleiben …«

»Ich könnte sogar nach Hause laufen und das Auto stehen lassen …«

»Stella! Du musst mir versprechen, dass du da nicht hingehst!«

»Annabel! Warum stellst du dich deswegen so an? Erst bist du ausgerastet, als ich gesagt habe, dass ich Weihnachten allein feiern will, und jetzt schimpfst du, weil ich es nicht tue.«

»Wenn du Weihnachten mit jemand Vernünftigem verbringen würdest anstatt mit irgendeinem dahergelaufenen Mann, von dem du nichts weißt, würde ich mich freuen!«

»Ich weiß viel über ihn. Wir sind uns am Hunde-Weihnachtsbaum begegnet.«

»Was redest du da?« Im Hintergrund entstand Unruhe. »Himmel noch mal! Verdammtes Weihnachten! Anscheinend passt der Truthahn nicht in den Ofen. Ich muss Schluss machen. Versprich mir einfach, dass du ihn anrufst und absagst, ja?« Mit diesen Worten legte Annabel auf.

Obwohl Stella keineswegs versprochen hatte abzusagen, fühlte sie sich durch den Anruf ein wenig verstört. War es wirklich verrückt, Weihnachten mit jemandem zu verbringen, den sie gerade erst kennengelernt hatte? Der Gedanke deprimierte sie. Sie fragte sich, ob ihre Schwester recht hatte und es vielleicht doch besser wäre, zu Hause zu bleiben und die walisischen Kekse allein zu essen. Ja, Annabels Einwände waren nicht von der Hand zu weisen, entschied Stella, nahm ihr Mobiltelefon wieder auf und suchte nach Fitz' Nummer. Sie wollte gerade wählen, als das Telefon in ihrer Hand zu klingeln begann. Vor Schreck ließ sie es beinahe fallen. Es war Fitz.

»Gott sei Dank sind Sie noch da und nicht weggelaufen!«, sagte er. »Ich wusste nicht, wen ich sonst anrufen sollte! Hier gab es eine mittlere Katastrophe.«

Jeder Gedanke an eine Absage löste sich in Wohlgefallen auf. Offensichtlich brauchte Fitz Hilfe. »Was ist passiert?«

»Diese blöden Köter! Entschuldigen Sie meine Ausdrucksweise. Sie haben hier alles verwüstet. Ich brauche Hilfe beim Aufräumen. Ich kann meine Mutter nicht herkommen lassen, solange es hier so aussieht. Es würde ihr das Herz brechen.«

»Was ist passiert?«

»Können Sie vielleicht rüberkommen? Dann sehen Sie es selbst. Ich darf keine Sekunde verlieren und muss so schnell wie möglich mit dem Aufräumen anfangen. Mir bleibt nicht mehr viel Zeit.«

Er klang wirklich verzweifelt. Stella packte die walisischen Kekse und eine Flasche Wein ein (sie ließ den Prosecco zu Hause: Fitz schien ihr nicht der Prosecco-Typ zu sein, und sie selbst hatte vor, nichts zu trinken) und legte außerdem ein Paar Gummihandschuhe und einige Reinigungsprodukte in die Tasche. Davon besaß sie eine ganze Menge, weil das Haus ihres Vaters nach seinem Tode erst einmal gründlich hatte aufgeräumt und gesäubert werden müssen.

»Das ging aber schnell!«, sagte Fitz, als er die Tür öffnete.

»Ich wohne ja ganz in der Nähe. Und jetzt zeigen Sie mal, was passiert ist.«

Er führte sie in ein kleines, aber hübsches Wohnzimmer, das von dem schmalen Flur abging. Stella brauchte ein paar Sekunden, ehe sie das Problem erkannte. Nichts war in Fetzen gerissen (was sie befürchtet hatte), aber alles war mit Schlamm besudelt – von den Sofadecken über die Wände und den Teppich bis hin zu den Kissen.

»Ich war im Hauswirtschaftsraum, um den Truthahn zu stopfen«, erklärte Fitz. »Es ist nur ein kleiner Vogel, doch die Hunde springen immer an mir hoch, wenn ich etwas zu essen mache. Also sperrte ich sie in der

Küche ein. Aber irgendwann hörte ich ein Geräusch, lief hin und fand das hier vor.«

»Aber wie haben sie das gemacht? Woher kommt der ganze Schlamm? Und wo sind sie jetzt?«

»Auf dem Rückweg von unserem Spaziergang sind sie in den Teich meines Nachbarn gesprungen, und der ist voller Schlamm. Ich wollte sie so lange in der Küche einsperren, bis ich den Schuppen aufschließen und sie hineinschicken konnte, aber offenbar habe ich die Tür nicht richtig abgeschlossen, *et voilà*.« Fitz gestikulierte verzweifelt mit den Händen. »Jetzt sind sie im Schuppen – nachdem sozusagen das Kind in den Brunnen gefallen ist. Ich habe sie abgespritzt, und da draußen ist es eiskalt, doch ich muss hier sauber machen, bevor meine Mutter die Bescherung sieht.«

Erst nach und nach erkannte Stella das Ausmaß des Dilemmas. Es schien, als hätten sich die Hunde im Inhalt des Nachbarteichs gesuhlt und sich damit vergnügt, den Schlamm auf jeder erreichbaren Oberfläche zu verteilen. Es war fast wie eine Kunstinstallation.

Trotzdem hatte sie großes Mitgefühl mit den betroffenen Künstlern. Sie waren noch jung. »Sie dürfen die Hunde nicht nass im kalten Schuppen lassen. Da holen sie sich den Tod. Gehen Sie hin und trocknen Sie sie sorgfältig ab, während ich mir überlege, wie wir das hier angehen sollen.«

»Mir gefällt, dass Sie eben ›wir‹ gesagt haben. Wir kennen uns kaum, doch wir sind schon ein Team.« In seinen braunen Augen lag eine Wärme, die ihr Herz einen Schlag aussetzen ließ.

Das aber durfte sie nicht zulassen. Er hatte eine Freundin, und sie selbst hatte einen Freund. »Ab in den Schuppen mit Ihnen.«

Das Haus ihres Vaters zu reinigen hatte nicht viel Mühe gemacht. Hier jedoch klebte überall frischer Schlamm, und es sah schrecklich aus. Sie begann mit zwei kleinen Sofas und einem Sessel, auf denen sich Tris und Izzy offenbar gewälzt hatten. Stella zog die Bezüge ab, wo es möglich war, und legte sie zusammen. Vielleicht gab es im Haus noch Waschmaschine und Trockner. Anschließend ging sie in die Abstellkammer neben der Küche und fand einen Eimer und einen Schrubber. Wenn sie hier wirklich sauber machen wollte, würde sie heißes Wasser brauchen, und zwar viel.

Fitz kam zurück. »Jetzt sind die Hunde trockener. Ich stelle ihre Körbchen vorerst in den Schuppen. Wie kommen Sie voran?«

»Wann wollten Sie Ihre Mutter abholen?«

»In etwa einer Stunde. Ich brauche eine halbe Stunde für den Weg, hin und zurück.«

»Dann haben wir nur noch anderthalb Stunden?«

Er verstummte. »Glauben Sie, das ist zu schaffen?«, fragte er schließlich.

»Wollen Sie eine ehrliche Antwort? Eher nicht. Aber ich werde mein Bestes tun. Es sei denn ...« Beim Gedanken an die Reinigungsaktion im Cottage ihres Vaters kam ihr eine Idee. »Es sei denn, wir gehen stattdessen zu mir nach Hause. Was würde Ihre Mutter davon halten?«

Er überlegte einen Augenblick. »Nun, die beiden Übeltäter sind nun einmal Mums Hunde und haben das Chaos schließlich angerichtet. Wenn sie erfährt, dass ich auf der Gemeindewiese eine nette junge Frau kennengelernt habe, die uns zu Weihnachten eingeladen hat, würde sie sich freuen.« Er hielt inne. »Wir werden aber nicht lange bleiben können. Wegen der

Hunde. Sie sind zu jung, um länger als zwei Stunden allein zu bleiben.«

Sie überhörte seine Feststellung, sie sei »eine nette junge Frau« – nicht, weil sie das Kompliment nicht schätzte, sondern weil er damit anzudeuten schien, dass seine Mutter ihn für einen Single hielt. Und das war kein Thema für diesen Moment.

»Aber nein, Sie können die Hunde mitbringen. Das Haus meines Vaters – mein Haus – ist sehr hundefreundlich. Wir haben einen Abstellraum, der mit Teppichen ausgelegt ist. Dort könnten wir sie unterbringen, bis sie ganz trocken sind. Und wenn Sie den Truthahn bereits gefüllt haben, sollte es in meiner Küche eigentlich kein Problem geben, obwohl sie nicht riesig ist.«

»Ich habe die Kartoffeln noch nicht geschält. Und ich habe Ihnen Yorkshire-Pudding versprochen.« Fitz war noch nicht überzeugt.

»Das können Sie auch alles in meiner Küche zubereiten.«

Plötzlich grinste er, und Stella fiel wieder auf, wie attraktiv er war. »Gut, dann ... Ich mache eine Liste von allem, was wir mitnehmen müssen.«

»Nur eins noch – es klingt vielleicht etwas merkwürdig und neurotisch ...«

»Was denn?«

Jetzt, da sie es gerade laut aussprechen wollte, erschien es ihr sogar noch merkwürdiger und neurotischer, doch sie atmete tief durch. »Würden Sie Ihrer Freundin bitte von der Änderung Ihrer Pläne und des Veranstaltungsortes erzählen? Es ist nämlich so, dass sie es falsch interpretieren könnte, wenn Sie ihr später davon erzählen würden. Und obwohl alles vollkommen unschuldig ist, müssten Sie sich rechtfertigen, und es würde sich ziemlich missverständlich anhören.«

Er nickte. »Ich verstehe, was Sie meinen. Ich soll hinterher nicht sagen: ›Ach, übrigens, ich habe Weihnachten nicht im Haus meiner Mutter verbracht, sondern wir waren bei einer entzückenden Frau, die ich beim Hundespaziergang kennengelernt habe.‹«

Stella ignorierte den Ausdruck »entzückend«. »Ja, genau. Im Nachhinein würde es merkwürdig aussehen.«

»Ich rufe sie sofort an.« Er zögerte. »Erzählen Sie es auch Ihrem Freund?«

Stella winkte ab. »Nein! Wir machen gerade eine Beziehungspause! Es interessiert ihn sowieso nicht.«

Stella nahm die Lebensmittel in ihrem Auto mit, und Fitz lud die Hunde in seines. Weil die beiden nicht gleich einsteigen wollten, kam sie kurz vor ihm an.

Ihr blieb nicht mehr viel Zeit, um die Wohnung festlich zu dekorieren, und sie freute sich über ihre Angewohnheit, das Haus auch außerhalb der Weihnachtszeit mit Lichterketten zu schmücken.

Stella ging in den Garten, pflückte Efeu von der Gartenmauer und legte es auf den Kaminsims. Dann zündete sie den Holzofen an.

»Sind Sie wirklich sicher, dass diese Höllenhunde ins Haus dürfen?«, fragte Fitz, als er wenig später eintraf. Er hielt die beiden an der Leine und sah aus wie ein Wagenlenker hinter einem eifrigen Pferdegespann.

Sie nickte. »Wie schon gesagt: Das Haus war schon immer hundefreundlich, und ich ertrage es nicht, die beiden allein zu wissen. Immerhin ist Weihnachten.«

»Dann hole ich jetzt mal ihre Körbe.«

Stella alberte mit Tris und Izzy herum, damit sie nicht merkten, dass Fitz sie allein gelassen hatte. Aber schon bald war er zurück. »Bringen Sie die Hundebetten einfach da hinein.« Sie zeigte ihm, wohin er gehen sollte.

»Das ist ein toller Raum für die Hunde, wenn man sie dazu bringen kann, dort zu bleiben«, bemerkte er eine Minute später. »Das Problem ist, dass sie lieber mit Menschen zusammen sind.«

»Da drin riecht es vermutlich noch ziemlich nach Hund. Geoffrey hatte da einen seiner Schlafplätze. Vielleicht gefällt es ihnen da ebenfalls.«

Fitz blickte sie halb lächelnd, halb stirnrunzelnd an. »Meine Mutter wird Sie lieben!«

Obwohl sie ihn eingeladen hatte, empfand Stella seine Anwesenheit in ihrem Zuhause als leicht beunruhigend. Sie musste ihn für eine Weile aus dem Haus schaffen. »Ich bin sicher, dass ich sie ebenfalls mögen werde. Ist es schon Zeit, sie abzuholen?«

»Ja. Kann ich die Hunde bei Ihnen lassen?«

»Natürlich. Und jetzt los!«

Tristan und Isolde waren nicht erfreut, dass Fitz sie zurückließ. Immerhin war es, wie Stella schnell klar wurde, schon das zweite Mal innerhalb sehr kurzer Zeit, dass sie von ihrem Besitzer allein gelassen wurden. Sie jaulten und bellten und kratzten an der Haustür.

Stella war mit Hunden aufgewachsen, hatte sich selbst aber nie um die Erziehung der Tiere kümmern müssen. Das war Sache ihres Vaters gewesen. Da sie jedoch Erfahrung mit kleinen Kindern hatte, beschloss sie, Tris und Izzy ebenso zu behandeln.

»Hört zu, Hunde, ich weiß, dass ihr sauer seid, weil Fitz noch einmal weggefahren ist, doch er kommt zurück. Und inzwischen bleiben wir ganz ruhig. Kommt mit!«

Stella wusste zwar nicht, warum, aber die Hunde folgten ihr in den Abstellraum. Er war staubig und vollgestopft mit Stiefeln, alten Fleecejacken, Anoraks, Hundeleinen, Näpfen und Hundekissen. Stella war noch nicht dazu gekommen, hier Ordnung zu schaffen. Und jetzt standen auch die Hundekörbe der beiden Mischlinge dort.

»Also, ihr Süßen«, fuhr sie fort, »ihr werdet jetzt schön hierbleiben, während ich mich auf Weihnachten vorbereite.«

Aber die Hunde waren keineswegs überzeugt. Sie jaulten und sprangen immer wieder an der Tür hoch. Falls sie es schafften, die Tür zu öffnen, würde Stella sang- und klanglos untergehen.

»Wir wollen jetzt ganz leise sein«, sagte sie. »Hier habe nämlich ich das Sagen. Ihr müsst euch also keine Sorgen machen. Legt euch einfach in eure Körbe.«

Sie zeigte auf die Hundebetten, befahl Tris und Izzy, Platz zu machen, und die beiden gehorchten. Trotzdem sahen sie nicht so aus, als würden sie ohne einen Anreiz dort liegen bleiben.

Stella besorgte einige Hundekekse, die noch in einem der Küchenschränke lagen, und gab sie Tris und Izzy. Die beiden schienen die Leckereien innerhalb von Sekunden geradezu einzuatmen. Plötzlich entdeckte sie in einem Regal die alten Pantoffeln ihres Vaters, die schon sehr zerschlissen waren. Sie holte sie herunter und gab jedem Hund einen. »Zerkaut sie ruhig, aber treibt bloß keinen Unfug.«

Sie verließ die glücklich beschäftigten Hunde und meinte, ihren Vater von oben lachen zu hören.

Als sie in die Küche kam, klingelte das Festnetztelefon. »Bestimmt Annabel, die nach dem Rechten sehen will«, murmelte Stella vor sich hin. Und so war es auch.

»Gott sei Dank bist du da! Du bist also doch nicht zu diesem Mann gegangen!«, sagte ihre Schwester ohne Einleitung.

»Ich feiere Weihnachten nicht im Haus eines fremden Mannes. Zufrieden?« Stella hielt ihren Ton locker, in der Hoffnung, unschuldig zu klingen. Zwar war das nicht gelogen, doch es war auch nicht die ganze Wahrheit.

»Fühlst du dich nicht einsam?«

»Nein, durchaus nicht«, erwiderte Stella und dachte, wie typisch es für ihre Schwester war, so konträr zu denken. »Aber ich habe nicht viel Zeit. Ich muss noch Kartoffeln schälen.«

»Tatsächlich? Du kochst ein Weihnachtsessen ganz für dich allein?«

Wieder einmal verhielt sich Stella in den Augen ihrer Schwester falsch. Hätte sie gesagt, dass sie Prosecco und eine Dose Plätzchen zum Abendessen vorgesehen hätte, wie es ihr ursprünglicher Plan gewesen war, hätte Annabel ihr vorgeworfen, armselig zu sein, und ihr geraten, sich lieber etwas Richtiges zu kochen. Aber nun, da sie gestanden hatte, Kartoffeln schälen zu wollen, hieß es, sie würde sich zu viel Mühe machen. Man konnte es ihrer Schwester einfach nicht recht machen.

»Bratkartoffeln sind mein absoluter Lieblingsbestandteil des Weihnachtsessens«, erklärte Stella. »Deshalb werde ich heute auch welche zubereiten.«

Beide Aussagen waren sachlich korrekt, aber keine von beiden entsprach gänzlich der Wahrheit.

Glücklicherweise blieb ihr ein weiteres Verhör erspart, denn Annabel hatte noch viel zu erledigen.

»Ich komme, Liebling«, hörte Stella sie im Säuselton sagen und wusste sofort, dass die Schwiegermutter ihrer Schwester in Hörweite sein musste. Normalerweise ging Annabel mit ihren Kindern ziemlich forsch um, aber der (sehr wohlhabenden) Familie ihres Mannes präsentierte sie sich immer als perfekte Mutter mit einer wahren Engelsgeduld.

»Lass dich nicht stören, Bells«, meinte Stella, obwohl sie wusste, dass Annabel es nicht leiden konnte, wenn ihr Name abgekürzt wurde. Stella grinste in sich hinein. In Gegenwart der Schwiegermutter würde ihre Schwester sich darüber nicht aufregen können.

Als Stella Stimmen an der Haustür hörte, brutzelte der Truthahn schon seit einer Stunde im Ofen, die Kartoffeln waren fast gar und der Rosenkohl fertig zubereitet. Sie ging zur Haustür, um ihre Gäste zu empfangen – die ersten Gäste, seitdem das Cottage ihr gehörte. Ihre Nerven flatterten ein wenig, und sie hoffte, dass das Haus weihnachtlich und einladend aussah.

»Hallo! Ich bin Stella. Kommen Sie bitte herein!«, sagte sie.

Fitz war in Begleitung einer kleinen alten Dame in knallrotem Rock und einem Mantel, an dem ein Stechpalmensträußchen prangte, das sich erst auf den zweiten Blick als nicht natürlich erwies.

»Heilige Mutter Gottes! Es ist so nett von Ihnen, uns zu Weihnachten willkommen zu heißen – und das nur wegen meiner frechen Hunde!« Sie reichte Stella die Hand und drückte sie.

»Beinahe hätten Sie *mich* eingeladen«, erwiderte

Stella und trat zur Seite, damit ihre Gäste ins Haus kommen konnten.

Fitz küsste sie flüchtig auf die Wange, als wäre sie eine alte Freundin. »Was haben Sie mit den Rüpeln gemacht?«, wollte er wissen.

»Sie sind in der Abstellkammer«, sagte Stella. »Ich möchte jetzt nicht zu ihnen gehen, weil sie gerade so ruhig sind, aber ich nehme an, dass Mrs. ... ähm ... Ihre Mutter, Fitz, sie sicher sehen möchte.«

»Nennen Sie mich Mac, Liebes«, bat die alte Dame.

»Ein ungewöhnlicher Name!«, wunderte sich Stella. »Wofür steht die Abkürzung?«

»Immaculata«, erklärte Mac und grinste schief. »Ein alter irischer Name. Und natürlich würde ich die Hunde jetzt gern sehen. Aber warten Sie bitte, bis ich sitze.«

»Lassen Sie mich helfen«, bot Stella an. Sie war etwas besorgt, dass die Stille in der Rumpelkammer möglicherweise nichts Gutes zu bedeuten hatte.

Nachdem Fitz' Mutter bequem im Sessel neben dem Ofen saß, ging Stella die Hunde holen. Sie öffnete die Tür zur Abstellkammer. Tristan und Isolde blickten auf, als sie die Tür hörten, und sahen Stella erwartungsfroh an.

Sie nahm sie an die Leine, weil sie verhindern wollte, dass die beiden ihre frühere Besitzerin vor Freude aus dem Sessel warfen.

»Mein liebes Kind«, sagte Mac, als Stella im Wohnzimmer hinter den Tieren auftauchte, die wie verrückt zogen. »Tristan und Isolde dürfen im Haus doch sicher frei laufen.«

Weil Stella genau in diesem Moment die Kontrolle über die Hunde verlor, brauchte sie nicht zu antworten.

Mac verschwand unter einem Gewusel aus Pfoten und Fell. Wie gut, dass die alte Dame sich zuvor hingesetzt hatte!

Es gab eine Menge Gebell, Gejaule und menschlichen Protest, bis Fitz die Hunde dazu bringen konnte, von seiner Mutter abzulassen. Mac klopfte sich lachend den Rock ab.

»Mutter, diese Hunde …«, begann Fitz.

»Ich weiß! Ich weiß!«, unterbrach Mac ihn. »Sie sind zu lebhaft für mich.«

»Wollen wir nicht eine Flasche öffnen?«, schlug Stella vor und war sich bewusst, dass Fitz' Mutter zu Weihnachten sicher nicht über eine Abgabe ihrer geliebten Hunde würde reden wollen. »Schließlich ist heute Weihnachten.«

»Gute Idee«, stimmte Fitz zu. »Wir haben viele Getränke mitgebracht, Mutter, also keine Sorge.«

»Ich trinke kaum noch«, vertraute Mac Stella an, während Fitz in der Küche war; er hatte darauf bestanden, sich um die Getränke zu kümmern. »Aber ich bin gern dabei, wenn Leute sich amüsieren.« Sie hielt inne. »Ich war so froh, als Fitz mir alles über Sie erzählt hat.«

»Wir kennen uns erst seit heute Morgen, also kann er noch nicht sehr viel wissen«, wandte Stella ein.

»Sie mögen Hunde. Das ist schon mal ein großartiger Anfang.«

Stella verspürte einen kleinen Stich Mitleid für Fitz' Freundin, die keine Hunde mochte. Fitz liebte seine Mutter und würde sicher alles tun, um sie glücklich zu machen, doch er sollte sich nicht auf eine Tierfreundin beschränken müssen, wenn es um die Wahl einer möglichen Lebenspartnerin ging.

Fitz erschien mit einem Tablett voller Gläser und einer Flasche in jeder Jackentasche. Eine der Flaschen enthielt Sherry, den Fitz mitgebracht haben musste. Auf dem Tablett stand auch ein winziges Likörglas, das Stella aus dem Geschirrschrank ihres Vaters kannte.

»Okay«, verkündete Fitz. »Das ist nur die erste Runde. Ich weiß, meine Mutter möchte ein Glas Sherry …«

»Ich bin sicher, in der Vitrine stehen bessere Gläser als dieses da«, meinte Stella.

»Das kleine Glas hat die perfekte Größe für mich«, sagte Mac. Fitz nickte Stella selbstzufrieden zu, was sie zum Lächeln brachte. Irgendetwas an ihm war unbändig, was ihr gut gefiel. Darin ähnelte er seinen Hunden.

»Nun zu unserer reizenden Gastgeberin«, fuhr Fitz fort. »Ich habe Wein und Bier mitgebracht. Alles andere ist das, was Sie bereits im Haus hatten.«

»Ich hätte gern auch ein Glas Sherry, bitte.« Stella hatte Sherry bisher noch nie gekostet.

Als Fitz ihr ein gut gefülltes Weinglas reichte, hoffte sie ernsthaft, dass das Getränk ihr schmecken würde. »Fitz? Es gibt doch sicher ein Mittelding zwischen dem Fingerhut, den Sie Ihrer Mutter gegeben haben, und dem hier?«

»Gut möglich, aber ich bin ein Mann der Extreme.«

»Trinken Sie ihn ganz langsam«, riet ihr Mac. »Dann geht das schon in Ordnung.«

Fitz holte die andere Flasche aus seiner Tasche. »Das ist Stout«, erklärte er. »Ich darf mich nicht betrinken, wenn ich an einem Herd stehe, der nicht mir gehört.« Er war offenbar tatsächlich entschlossen, das Weihnachtsessen zu kochen.

»Soll ich mitkommen und Ihnen zeigen, wo alles steht?«, schlug Stella vor.

»Nicht nötig. Ich werde mich schon zurechtfinden und mit dem Yorkshire-Pudding weitermachen. Ich habe deine Backform mitgebracht, Mutter, und bin ganz zuversichtlich.«

Stella betrachtete ihren Gast. Die alte Dame sah fast aus wie ein Weihnachtsschmuck – sie war so klein, so hübsch zurechtgemacht ... einfach perfekt.

»Stört es Sie nicht, wenn ein Mann in Ihrer Küche herumwerkelt?«, fragte Mac.

»Kein bisschen. Sie war viele Jahre lang die Küche meines Vaters und gehört mir erst seit kurzer Zeit.«

»Sie vermissen ihn.« Es war eine Feststellung, keine Frage.

»Ja, das stimmt. Sehr sogar. Aber mit Gästen in seinem Haus feiern zu dürfen macht mich froh.«

Die beiden Frauen nippten an ihren Getränken und betrachteten einander. Sie sprachen nicht, sondern schwiegen in zufriedenem Einvernehmen.

Fitz platzte herein. »Es tut mir so leid!«, entschuldigte er sich zum gefühlt tausendsten Mal an diesem Tag. »Gerade habe ich die hier entdeckt! Die Pantoffeln Ihres Vaters! Sie sind nicht mehr zu gebrauchen.«

Er wirkte unendlich zerknirscht. Mac legte die Hand tröstend auf Stellas Knie.

Nun war Stella an der Reihe, sich zerknirscht zu fühlen.

»Ehrlich gesagt ist das absolut in Ordnung. Ich habe sie den Hunden als Kauspielzeug gegeben, um sie zu beschäftigen. Die Pantoffeln waren ohnehin schon alt und verschlissen.«

Zwei Augenpaare blickten sie vorwurfsvoll an.

»Ich weiß! Wie sollen sie den Unterschied erkennen zwischen Schuhen, die sie zerkauen dürfen, und solchen, die tabu sind, wenn ich ihnen Hausschuhe zum Spielen überlasse?«

»Aber Sie dachten, dass sie ohnehin weitervermittelt würden und es damit nicht mein Problem ist?«, erkundigte sich Fitz angelegentlich. In seiner Stimme klang dabei eine Traurigkeit mit, die Stella bisher noch nicht an ihm wahrgenommen hatte. Sie vermutete, dass er inniger an seinen Hunden hing, als er zugeben wollte.

»Das stimmt nicht.« Obwohl sie zum Teil im Unrecht war, stieg Empörung in ihr auf. »Und ich weigere mich, über eine Abgabe zu reden oder Ihnen zuzuhören, wenn Sie darüber sprechen! Nicht zu Weihnachten!«

Fitz zuckte mit den Schultern. »Na gut.« Er kehrte zurück an den Herd zu seinem Weihnachtsessen.

Weil Fitz die Küche übernommen hatte und sich weigerte, Stella mithelfen zu lassen, war es an ihr, seine Mutter zu unterhalten.

»Möchten Sie noch etwas Sherry?«, fragte sie höflich.

»Einen winzigen Schluck, bitte. Wissen Sie, was?«, sagte Mac mit einem hinreißenden Lächeln. »Lassen Sie uns doch etwas Nettes im Fernsehen anschauen, dann müssen wir keine höfliche Konversation machen. Wer weiß, wie viele Stunden mein Sohn noch braucht, um den Truthahn aus dem Ofen zu holen und auf den Tellern anzurichten.«

»Oh!«, sagte Stella überrascht, aber erleichtert. Sie fühlte sich, als wäre sie seit Tagen auf den Beinen, und dabei war erst früher Nachmittag. »Mal sehen, ob irgendwo *Ein Herz und eine Krone* läuft. Ich habe Audrey Hepburn schon immer geliebt, und immer nur Weihnachtsfilme anzuschauen kann auf Dauer ziemlich anstrengend sein. In diesen Filmen liegt immer so viel Schnee, und ich werde eifersüchtig.«

»Perfekt. Und ich mache währenddessen ein kleines Nickerchen. Das Wunderbare am Altsein ist, dass man sich nicht mehr aus Rücksicht verstellen muss. Anstatt sich taktvoll und vorsichtig zu verhalten, um niemanden zu beleidigen, sagt man genau das, was man denkt. Man braucht den ›Höflichkeits-Filter‹ nicht mehr.«

Stella musste lächeln. Was Mac da gerade gesagt hatte, stimmte zweifellos, doch Stella glaubte fest, dass Fitz' Mutter den »Höflichkeits-Filter« durchaus noch einsetzte: Sie benutzte ihr Alter nur als Vorwand, um alles so unverblümt auszudrücken, wie es ihr gefiel.

Als Stella sich ebenfalls gestattete, die Augen zu schließen – gemütlich auf dem Sofa mit einem Hund auf jeder Seite –, bemerkte sie, dass irgendwo an der Geschichte ein Haken war. Fitz hatte angedeutet, dass die Hunde seiner Mutter fast gegen ihren Willen aufgedrängt worden seien, doch diese temperamentvolle Frau hätte sich sicher nicht zu etwas zwingen lassen. Irgendetwas stimmte da nicht.

»Zu Tisch, meine Damen!«, rief Fitz einige Zeit später.

Der arme Kerl hatte sich richtig Mühe gegeben, wie Stella sofort erkannte. Aber obwohl die von ihm präsentierten Gerichte durchaus essbar aussahen, hatte er sie weder festlich noch besonders appetitlich angerichtet. Auf den Tellern lagen Truthahnscheiben, und es gab eine Schüssel mit den von Stella vorbereiteten Bratkartoffeln und eine mit dem Rosenkohl, doch die kleinen Extras fehlten: die Würstchen im Schlafrock, die gebratenen Pastinaken, die verschiedenen Arten von Füllungen und die Cranberry-Soße.

Bei Stellas Schwester Annabel (die viel Aufhebens um diese Details machte) gehörten zum Hauptgang des Weihnachtsessens neben den Fleisch- und vegetarischen Varianten auch immer mindestens vier verschiedene Gemüsesorten wie Karotten, mit Salat gedünstetem Sellerie, Kastanien und Erbsen. Stella fühlte sich von so vielen Gerichten auf dem Tisch stets ein wenig überwältigt, doch jetzt bemerkte sie, dass ein Essen ohne sie nicht besonders feierlich wirkte.

»Das sieht toll aus!«, lobte sie dennoch. »Soll ich Servietten in der Küche holen?«

Sie war sich nicht sicher, ob ihr Vater überhaupt Servietten besaß, ganz gleich, ob aus Papier oder Stoff, aber vielleicht hatte sie ja Glück.

Sie kehrte mit einer Küchenrolle zurück. Immerhin.

»Fangen wir an«, sagte Mac. »Der Truthahn schmeckt nicht besser, wenn wir ihn minutenlang bewundern.«

»Warte!«, bat Fitz. »Noch eine Minute!« Er verließ den Raum und kam mit einem Backblech voller Yorkshire-Pudding zurück, der aussah wie ein kleines goldenes Kissen mit knusprigen Rändern.

»Der ist aber gut gelungen!« Stella hoffte, sich nicht zu überrascht anzuhören.

»Ja, das sieht doch schon ganz anders aus«, meinte Mac. »Ich hatte nämlich die kleinen Extras vermisst, weißt du?«

»Tatsächlich hatte ich all die Extras gekauft, die wir zu Weihnachten so lieben, einschließlich einer von einem berühmten Koch zubereiteten Soße und einer Trüffelfüllung. Die Hunde haben alles sehr genossen. Das gilt auch für die Tüte mit Weihnachtsmotiven, in der alles verpackt war.«

»Oh, nein!«, stieß Stella erschrocken hervor. »Ich hoffe, das Plastik macht ihnen keine Probleme!«

»Und ich hoffe«, grummelte Fitz, »dass sie ordentliche Bauchschmerzen davon bekommen und daraus lernen.«

Mac fing an zu lachen. »Ist aber auch wirklich dumm, die Tüte irgendwo herumstehen zu lassen, wo die Hunde heranreichen. Aber jetzt weiß ich, dass mein Weihnachtsessen gute Abnehmer gefunden hat, und es macht mir nichts mehr aus, dass nicht alles dabei ist, an das man sonst so gewöhnt ist.«

Als Mac und Stella beim zweiten Glas Wein angekommen waren (Fitz war zu Wasser übergegangen), sagte Stella: »Ich habe eine verrückte Idee.«

»Willkommen im Klub«, lachte Mac. »Sie passen ganz ausgezeichnet in diese Familie.«

»Ich habe unter meinen Vorräten noch ein paar tolle Sachen. Zum Beispiel eine Packung Metzgerwurst vom Bauernmarkt. Außerdem edle Würstchen im Teigmantel und allerlei Gemüsesorten. Alles in der Tiefkühltruhe. Wir könnten morgen ein weiteres Weihnachtsessen mit den üblichen Zutaten zubereiten. Dazu würde es die Reste des Truthahns von heute geben.«

»Das ist ein fantastischer Vorschlag. Bin ich auch eingeladen?«, fragte Mac. »Ich habe in meinem Pflegeheim zwar viel Spaß, doch meine neue Freundin ist über Weihnachten zu ihrer Familie gefahren und kommt erst an Silvester zurück.«

»Ja, natürlich! Ich meinte Sie beide.« Stella wandte sich an Fitz. »Oder fahren Sie zu Ihrer Freundin?«

»Bestimmt nicht«, sagte er. »Ich käme gern morgen wieder, wenn Sie die Hundehölle noch einen Tag ertragen können.«

»Ich liebe Hunde, und ich bin der Meinung, dass Tris und Izzy nur falsch verstanden werden«, erklärte Stella schmunzelnd. »So, und jetzt hole ich den Nachtisch«, fügte sie hinzu und fand ihr Weihnachtsfest viel schöner als alles, was sie erwartet hatte.

»Das war das beste Weihnachtsessen seit langer Zeit«, stellte Mac fest. »Letztes Jahr haben wir mit Fiona gefeiert – das ist Fitz' Freundin –, und wir hatten nicht einmal annähernd so viel Spaß.«

»Mutter!«, rief Fitz eher verärgert als beleidigt.

»Alle hatten sich viel Mühe gegeben«, erklärte seine Mutter, »und es war das perfekte Weihnachten, doch dieses Jahr war es einfach lustiger. Könntest du mich jetzt bitte nach Hause bringen, Fitz? Ich bin müde und sehne mich nach meinem Bett.«

Aber er setzte seine Mutter zunächst einmal, von beiden Hunden flankiert, vor das Feuer und half Stella, das schmutzige Geschirr und die Essensreste in die Küche zu befördern.

»Es war sehr, sehr nett von Ihnen, uns einzuladen«, sagte er. »Meiner Mutter hat es wirklich gut gefallen. Sie spricht grundsätzlich aus, was sie denkt, deswegen hätten wir gewusst, wenn es nicht so gewesen wäre.«

»Sie hat mir den ›Höflichkeits-Filter‹ erklärt, den man im Alter nicht mehr einsetzt.«

Fitz lachte laut. »Mag sein, dass das stimmt, aber meine Mutter hatte diesen Filter nie, auch nicht, als sie jünger war. Sie hat ihre Gefühle immer klipp und klar ausgedrückt.«

»Habe ich mir fast gedacht.«

Er seufzte. »Ich bringe sie jetzt heim. Könnte ich die Hunde hierlassen und später abholen?«

Für den Bruchteil einer Sekunde stellte sich Stella vor, was passieren könnte. Er würde zurückkommen, es wäre schon spät, und sie würde ihm einen Drink anbieten – er konnte von ihrem Cottage aus nach Hause laufen und hatte den ganzen Tag über nur ein Glas Stout getrunken. Sie würden sich vor das Feuer setzen, und der Raum wäre nur von Lichterketten und Flammen erhellt. Und dann würde eines zum anderen führen ...

»Keine Sorge!«, sagte sie heiter. »Warum lassen Sie die Hunde nicht einfach über Nacht hier? Ich denke, damit werden die beiden zurechtkommen. Sie können in der Abstellkammer schlafen, und der Garten ist hundesicher, falls sie hinausmüssen.«

Fitz runzelte die Stirn. Er schien zu glauben, dass es sich um eine großzügige Geste handelte, während Stella in Wahrheit sich und ihn vor Schlimmerem zu beschützen versuchte.

»Ich meine es ernst. Um wie viel Uhr werden Sie und Ihre Mutter hier sein? Es wäre übrigens keine schlechte Idee, Ihrer Freundin zu sagen, dass Sie morgen noch einmal herkommen. Übermorgen kommt sie zu Ihnen, nicht wahr? Und es ist wirklich eine dieser Situationen ...«

Er hob die Hand. »Ich weiß schon. Wenn man nicht gleich am Anfang offen ist, wird später alles falsch interpretiert.«

»Wie wäre es also morgen so gegen zwölf?«

»Perfekt.« Er küsste sie auf die Wange.

Es ist nur ein harmloses Abschiedsküsschen, sagte sie sich. Kein Grund zur Besorgnis.

Nachdem Stella die Tür hinter Fitz und seiner Mutter geschlossen hatte, wollte sie eigentlich weiter aufräumen, doch stattdessen fand sie sich im Wohnzimmer auf dem alten Ledersofa vor dem Feuer wieder. Beide Hunde hatten sich neben sie gekuschelt. Ihnen schien es nichts auszumachen, dass ihre Besitzer sie schon wieder verlassen hatten.

Stella musste über vieles nachdenken. Der heutige Tag hatte ihr die Entscheidung, was ihren zukünftigen Wohnort anging, schwer gemacht, und sie fühlte sich wie zerrissen.

Eigentlich könnte es so leicht sein, auf den vergangenen Tag zurückzublicken und sich daran zu erfreuen, wie schön es gewesen war – einfach weil all das stattgefunden hatte. Aber war ein schöner Weihnachtstag mit Fremden, die sich ganz schnell wie Freunde angefühlt hatten, wirklich ein Zeichen dafür, dass sie auf dem Land und in diesem Haus glücklich sein konnte? Oder war es nur ein einmaliges Highlight, und der Rest ihres Lebens hier würde einsam sein?

Fitz und ihre Gefühle für ihn verkomplizierten die Angelegenheit eindeutig noch mehr. Er war so witzig, so geistreich und herzlich, so freundlich zu seiner Mutter (was immer ein untrügliches Zeichen für einen netten Mann war), und er liebte Tiere. Zwischen ihnen schien eine Verbindung zu bestehen. Doch er war nicht frei und damit tabu für sie.

Aber selbst wenn er ungebunden wäre und ihre Gefühle erwidern würde, wäre es nicht richtig, alles aufzugeben und nur aus diesem Grund in die Cotswolds zu ziehen. Es könnte ja sein, dass Fitz das Haus seiner Mutter verkaufen wollte und nicht mehr an den Wochenenden herkäme. Dann aber wäre sie sehr allein und obendrein weit entfernt von den Leuten, die ihr etwas bedeuteten.

Nein, sie durfte Fitz auf keinen Fall in die Gleichung einbeziehen. Sie würde nur umziehen, weil sie es so wollte und weil es das Richtige für sie war.

Tristans Kopf bewegte sich und nahm noch mehr Platz auf ihrem Schoß ein. Und wie würde es mit diesen Hunden weitergehen?

Stella beschloss, Mac und Fitz nicht zu erzählen, dass Tris und Izzy die Nacht in ihrem Bett verbracht hatten. Es war nicht wirklich wichtig. Stattdessen würde sie sich damit rühmen, dass sie richtig früh aufgestanden war und sich von ihnen zu einem Spaziergang auf die Gemeindewiese hatte ziehen lassen.

Zuerst wusste sie nicht recht, ob sie die beiden frei laufen lassen sollte, doch sie hatte die Taschen der alten Wanderjacke ihres Vaters mit Hundeleckerli gefüllt, und die Hunde kamen jedes Mal bereitwillig zurück, wenn Stella rief. Diese Erfahrung genoss sie wirklich.

Sie wusste noch nicht genau, ob sie beichten sollte, dass Tristan und Isolde den Fernseher »selbst eingeschaltet« hatten, indem sie bei dem Versuch, ein paar walisische Kekse vom Wohnzimmertisch zu stibitzen, auf die Fernbedienung getreten waren. Technisch gesehen war das ziemlich clever, aber moralisch natürlich verwerflich.

Wieder zu Hause, brachte Stella es nicht über sich, die Hunde in der Abstellkammer einzusperren. Sogar wenn der obere Teil der Halbtür offen stand, jaulten sie herzzerreißend. Obwohl die beiden durch Küche und Wohnzimmer wuselten, gelang es Stella, eine passable Mahlzeit zuzubereiten. Die wirkliche Herausforderung bestand darin, das Essen auf dem Tisch anzurichten. Sie beschloss, damit zu warten, bis ihre Gäste da waren, um das Arrangement zu bewachen.

Als sie gerade ihr Make-up noch einmal überprüft hatte, klingelte es.

Fitz und Mac kamen vielleicht etwas zu früh, aber das war gut so. So konnten sie sich um die Hunde kümmern, während Stella die Röstkartoffeln noch einmal beträufelte und die Würstchen aus dem Ofen holte. Zu guter Letzt hatte sie Tristan und Isolde doch noch kurz in die Abstellkammer gesperrt und sie mit Keksen und alten Hundekauknochen bestochen, aber jetzt versuchten sie, über die Halbtür zu springen. Das Haus hallte von ihrem tiefen Bellen wider, das klang, als wären sie riesige Bestien.

Sie öffnete die Tür mit einem glücklichen Lächeln, das beim Anblick der wildfremden Frau auf ihrer Schwelle sofort erlosch. Allerdings konnte Stella sich denken, wer das war. Tief im Innern wünschte sie sich, dass sie nicht immer noch die lässige schwarze Cordhose und den rosa Pullover trüge, in dem sie die Hunde ausgeführt hatte. Doch es war zu spät, sich darüber Gedanken zu machen. »Ja, bitte?«, sagte sie.

Die Frau war ein wenig jünger als Stella – schätzungsweise achtundzwanzig Jahre alt – und etwas schlanker. Außerdem sah sie in einer offenbar neuen Barbour-Jacke, hohen Stiefeln und einer mit viel Gold und Glitter behängten Handtasche sehr gepflegt und elegant aus. So glamourös sie jedoch wirkte – ihr schien nicht gerade behaglich zumute zu sein. »Äh … hallo! Sie kennen mich nicht, aber ich bin Fiona, Fitz' Freundin.«

»Oh! Kommen Sie rein! Fitz hat viel über Sie erzählt.« Das stimmte zwar nicht, doch es war nur eine

Notlüge. »Wollen Sie an unserem zweiten Weihnachtsessen teilnehmen?«

»Wäre das in Ordnung?« Fiona schien überrascht zu sein.

»Je mehr Leute da sind, desto lustiger wird es. Es ist alles ein bisschen behelfsmäßig, fürchte ich. Darf ich Ihnen den Mantel abnehmen?«

Die Hunde spielten verrückt, doch das Einzige, was Stella über Fiona wusste, war, dass sie keine Hunde mochte. Also mussten die beiden bleiben, wo sie waren. Immerhin hatten sie inzwischen aufgehört zu bellen und warfen sich nur noch vehement gegen die Tür, um den Neuankömmling zu begrüßen.

»Haben Sie Fitz gesagt, dass Sie kommen?«

Eine kleine, sehr aufschlussreiche Pause entstand. Sie bedeutete, dass Fiona nicht ganz sicher war, wie Fitz reagieren würde. »Nein, ich wollte ihn überraschen. Ich glaube, er hat nicht gemerkt, wie ich ihm Ihren Namen und Ihre Adresse entlockt habe.«

»Tolle Idee. Bestimmt ist er begeistert, Sie zu sehen. Was möchten Sie trinken? Ich habe eine Flasche Prosecco.«

»Dazu ist es vielleicht noch ein bisschen früh.«

»Kurz vor zwölf. An Weihnachten ist es nie zu früh für ein Schlückchen Prosecco.« Ohne Alkohol würde Stella die Situation bestimmt nicht überstehen.

Nachdem sie in der Küche überprüft hatte, dass nichts anbrennen konnte, gesellte sie sich mit dem Prosecco und zwei Gläsern zu Fiona, die sich neben den Holzofen gesetzt hatte.

»Leider habe ich keine Champagnergläser. Dies hier war das Haus meines Vaters, und ich bin nur über Weihnachten hier. Vermutlich. Und jetzt muss ich mal einen Blick auf das Feuer werfen. Es heizt nicht richtig, oder?«

Glücklicherweise spielte der Ofen mit. Nachdem Stella die Lüftung geöffnet hatte, flackerten sofort helle Flammen auf. Wenn doch die Hunde nur ebenso fügsam wären!, dachte sie, als sie sich aufrichtete.

Mit Prosecco in Weingläsern (Fiona hatte nur leicht gezuckt, als Stella ihr eines gereicht hatte) saßen die beiden Frauen einander gegenüber, während die Hunde gegen die Tür der Abstellkammer polterten. Stella nippte an ihrem Glas und stellte fest, dass es unmöglich war, sich mit einer völlig Fremden zu unterhalten, die ängstlich und vielleicht auch ein wenig feindselig wirkte, während die Hunde so unruhig waren.

»Entschuldigen Sie mich bitte einen Moment«, sagte sie. »Ich werde sehen, ob ich die zwei zum Schweigen bringen kann. Obwohl sie ruhiger wären, wenn sie bei uns sein dürften«, fügte Stella hoffnungsvoll hinzu.

»Tut mir leid, aber ich komme mit Hunden nicht zurecht, es sei denn, sie sind wirklich gut erzogen. Mein Vater hat Jagdhunde, die fast nie ins Haus kommen. Nur für Fotos. Doch sie geben niemals Geräusche von sich.«

Stella überlegte, was sie tun könnte.

Auf den Hausschuhen ihres Vaters herumzukauen hatte Tristan und Isolde beruhigt, doch die Pantoffeln waren inzwischen völlig zerfetzt. Sie ging nach oben, um nach irgendwelchen anderen alten Schuhen von ihm zu fahnden.

Vielleicht fand sich ja im Kleiderschrank noch etwas, das der Tasche für die Kleiderkammer entgangen war. Schließlich entdeckte sie ein Paar sehr gute, kaum getragene Lederschuhe. Warum hatte ihre Schwester die zurückbehalten? Wahrscheinlich, so wurde Stella rasch klar, weil Annabel sie auf eBay verkaufen wollte. Es waren wirklich sehr schöne, schwere Schuhe, die vermutlich viel Geld gekostet hatten.

Stella schluckte, nahm die Lederschuhe und ging damit nach unten. Sie würde sich bei Annabel entschuldigen müssen. Aber vielleicht hatte ihre Schwester die Schuhe längst vergessen. Zumindest hoffte Stella das.

Stella setzte sich wieder zu Fiona an den Ofen.

»Wie haben Sie es angestellt, die Hunde ruhig zu bekommen?«, fragte Fitz' Freundin.

»Ich habe ihnen nur etwas gegeben, um sie zu beschäftigen. Wo Fitz und Mac nur bleiben. Sie sind spät dran.«

»Sie kommen immer zu spät, wenn seine Mutter dabei ist«, sagte Fiona. »Ich nehme an, es hat etwas mit mir zu tun.«

»Da sie nicht weiß, dass Sie hier sind, ist das unmöglich. Noch etwas Prosecco?« Stella wartete nicht auf Fionas Antwort, sondern füllte ihr Glas einfach auf.

Stella war kurz in die Küche zurückgekehrt – angeblich, um nach dem Essen zu sehen, aber in Wahrheit, um Fiona zu entkommen, mit der sie nichts gemeinsam zu haben schien –, als sie Fitz und seine Mutter ankommen hörte.

Fiona öffnete die Tür.

Stella drückte sich möglichst lange in der Küche herum. Sie hörte den Ausruf »Überraschung!« und das anschließende »Oh, hallo, Liebling«, das eher verblüfft als erfreut klang. Schließlich zeigte sie sich.

»Ist das nicht schön!«, rief sie. Ihre Stimme klang

nach herzlicher Begrüßung und Weihnachtsstimmung. »Fitz und Fiona können nun doch Weihnachten zusammen sein!«

»Wie reizend«, sagte Fitz' Mutter, und ihr Ton ließ keinen Zweifel daran, dass die Bemerkung ironisch gemeint war. »Wo sind meine Hunde?«

In diesem Moment, vermutlich weil sie die Stimmen ihrer Lieben hörten, begannen Tristan und Isolde zu bellen.

»Ich kümmere mich um sie«, sagte Fitz.

»Ich komme mit«, erklärte Fiona, die ihre Antipathie gegen Hunde offenbar für einen Moment vergessen hatte.

»Ich hole Ihnen einen Drink, Mac«, entschied Stella.

Dabei beschloss sie, die bestürzten Ausrufe zu ignorieren, die aus dem Abstellraum drangen. Es war Weihnachten, sie tat ihr Bestes, und sie hatte den Hunden die Schuhe überlassen – immerhin hatten die Tiere sie nicht gestohlen.

Sie saß mit Mac auf dem Sofa, als Fitz mit einem der Hunde an der Leine hereinkam. Fiona führte den anderen herein und rief empört: »Sie werden nie erraten, was sie angestellt haben.«

Aber Stella brauchte nicht zu raten, sie wusste es ja ganz genau. »Ich habe den Hunden die Schuhe gegeben«, sagte sie trotzig. »Um sie zu beruhigen.«

Fiona wirbelte zu ihr herum. »Aber haben Sie eine Ahnung, was solche Schuhe kosten? Was für eine Verschwendung!«

Stella atmete tief durch, um zu antworten, als es an der Tür klingelte.

»Wer mag das wohl sein?«, überlegte Fitz laut, der sich offenbar überhaupt nicht amüsierte.

»Ich öffne, dann wissen wir es.« Stella hätte in diesem Augenblick sogar einen Hausierer willkommen geheißen. Aber je näher sie der Haustür kam, desto klarer wurde ihr, dass damit heute nicht zu rechnen war.

Es war ihr Freund aus London.

»Piers!«, murmelte sie. »Was um alles in der Welt machst du hier?«

Er lächelte sein charmantes, leicht schiefes Lächeln, das sie immer zum Dahinschmelzen gebracht hatte. Seit ihrem letzten Treffen hatte er sich einen Bart wachsen lassen und schien mit der engen Jeans, dem Holzfällerhemd und den Hosenträgern einen Hipster-Look anzustreben. »Annabel hat mich angerufen. Sie dachte, du müsstest gerettet werden. Und anscheinend stimmt das.«

Dieses Mal jedoch schmolz Stella nicht dahin. Vielleicht lag es an seinem neuen Look oder daran, dass sie sich zu sehr über ihre Schwester und Piers ärgerte. »Ich brauche absolut keine *Rettung!*«, sagte sie scharf. »Aber komm erst mal herein.«

»Schon gut«, brummte er. Sein Charme verblasste ein wenig angesichts ihrer Verärgerung. »Ich bin extra aus London gekommen, um dich zu sehen und Weihnachten mit dir zu verbringen.«

»Wir hatten eine Pause vereinbart, Piers! Und du hattest kein Interesse daran, Weihnachten mit mir zu feiern, als ich dir Anfang des Monats eine E-Mail mit meinen Plänen geschickt habe! Du sagtest, du würdest dir lieber die Augen auskratzen, als Weihnachten auf dem Land zu verbringen.«

Er zuckte mit den Schultern. »Annabel meinte, du würdest mich brauchen. Und natürlich bin ich gekommen!«

»Gut, dann herein mit dir. Du kannst deinen Mantel an einen der Haken hängen.« Sie wedelte ungeduldig mit der Hand. »Nun komm schon.«

Was hätte sie auch anderes sagen sollen? Sie führte ihn ins Wohnzimmer und stellte fest, dass die Hunde sich inzwischen beruhigt hatten. Izzy hatte den Kopf auf Macs Schoß gelegt, Tris hatte sich hinter Fitz auf dem Sofa zusammengerollt. Fiona, die neben ihrem Freund saß, sah sehr unglücklich aus. Stella empfand ein wenig Mitleid mit ihr. Die Frau mochte keine Hunde, doch einer saß ganz in ihrer Nähe.

»Das ist Piers. Er verbringt den heutigen Tag mit uns«, verkündete Stella.

»Und wer ist Piers?«, fragte Mac, die plötzlich sehr feierlich wirkte. »Etwa Ihr Freund?«

»Ja.« Fiona sah mit einem Mal etwas glücklicher aus. »Stellen Sie uns doch bitte richtig vor«, bat sie, und Stella kam der Aufforderung nach.

»Jetzt muss ich aber wieder zurück an den Herd«, erklärte sie dann. In der Küche gönnte Stella sich eine kleine Panikattacke und beruhigte sich, indem sie die Soße probierte, die einfach spektakulär geworden war. Mit neuem Mut fügte sie dem Stapel Teller, der zum Aufwärmen auf dem Herd stand, einen weiteren hinzu, als Fitz hereinkam.

»Tja, gleich zwei unangekündigte Gäste ist ja nicht ganz das, was wir erwartet haben, oder?«, stellte er fest.

Angesichts seines Ärgers reagierte Stella großzügiger. »Das vielleicht nicht, doch wir haben jede Menge zu essen, und es ist Weihnachten: Wir können sie nicht wegschicken.«

»Nein, natürlich nicht. Wie kann ich mich noch nützlich machen?«

Seine neutrale Anwesenheit wirkte sehr beruhigend. »Könnten Sie vielleicht nach oben gehen und den Stuhl aus dem Gästezimmer holen? Es ist der Raum gegenüber dem Bad. Und den aus dem Badezimmer dürfen Sie auch gleich mitbringen.«

Kaum hatte Fitz die Küche verlassen, erschien Piers. »Na, stellare Stella? Was muss ich tun, um einen Drink zu bekommen?«

Früher hatte sie diesen Kosenamen gemocht, jetzt jedoch klang er in ihren Ohren hohl und albern. »Oh, tut mir leid. Ich musste mich gerade um Stühle kümmern. Bediene dich einfach selbst.« Sie zeigte auf die Flaschen auf der Anrichte. Einige davon hatte Fitz mitgebracht, andere stammten noch aus der Zeit ihres Vaters. »Ich weiß nicht genau, was da ist, doch auf dem Tisch im Esszimmer findest du auch Wein, wenn dir das lieber ist.«

»Ich könnte einen Scotch vertragen«, meinte er. »Die Straßen hier herauf waren überraschend voll.«

»Schau halt nach.« Plötzlich dämmerte ihr, dass er über Nacht bleiben und den ganzen Tag trinken wollte. Nun, dann würde er eben im Gästezimmer schlafen.

»Oh!«, konstatierte Piers überrascht, als er die Alkoholika in Augenschein nahm. »Hier ist eine wirklich gute Flasche Madeira. Leider nur noch ein kümmerlicher Rest. Schade, dass sie fast leer ist.«

»Hm«, entfuhr es Stella nur, denn sie hatte den meisten Madeira für die Bratensoße verwendet. Vermutlich schmeckte sie deshalb so sensationell gut.

»Nun, wie ist es dir hier unten so allein ergangen? Du warst einsam, nehme ich an«, sagte Piers.

Stella dachte nach. »Ein bisschen einsam. Zumindest zu Beginn.«

»Und wer sind diese verrückten Leute, mit denen du dich da eingelassen hast?«

»Ich habe euch doch vorgestellt. Und eigentlich sind sie gar nicht verrückt.« Okay, ein bisschen verrückt waren sie schon, aber Stella wollte ihre neuen Freunde beschützen und verteidigen.

Piers lachte. Es klang höhnisch, wie Stella fand.

Stella konnte nicht umhin zu bemerken, wie sehr Fitz ihr bei den Vorbereitungen zu ihrem zweiten Weihnachtsessen zur Hand ging. Piers hingegen, von dem Stella etwas mehr Loyalität erwartet hatte, plauderte die ganze Zeit mit Fiona. Aber da er sie zum Lachen brachte und deutlich aufheiterte, konnte Stella seiner Anwesenheit doch noch etwas Gutes abgewinnen.

Endlich stand alles auf dem Tisch, jeder hatte Truthahn nebst Beilagen auf dem Teller, und alle lobten das Essen und bedankten sich überschwänglich.

Vor allem Mac schien begeistert zu sein. Sie fand es interessant, alle kennenzulernen, aber etwas in ihrem Verhalten veranlasste Stella zu der heimlichen Sorge, dass die alte Dame jederzeit »ohne Filter« zu sprechen beginnen würde. Nach den Blicken ihres Sohnes zu urteilen, befürchtete Fitz das Gleiche.

»Was treiben Sie so in London, Piers?«, erkundigte sich Mac, als alle zufrieden den Truthahn aßen.

Piers redete gern über sich selbst und war darin geradezu ein Meister. Vor allem beherrschte er die Kunst des »bescheidenen Prahlens«. Und so berichtete er fünf Minuten lang über seinen Job und die tollen Verbindungen und deutete subtil seine Einkommensklasse an.

Stella war insgeheim stinksauer auf ihn, weil er nicht nur uneingeladen zu ihrem Weihnachtsessen erschienen war, sondern jetzt auch noch so prahlte. Aber Fiona wirkte wie verzaubert. Noch nicht einmal Mac kommentierte Piers' Monolog, obwohl man bei ihr nie ganz sicher sein konnte, was sie als Nächstes von sich geben würde.

»Nun, Stella«, erkundigte sich Piers angelegentlich, »hast du dich schon entschieden, ob du deinen Job aufgeben und hierherziehen willst?« Ehe sie antworten konnte, fuhr er fort: »Stella ist eine wirklich großartige Grundschullehrerin. Sie arbeitet in einem schwierigen Viertel, aber bei der letzten Inspektion wurde ihre Schule ausgezeichnet bewertet.« Er schien wirklich stolz auf sie zu sein.

»Also …«, begann sie.

»Trotzdem hat sie sich seit einiger Zeit in den Kopf gesetzt, das alles hinter sich zu lassen, um in eine Gegend zu ziehen, die vielleicht ganz hübsch sein mag, doch wo sich Fuchs und Hase Gute Nacht sagen.« Er lächelte alle an, um darauf hinzuweisen, dass seine Rede beendet war, ohne sich darum zu kümmern, dass er drei Bewohner der »ganz hübschen«, aber verschlafenen Gegend mit diesem Satz beleidigt hatte.

»Wissen Sie«, meldete sich Fiona zu Wort, »Sie haben wirklich recht. Ich liebe es, auf dem Land zu sein – lange Spaziergänge, gemütliche Kaminfeuer –, aber nach ein paar Tagen brauche ich wieder das Leben in der Stadt!«

Stella erkannte, dass Piers und Fiona davon ausgingen, das Gespräch über Stellas Karriere und Zukunft an ihrer Stelle führen zu können, und dass sie dem nichts hinzuzufügen brauchte. »Haben Sie schon von der köstlichen Soße genommen, Mac?«

»Habe ich, vielen Dank«, antwortete die alte Dame

zurückhaltend, aber mit einem gefährlichen Zwinkern in Stellas Richtung.

»Und was machen Sie beruflich, Fiona?«, fragte Stella schnell.

»Ich arbeite in der Werbung. Es ist nur eine recht kleine Agentur in Bristol, doch wir leisten großartige Arbeit. Eines Tages wird die Agentur vielleicht nach London ziehen«, fügte Fiona lächelnd hinzu. »Und wenn sie es tut, würde ich auf jeden Fall mitgehen.«

»Wenn es so weit ist«, sagte Piers und schien aus dem Nichts eine Visitenkarte herbeizuzaubern, »kommen Sie doch mal vorbei. Aber das dürfen Sie auch, wenn Ihre Agentur nicht umzieht.«

Fitz hatte noch nicht viel zur Unterhaltung beigetragen, und Stella fühlte sich verpflichtet, auch ihn ins Gespräch einzubeziehen. Irgendwie hatten sie am Tag zuvor nicht über ihre Arbeit gesprochen, also schien es ein gutes Thema zu sein. »Und Sie, Fitz? Womit verdienen Sie Ihre Brötchen?«

»Ich bin Journalist und arbeite für eine Zeitschrift. Nebenher bin ich noch ein wenig freiberuflich tätig.«

»Fitz ist exzellent«, sagte Fiona, »aber er bekommt nur einen Hungerlohn. Dabei ist er so viel mehr wert!«

»Das stimmt!«, mischte sich Mac ein und blickte Stella bedeutungsvoll an.

»Wer möchte noch einen Nachschlag?«, fragte sie ausweichend.

»Ich hätte gern noch von der Soße«, antwortete Fitz. »Sie ist absolut fantastisch.«

Fiona und Piers meldeten sich freiwillig zum Abräumen. Weil Stella von ihren Gastgeberpflichten erschöpft war, beschloss sie, den beiden ihren Willen zu lassen. Richtig aufräumen konnte sie später. Mac döste vor dem Ofen; sich gut zu benehmen hatte sie vermutlich mächtig angestrengt.

Auch Fitz war aus der Küche verbannt worden und meinte: »Vielleicht sollte ich mit den Hunden spazieren gehen. Sie werden sonst unruhig.«

»Himmel, was würde ich jetzt für einen Spaziergang geben!«, sagte Stella. »Ein bisschen frische Luft schnappen.«

»Und keine Konversation mehr betreiben müssen«, stimmte Fitz zu. »Machen wir es doch einfach.«

»Geht nicht! Als Gastgeberin muss ich hierbleiben.«

»Natürlich geht es. Glauben Sie, ich sollte Fiona und Piers auch dazu einladen? Ich frage lieber mal. Aber sie lehnen sicher ab.«

Doch im Gegenteil: Beide fanden einen Spaziergang eine gute Idee, »um sich das üppige Essen abzulaufen«.

Es dauerte schier endlos, aus dem Haus zu kommen. Fiona wollte ihre Stiefel nicht ruinieren, also musste Stella Schuhe suchen, die sie ihr leihen konnte. Glücklicherweise passten Fiona ihre Wanderstiefel, Stella selbst schlüpfte in ihre Gummistiefel. Fitz lieh sich die Stiefel ihres Vaters, und Piers trug bereits gefütterte Boots. Mac wollte weiterhin am Feuer dösen.

Die Hunde zogen Fitz und Fiona den Berg hinauf. Dabei erwähnte Fiona mehrmals, wie gut die Hunde ihres Vaters ausgebildet waren. »Nie im Leben würde er einen schlecht erzogenen Hund tolerieren«, sagte sie. »Arbeitshunde müssen gehorchen.«

»Ich glaube, diese hier sind eher Spielhunde«, erwiderte Fitz. »Wir lassen sie von der Leine, wenn wir weit genug von der Straße entfernt sind.«

»Die sind doch im Nu über alle Berge«, gab Fiona spöttisch zurück.

Stella wollte Tris und Izzy spontan verteidigen, schwieg dann aber. Die beiden waren schließlich nicht ihre Hunde.

Zu viert standen sie schließlich unter dem Hunde-Weihnachtsbaum. Stella erklärte Fiona und Piers, welche Bewandtnis es damit hatte. Allerdings wies sie nicht auf den zerbeulten kleinen Blechhund hin, den sie selbst an den Baum gehängt hatte. Fiona und Piers zeigten sich angemessen interessiert.

Izzy und Tris tobten um sie herum und hatten es bald geschafft, Fionas Barbour-Jacke ordentlich mit Schlamm zu bespritzen.

»Schon gut«, fauchte Fiona, als sich Fitz entschuldigte. »Man kann es sicher abbürsten.«

Stella hatte Mitleid mit ihr. Offenbar hatte sie wirklich die Nase voll von den Hunden, durfte sich aber nicht beklagen, weil sie sonst riskierte, als Spielverderberin zu gelten. Andererseits trug sie eine hochwertige Outdoor-Jacke, der ein bisschen Schmutz eigentlich nichts ausmachen sollte.

»Du bist sehr verständnisvoll«, sagte Fitz. »Dafür bin ich dir wirklich dankbar, denn ich liebe diese Hunde.«

»Wohnen die Tiere bei Ihnen in Bristol?«, fragte Piers.

»Nein«, antwortete Fiona. »Dort können wir sie nicht halten.«

»Dann ...«, fuhr Piers fort.

»Sie sollen ein neues Zuhause bekommen«, unterbrach Fiona ihn. »Fitz' Mutter kann nämlich nicht mehr auf sie aufpassen.«

»Ich hoffe, es macht Ihnen nichts aus«, wandte Stella

ein, »doch wir haben vereinbart, an Weihnachten nicht über dieses Thema zu sprechen.«

»Auch gut!«, murrte Fiona und klopfte ihre Jacke ab.

»Eigentlich glaube ich nicht, dass ich überhaupt je darüber reden kann«, sagte Fitz, als Tris zu ihm kam und seinen Kopf an ihn schmiegte.

»Aber du wirst bald darüber nachdenken müssen«, konterte Fiona in scharfem Ton. »Und zwar, bevor du wieder arbeiten gehst.«

»Sie können diese Hunde nicht in einer Stadt halten, das wäre den Tieren gegenüber unfair«, erklärte Piers.

»Wie war das noch mal mit unserer Vereinbarung?«, erinnerte Stella. Einen Augenblick später fügte sie hinzu: »Wir sollten zurückgehen. Ich brauche jetzt unbedingt eine Tasse Tee.«

Stella stand in Socken in der Küche und hatte gerade den Wasserkessel aufgesetzt, als ein Schrei ertönte. Es war ein so untröstlicher Klagelaut, dass man hätte meinen können, jemand sei gestorben.

Ihr erster Gedanke war, dass Mac einen dramatischen Zusammenbruch erlitten hatte. Sie stürzte ins Wohnzimmer, bereit, sofort einen Krankenwagen zu rufen.

Aber Mac saß am Feuer und sah kerngesund aus.

Fitz hatte beide Hunde an den Halsbändern gepackt und war mit ihnen offenbar auf dem Weg zur Abstellkammer.

Mitten im Wohnzimmer stand Fiona und wurde von hysterischen Weinkrämpfen geschüttelt. »Diese verfluchten Köter«, schimpfte sie unter Tränen. »Sie haben meine Handtasche und meine Stiefel zerkaut.«

Stella war schockiert. Sie waren erst vor höchstens fünf Minuten wieder im Haus angekommen – also war kaum Zeit gewesen, um einen Keks zu fressen, ganz zu schweigen von kostbaren Lederwaren. Wenigstens hatte sie den Wasserkocher aufgesetzt, vielleicht brauchte Fiona etwas gegen den Schock.

»Piers«, bat Stella. »Könntest du bitte den Tee aufbrühen? Wir können jetzt alle eine Tasse vertragen.«

Piers ging sofort in die Küche, um der Bitte nachzukommen.

Fitz hatte die Missetäter eingesperrt und kehrte ins Zimmer zurück. »Oh, komm schon, Fiona!«, sagte er beschwichtigend. »Es ist doch nur eine winzige Ecke.«

Fiona hielt ihre schöne Handtasche hoch, und Stella konnte die Zahnabdrücke sehen. Es war zwar tatsächlich nur eine Ecke, aber die Tasche war auf jeden Fall ruiniert.

Stella seufzte. »Es tut mir so leid!«

»Mein Stiefel auch!« Fiona hielt ihn hoch.

Auch darauf hatten die Hunde herumgekaut. Ein großes Loch prangte direkt über der Ferse.

»Das ist ja schrecklich«, sagte Stella. Etwas Besseres fiel ihr nicht ein.

»Es ist mehr als schrecklich!«, keifte Fiona und ergoss ihren Zorn über Stella. »Es ist eine *Katastrophe!*«

Stella dachte nach. »Ich bin sicher, dass wir eine Hausratversicherung haben. Sie würde ...«

»Es ist nicht Ihre Schuld, Stella«, unterbrach Fitz. »Ich kümmere mich darum.«

»Ach ja?« Fiona klang jetzt weniger verzweifelt als vielmehr wütend. »Du kümmerst dich darum? Such den Hunden lieber ein Zuhause! Oder lass sie halt einschläfern!«

»Schatz, du bist hysterisch«, sagte Fitz.

Das stimmte zwar, war aber erstaunlich taktlos. Stella war unsäglich erleichtert, als Piers endlich mit dem Tablett hereinkam. Den ersten Becher Tee reichte er Mac, die einen leicht amüsierten Eindruck machte.

»Vielleicht bin ich hysterisch, doch ich habe recht!«, trumpfte Fiona auf. »Entweder lässt du die Höllenhunde einschläfern, oder du bringst sie in ein Heim für schwer erziehbare Tiere. Wenn nicht, sind wir geschiedene Leute. Du musst dich entscheiden!«

»Nein!«, widersprach Stella fast ebenso laut wie Fiona. »Sie müssen sich nicht entscheiden! Die Hunde dürfen nicht zwischen Ihnen stehen.«

»Sie stehen längst zwischen uns! Sie haben meine Tasche und meine Stiefel zerstört, und das werde ich ihnen nie verzeihen! Niemals!«

»Ich übernehme die Hunde!« Stella merkte, dass sie sehr laut geworden war. »Ich meine«, sie senkte die Stimme, »ich behalte sie bei mir, passe auf sie auf und erziehe sie.« Sie spürte, wie ihr die Stimme versagte, und griff dankbar nach dem Becher Tee, den Piers ihr anbot.

»Du solltest sehr sorgfältig nachdenken, ehe du eine solche Entscheidung triffst«, sagte er und sah ziemlich schockiert aus. Piers reichte Fitz eine Tasse Tee und setzte sich mit seinem eigenen Becher auf das Sofa. »So etwas entscheidet man nicht Knall auf Fall.«

Nach ein paar Schlucken Tee fühlte Stella sich ruhiger. Sie blickte Piers an. »Das ist keine spontane Entscheidung. Ich denke schon seit einer Weile darüber nach, hierherzuziehen. Und wenn Mac und Fitz einverstanden sind, würde ich die Hunde gern zu mir nehmen.«

»Bei Ihnen geht es den beiden sicher gut«, bemerkte Mac. »Es tut mir nur leid, dass Fitz sich entscheiden musste und die falsche Wahl getroffen hat.«

»Er musste sich nicht entscheiden«, widersprach Stella, »weil sie nämlich bei mir bleiben werden.«

»Ich kann nicht glauben, dass Sie die Tiere nehmen wollen«, rief Fiona. »Eigentlich ist es Ihre Schuld, dass sie meine Sachen zerstört haben. Sie haben ihnen die teuren Schuhe zum Kauen überlassen.«

»Lass deinen Ärger nicht an Stella aus«, mahnte Fitz. »Sie hat uns aus einer sehr schwierigen Situation geholfen.«

»Aber wie willst du das hinkriegen?«, fragte Piers. »Du kannst doch nicht einfach einen gut bezahlten Job und ein tolles Leben in London aufgeben, Stella.«

»Oh doch, das kann ich. Ohne die schwindelerregend hohe Miete in der Hauptstadt kann ich es mir leisten, nur noch als Aushilfslehrkraft zu arbeiten«, antwortete sie und fühlte sich völlig ruhig und sehr glücklich mit ihrer Entscheidung.

»Wie wollen Sie arbeiten, wenn Sie Hunde haben?«, fragte Fiona.

»Teilzeit würde mir genügen. Und für die Tage, an denen ich nicht zu Hause bin, wird sich etwas finden. Ich möchte mir sowieso Zeit für ein Studium nehmen. Wenn ich hier mietfrei wohne, kann ich das tun.«

Fiona entspannte sich sichtlich, denn sie brauchte nicht mehr zu bangen, dass ihr Freund sich gegen sie und für die Hunde entscheiden würde. »Nun, wenn Sie sie tatsächlich übernähmen, würden Sie uns damit ziemlich aus der Patsche helfen.«

Fitz suchte Stellas Blick. Sie konnte seinen Ausdruck nicht deuten. Er war zu vielschichtig. Dankbarkeit, Traurigkeit und Erwartungen lagen darin. »Sind Sie sich wirklich absolut sicher?«

»Ich glaube, ich war mir in meinem Leben noch nie so sicher.«

»Was ist?«, wandte sich Fiona an Fitz. »Können wir gehen? Ich fürchte, ich halte es keine Minute länger unter einem Dach mit den Hunden aus.«

»Ich muss zuerst meine Mutter zurückbringen«, sagte er.

»Ich könnte schon einmal zu ihrem Cottage vorausfahren und dort auf dich warten«, schlug Fiona vor.

»Lieber nicht«, meinte Stella, die sich daran erinnerte, wie schmutzig es dort bei ihrem letzten Besuch gewesen war. Sie bezweifelte, dass Fitz in der Zwischenzeit Gelegenheit gefunden hatte, etwas dagegen zu unternehmen. »Es sieht dort ziemlich ... nach Hund aus«, fügte sie hinzu.

Fiona erschauderte.

»Ich habe eine Idee«, warf Mac ein. »Stella könnte mich ins Pflegeheim fahren. Unterwegs können wir uns noch ein bisschen unterhalten.«

»Dann können wir ja endlich gehen«, sagte Fiona zu Fitz.

Er schüttelte den Kopf. »Wir können die Hunde nicht allein lassen.«

»Wisst ihr, was?«, schlug Piers vor. »Fiona und ich suchen uns einen netten Pub. Dann kann Fitz hier bei den Hunden bleiben, während Stella Mac zurückfährt.«

Stella nickte. »Guter Plan.« Sie musste zugeben, dass Piers durchaus seine guten Seiten hatte, obwohl sie nicht mehr mit ihm zusammen sein wollte.

»Also, Mac«, sagte Stella im Auto, »heraus mit der Sprache: Warum haben Sie Tristan und Isolde angeschafft? Die Mär von der armen alten Frau, die nicht wusste, was sie tat, kaufe ich Ihnen nicht ab.«

Mac lachte. »Kalt erwischt! Obwohl ich mich wirklich in die beiden verliebt habe. Und ich bin so dankbar, dass Sie sich ihrer annehmen wollen.«

»Aber warum haben Sie sie genommen?«, hakte Stella nach, weil ihr klar wurde, dass Mac ihr nicht antworten würde, wenn sie nicht beharrlich blieb.

»Ehrlich gesagt bin ich mir nicht sicher, ob Fiona das richtige Mädchen für meinen Sohn ist.«

»Und?«

»Ich dachte, die Hunde würden sie früher oder später auseinanderbringen. Er hat Hunde immer geliebt, und Tris und Izzy hatten einen sehr schlechten Start ins Leben. Sie verdienen nun etwas Spaß und ein richtiges Zuhause. Ich dachte, wenn Fitz sich in die Hunde verliebt, gibt er Fiona vielleicht den Laufpass.«

»Das war keine sehr gute Idee«, erklärte Stella. Normalerweise hätte sie so etwas nie zu einer deutlich älteren Frau gesagt, die sie sehr schätzte.

»Das stimmt, aber ehe ich sterbe, möchte ich noch erleben, dass er eine Familie gründet.«

»So bald werden Sie nicht sterben«, entgegnete Stella.

»Ich hoffe es. Es ist immer noch Zeit, dass vielleicht die Richtige für ihn kommt.« Mac zwinkerte ihr zu.

Stella, die es im Augenwinkel gesehen hatte, konzentrierte sich auf die Straße und enthielt sich eines Kommentars.

Ein Jahr später ging Stella am Weihnachtsmorgen zur Gemeindewiese hinauf. Nur ganz allmählich wurde es hell. In ihrer Tasche hatte sie den kleinen, zerbeulten Blechhund ihres Vaters, und neben ihr liefen zwei inzwischen perfekt erzogene Hunde. In dem Jahr, seit sie das erste Mal hier heraufgekommen war, hatte sich viel verändert.

Stella hatte Verhaltensforschung studiert und sich zur Hundetrainerin ausbilden lassen. Sie hatte das Cottage ihres Vaters in ihr Zuhause verwandelt und liebte es. Einige Tage in der Woche unterrichtete sie an der örtlichen Grundschule, und eine Freundin, die sie während ihrer Ausbildung zur Hundetrainerin kennengelernt hatte, kümmerte sich während dieser Zeit um Tris und Izzy. Sogar Annabel fand inzwischen, dass sie die richtige Entscheidung getroffen hatte. In Stellas Leben fehlte so gut wie nichts, und sie war sich dessen bewusst und dankbar dafür.

Als sie die Gemeindewiese erreicht hatte, ließ sie die Hunde von der Leine und ging noch ein Stück weiter den Hügel hinauf.

Plötzlich fingen Tris und Izzy an zu bellen. Da sie darauf trainiert waren, das wenn möglich zu lassen, reagierte Stella überrascht und ein wenig besorgt. Stimmte da etwas nicht?

»Du liebe Zeit! Ich warte schon seit Stunden auf Sie«, sagte Fitz. Er musste fast schreien, um sich verständlich zu machen.

Stella lächelte. Tief im Innern hatte sie immer gehofft, Fitz eines Tages wiederzusehen, doch sie hatte sich nicht gestattet, darüber nachzudenken.

»Warum kommen Sie so spät?«, fragte Fitz, trat zu ihr und rieb die Hände gegen die Kälte.

»Weil ich heute nicht so früh aufstehen musste wie letztes Jahr«, antwortete sie. »Ich brauche keine Asche zu verstreuen, und die Hunde sind jetzt sehr artig und lassen mich ausschlafen – jedenfalls normalerweise.«

»Ich habe auf Sie gewartet, weil ich Sie sehen wollte. Ich bin gleich als Erstes hier heraufgekommen.«

Stella bemühte sich, einen kühlen Kopf zu bewahren. »Warum?«

»Sie wissen, warum! Ich will – ich möchte gern – irgendwann mal mit Ihnen ausgehen. Was für eine lächerliche Situation!«

Innerlich jubelte Stella vor Glück, doch sie war entschlossen, ihre Gefühle so lange wie möglich unter Kontrolle zu halten. »Wie geht es Ihrer Mutter?«

Er lächelte. »Sie wissen genau, wie es ihr geht. Sie sehen sie viel öfter als ich.«

Das stimmte. Stella besuchte Mac jede Woche, und die beiden Frauen waren inzwischen eng befreundet.

»Vor fünf Monaten haben Fiona und ich Schluss gemacht«, sagte Fitz. »Aber ich nehme an, das hat meine Mutter Ihnen längst erzählt.«

Ja, das hatte sie …

»Ich wollte eine schickliche Pause einlegen, bevor ich wieder anfange, einer Frau den Hof zu machen«, erklärte er.

Jetzt begann Stella zu lachen; sie konnte sich nicht mehr zurückhalten. »Und wie genau wollen Sie das anstellen?«

»Etwa so.«

Er nahm sie fest in die Arme. Die Hunde sprangen um sie herum. Stella und Fitz umarmten sich lange, wie zwei Liebende, die sich lange nicht gesehen hatten.

Und dann küssten sie sich, bis die Hunde sich gelangweilt auf dem Boden niederließen.

»Guter Ansatz«, meinte Stella. »Und Frohe Weihnachten!«

Weihnachten inkognito

Dem lieben A. J. Pearce gewidmet,
der mir von der Organisation erzählt hat,
die in der Erzählung beschrieben wird.

Das Weihnachtsessen für eine Gruppe fremder Menschen zu kochen war eine merkwürdige Art, den Morgen zu verbringen, aber zumindest war es hier schön warm.

Jo blickte sich in der riesigen, schimmernden Küche mit den glänzenden Marmorarbeitsflächen, den Hochglanzschränken und dem vielen Glas um und lächelte. Es war so anders als das Haus ihrer Mutter und geradezu Welten entfernt von dem Ort, an dem sie Weihnachten normalerweise zu verbringen pflegte. Der Unterschied brachte sie zum Kichern. »Wenn meine Freunde mich jetzt sehen könnten!«, summte sie.

Die letzten beiden Jahre hatte Jo entweder den ersten oder den zweiten Weihnachtstag damit verbracht, in dem Tierheim auszuhelfen, in dem sie ehrenamtlich arbeitete. Die Stiftung kümmerte sich um Zuchthündinnen und Welpen, die aus den Zwingern gewerbsmäßiger Vermehrer gerettet worden waren. Unter anderem übernahmen die Ehrenamtlichen zu Weihnachten alle Arbeiten im Tierheim, um den bezahlten Mitarbeitern ein paar wertvolle Stunden Freizeit zu ermöglichen. Jo hatte gelernt, einen Schlauch und eine Schaufel mit Fingerspitzengefühl zu handhaben, um keines der Tierheimtiere zu erschrecken, und wenn sie gerade keinen Zwinger säuberte, saß sie ruhig bei verängstigten Hunden und las ein Buch: Sie saß einfach nur da, damit sich die Tiere an menschliche Gesellschaft gewöhnen konnten.

Dieses Weihnachtsfest aber würde wirklich einmal ganz anders sein.

Andi hatte Jo ein paar Abende zuvor auf einen Drink zu sich nach Hause eingeladen, um ihr eine Bitte zu unterbreiten, die schon eher ein Flehen war.

»Normalerweise würde ich dich so etwas nicht fragen, doch was machst du Weihnachten?«, hatte Andi wissen wollen und Jos Weinglas großzügig nachgefüllt.

»Warum interessiert dich das?«, hakte Jo nach, denn der angespannte Ton ihrer Freundin machte sie stutzig.

»Ich möchte herausfinden, ob du irgendetwas Großartiges vorhast. Falls es so sein sollte, trinken wir den Wein aus, und ich schreibe meine Kündigung.«

»Oh mein Gott! Warum das denn?« Andi hatte einen tollen Job als Köchin bei einer prominenten Dame der Gesellschaft, die sich zwar manchmal ausgesprochen extravagant gebärdete, aber gut bezahlte und selten zu Hause war. Es war ein Traumjob.

»Weil ich dieses Jahr Weihnachten unbedingt mit meiner Familie verbringen möchte, Caroline aber darauf besteht, dass ich für sie und ihre Freunde koche«, antwortete Andi und seufzte. Sie sah besorgt aus und war plötzlich den Tränen nah.

»Ach, Schätzchen«, sagte Jo. »Erzähl mir alles von Anfang an!«

»Meine Schwester hat gerade ein Baby bekommen, und meine ganze Familie fährt zu ihr nach Cornwall. Ich möchte unbedingt dabei sein.«

»Und Caroline gibt dir nicht frei? Hast du es ihr erklärt?«

Andi nickte. »Sie sagte: ›Andi, ich verlange wirklich wenig von Ihnen. Sie werden gut bezahlt, und ich bin selten zu Hause. Aber wenn ich Sie schon einmal brauche, erwarte ich, dass Sie anwesend sind und Ihren Job tun.‹« Andi hatte die hochnäsige Sprechweise ihrer Chefin sehr gut imitiert. »Das war alles, was sie dazu gesagt hat. Und dabei hat Caroline in letzter Zeit bereits eine Menge Dinnerpartys gegeben, für die ich gekocht habe. Das macht die Sache noch ungerechter.«

Jo seufzte mitfühlend. »Verstehe.«

»Also, was hast du vor?«, fuhr Andi fort. »Wenn du mit einem wundervollen neuen Freund in den Winterurlaub fahren möchtest, sag es mir jetzt, dann schreibe ich die Kündigung und poliere meinen Lebenslauf auf. Caroline stellt mir bestimmt keine Empfehlung aus, deshalb muss er umso besser aussehen.«

Weil Jo selbst ausgebildete Köchin war (obwohl sie zurzeit nicht als solche arbeitete), ahnte sie, worum ihre Freundin bitten wollte. Sie erlöste Andi aus ihrem Dilemma. »Eigentlich würde ich mich freuen, etwas zu tun zu haben. Im Gegensatz zu dir habe ich nämlich keine Lust, Weihnachten mit meiner Familie zu verbringen.«

»Warum das denn?«, fragte Andi verständnislos.

»Weil es mir – wie meine Mutter behauptet – an Familiengefühl fehlt und ich lieber auf stinkende, alte Hunde aufpasse, anstatt Zeit mit der Familie zu verbringen.«

Andi unterdrückte ein Kichern. »Ganz schön hart.«

»Obwohl wir nicht so gut miteinander klarkommen wie ihr, stimmt das nicht. Jedenfalls nicht immer. Aber dieses Jahr entspricht es der Wahrheit: Ich habe keine Lust auf meine Familie.«

»Warum? Hattet ihr Streit?«

»Ja, doch erst nachdem ich angekündigt hatte, dass ich Weihnachten nicht mit ihnen verbringen will.«

»Und warum nicht?«

»Weil sie über die Feiertage nach Neuseeland zu meiner Tante fahren. Und obwohl das Familiengefühl meiner Mutter offensichtlich sehr stark ausgeprägt ist, geht es nicht so weit, mir bei der Finanzierung des Flugtickets zu helfen – nicht einmal mit einem Teilbetrag. Daraufhin habe ich ihnen zu verstehen gegeben, dass ich mir die Reise nicht leisten kann, und jetzt sind alle wütend auf mich.«

Andi kicherte und schenkte noch einmal nach. »Dann springst du also für mich ein? Super! Und wenn dein Tierheim einmal ein Catering für eine Veranstaltung braucht, oder Kuchen für eine Tombola oder irgendetwas, das mit Essen zu tun hat, kannst du auf mich zählen.«

»Ich koche wirklich liebend gern, doch ist Caroline überhaupt damit einverstanden?«

Andi biss sich auf die Lippen und schüttelte den Kopf. »Jo, Caroline weiß es nicht, und sie darf es auf keinen Fall erfahren.«

Jo erstarrte. »Wie bitte?«

»Ja, du hast richtig gehört. Sie darf es nicht erfahren. Du musst also nicht nur kochen, sondern auch so tun, als wärst du ich.«

»Andi, ich würde dir jeden Wunsch erfüllen, und

das weißt du auch, aber ich glaube nicht, dass das möglich ist.«

»Bitte, Jo! Wenn du es nicht tust, verliere ich mit Sicherheit meinen Job, und der ist wirklich gut bezahlt. Mir selbst würde es weniger ausmachen, doch wenn ich weiterhin so viel verdiene, kann ich Mum bald endlich das Geld zurückzahlen, das sie mir vor langer Zeit geliehen hat. Ich würde dich wirklich nicht darum bitten, wenn ich nicht so verzweifelt wäre.«

Jo schluckte. Ihr brach der Schweiß aus, als ihr klar wurde, worin Andis Bitte genau bestand. »Aber wir schauen uns doch überhaupt nicht ähnlich. Sobald Caroline mich sieht ...«

Andi atmete tief durch. »Darüber habe ich natürlich auch nachgedacht. Doch zum einen wirst du die Arbeitskleidung eines Kochs samt Mütze tragen. Und zweitens will Caroline ohnehin nicht, dass man ihr auflegt. Du musst also nur die fertige Platte rasch hineinbringen und dabei den Kopf abgewandt halten. Was Größe und Figur angeht, unterscheiden wir beide uns nicht allzu sehr.«

»Einen kiloschweren Truthahn auf einem Servierteller rasch hereinzubringen dürfte nicht gerade einfach sein. Ganz bestimmt nicht.«

»Es wird keinen Truthahn geben«, protestierte Andi, »sondern Drei-Vogel-Braten ...«

»Das macht es nicht leichter.«

»Pass auf, Caroline schaut nie einen Menschen an, den sie nicht für wichtig hält. Bestimmt geht es gut.«

Jo gab es auf, ihre Freundin zur Vernunft zu bringen. »Okay, es ist dein Job, der auf dem Spiel steht, nicht meiner. Ich werde mein Bestes geben.«

Andi umarmte Jo so fest, dass es wehtat.

Für Caroline zu kochen wäre an und für sich kein Problem gewesen, doch ihr ihre wahre Identität zu verheimlichen würde deutlich schwieriger werden. Aber da Andi während der Arbeitszeit stets eine weiße Kochuniform samt Mütze tragen musste, standen die Chancen, dass Caroline nichts bemerkte, eigentlich ganz gut. Zumindest versicherte Andi das immer wieder.

»Ärgerlich, dass du dir gerade die Haare hast schneiden lassen«, meinte sie. »Obwohl die Frisur dir wirklich gut steht. Aber Caroline ist an meine Lockenmähne gewöhnt, die sich immer wieder aus der Mütze stiehlt.«

»Vielleicht denkt sie ja, du hättest dir die Haare schneiden lassen. Am besten gehst du wirklich zum Friseur, sonst wundert sie sich, wenn du zurückkommst.«

»Ich bin sicher, dass sie es gar nicht bemerkt. Ehrlich gesagt, wenn sie mit ihren schicken Freunden zusammen ist, würde ich ihr eher auffallen, wenn ich ein Dreckspritzer auf ihrem Schuhabsatz wäre!« Als Andi andeutete, dass wirklich ein paar sehr bekannte Gäste kommen würden, begann Jo, auf echte Promis zu hoffen – vielleicht die Beckhams oder auch niederer Adel aus dem Königshaus, der nicht nach Sandringham eingeladen war, wo die Queen und Prinz Philip mit den engsten Familienangehörigen traditionell die Weihnachtsfeiertage verbrachten.

»Also, wer kommt?«

»Ich weiß es nicht genau, doch es werden Leute sein, für die gekocht zu haben du dich eines Tages rühmen kannst – versprochen! Und natürlich bekommst du meinen Lohn. Das ist wohl das Mindeste.« Andi machte eine Pause. »Du kannst dir ja immer noch überlegen, ob du das Geld dem Tierheim spendest. Schließlich kenne ich dich.«

Jo lachte. »Vielleicht spende ich nicht alles. Es gibt eine Menge Sachen, die ich brauche.«

»Gut für dich, denn dann hast du sie dir redlich verdient.«

Als Jo am Weihnachtstag in Carolines Küche stand – Andi hatte ihr den Schlüssel zum Dienstboteneingang überlassen und genaueste Instruktionen erteilt – und merkte, wie viel zu tun war, ahnte sie, wie recht ihre Freundin gehabt hatte. Es wartete tatsächlich deutlich mehr Arbeit auf sie als nur bei einem erweiterten Sonntagsessen.

Zunächst heizte sie den Ofen vor, um den vorbereiteten Drei-Vogel-Braten so bald wie möglich hineinschieben zu können. Anschließend ging sie in die Garage, wo die Reservekühlschränke und -gefriertruhen standen. Etwas überrascht stellte Jo fest, dass die zusätzlichen Geräte trotz der riesigen Kühleinheit in der Küche tatsächlich benötigt wurden. Laut Andi wurden die Langustinen in der Garage aufbewahrt, und Jo wollte so viel wie möglich vorbereiten, ehe Caroline in Erscheinung trat. Andi hatte ihr versichert, dass dies frühestens zwei Minuten vor der Ankunft der Gäste geschehen würde, denn Carolines Make-up nahm stets sehr viel Zeit in Anspruch, war aber äußerst effektiv. Caroline bezeichnete es als »*Maquillage*«; und es wurde mit einem hauchfeinen Pinsel aufgetragen. Caroline Calander tauchte regelmäßig in den Klatschspalten der Gazetten auf und erschien daher bewusst nie ungeschminkt in der Öffentlichkeit, was sie zu einer sehr außergewöhnlichen Arbeitgeberin machte. Sie war launisch und kapriziös. Andi zufolge verteilte sie manchmal in einer Minute höchst charmant teure

Geschenke, um in der nächsten wie ein Tyrann aufzutreten. Jo fürchtete sich ein wenig vor der tyrannischen Caroline, und sie wollte wirklich nicht, dass Andi ihren Job verlor.

Sie hielt drei Styroporbehälter in den Händen, hatte sich zwei Beutel Muscheln unter das Kinn geklemmt und schwang die Hüfte in Richtung Tür, um sie zu schließen, als ihr ein Auto auf dem Vorplatz auffiel, das vorher noch nicht da gewesen war und aus dem gerade ein Mann ausstieg.

Jo hob die Behälter vor ihr Gesicht – es wäre einfach nicht fair, wenn ihre Tarnung schon so früh an diesem Morgen aufflog. Die Muscheln gerieten ins Rutschen.

»Kann ich Ihnen helfen?«, fragte der Mann, der nähergetreten war.

Nur für eine Sekunde überlegte Jo, ob sie sich weiter hinter den Behältern verstecken sollte, entschied dann jedoch, dass es zu albern wäre. »Danke, ich habe alles im Griff!«

»Nein, haben Sie ganz und gar nicht. Die Muscheln landen gleich auf dem Boden.«

»Herzlichen Dank«, sagte Jo. »Entschuldigen Sie, wenn ich frage – aber wer sind Sie?« Er war hilfsbereit und sah ziemlich gut aus. Sie hoffte, dass Andi nur vergessen hatte, ihr zu erzählen, dass auch Servicepersonal angeheuert worden war, um ihr zur Seite zu stehen. Es würde ihr das Leben deutlich leichter machen.

»Ich bin einer von Miss Calanders Gästen«, sagte er. »Und wer sind Sie?«

Jo rutschte das Herz in die Hose. Warum war der Mann so früh hier? Niemand wurde vor der Mittagszeit erwartet. »Ich bin die Köchin.« Sie lächelte den Mann an.

»Nein, das stimmt nicht«, gab er zurück. »Ich kenne Andi.«

Jos Optimismus verflog sofort. »Tja, Andi ist heute nicht hier. Und wenn es Ihnen nichts ausmacht, möchte ich die Lebensmittel jetzt in die Küche bringen. Könnten Sie die Muscheln bitte wieder auf die Behälter legen?«

Er ignorierte ihre Bitte. »Ich nehme sie.«

Sie folgte ihm durch den Garten zur Dienstbotentür. »Hören Sie«, begann sie, »ich weiß, es klingt verrückt, doch würden Sie Miss Calander bitte nicht erzählen, dass Andi heute nicht hier ist?«

Er stellte die Beutel mit den Muscheln auf die riesige Kochinsel und ging zur Kaffeemaschine hinüber. Jo sah ihm zu, wie er das Gerät einschaltete und sich um Kapseln und Tassen kümmerte. Dabei stellte sie fest, wie vertraut er sich in der Küche bewegte. Vermutlich war er einer von Carolines Toy Boys, denn ihr eilte der Ruf voraus, eine Schwäche für jüngere Männer zu haben. Fairerweise musste man allerdings zugeben, dass sie offenbar auch ältere Männer in ihren Bann zog.

»Andi ist also zu Weihnachten ohne Erlaubnis nach Hause gegangen?«

Jo nickte. Sie hätte sagen können, dass ihre Freundin zu einem familiären Notfall nach Hause gerufen worden war, aber das wollte sie nicht.

»Darf ich raten: Andi hat um Erlaubnis gefragt, und Caroline ist durch die Decke gegangen?«

»Genau. Andi hatte gehofft, dass Caroline Weihnachten auf jemandes Jacht verbringen würde, doch dem war nicht so.« Jo entschied, dass es besser war, jetzt den Mund zu halten. Dieser Mann gehörte zu Carolines Gästen, und es war keine gute Idee, über die Gastgeberin zu lästern, soseehr diese es auch verdient hatte.

»Ich kann mir das Gespräch lebhaft vorstellen. ›Ich bezahle Sie in aller Regel für süßes Nichtstun. Wenn ich Sie also zu Weihnachten hierhaben will, erwarte ich, dass Sie auch hier sind.‹«

Jo unterdrückte ein Kichern. »Ich glaube, so ähnlich hat es sich zugetragen, obwohl ich nur die gekürzte Version gehört habe.« Doch dann begriff sie, dass dieser Mann Andi ihren Job kosten konnte, und fand es plötzlich gar nicht mehr so lustig.

»Und Sie helfen also aus?«

Sie nickte, und er schien das nicht zu missbilligen. Er sah übrigens ausgesprochen nett aus, wenn man auf sehr gepflegte Männer stand. Jos Arbeit am Empfang eines Gästehauses, das Wanderer und Rucksacktouristen bewirtete, und ihr Hobby – genau genommen ihre Leidenschaft – als ehrenamtliche Mitarbeiterin in einem Tierheim führten dazu, dass sie nicht häufig Männern in Anzügen begegnete.

»Wie mögen Sie Ihren Kaffee?«, fragte er.

Sein Anzug war wirklich schön – hellgrau, kombiniert mit einer blassrosa Krawatte. »Oh, einen Caffè Latte, bitte. Aber eigentlich sollte ich ihn für Sie zubereiten – schließlich sind Sie der Gast. Allerdings hatte ich bisher noch keine Zeit herauszufinden, wie die Maschine funktioniert. Und warum tragen Sie keinen Weihnachtspullover?«

Er lachte. »Ich hoffe, dass ich vielleicht später einen geschenkt bekomme. Doch nachdem ich schon in Ihren Hoheitsbereich eingedrungen bin, kann ich wenigstens Kaffee kochen. Ich heiße übrigens Matthew Farley.«

»Jo White.«

Er reichte ihr einen großen Becher mit Kaffee und aufgeschäumter Milch, genau wie sie es liebte.

»Fragt sich Ihre Familie nicht, warum Sie für einen Promi kochen, anstatt Weihnachten zu Hause zu feiern?«

»Meine Mutter wirft mir vor, kein Familiengefühl zu haben, und fragte mich, ob ich denn nicht wolle, dass alle zu dieser besonderen Zeit zusammen sind.« Sie unterbrach sich.

»Erzählen Sie weiter.«

»Aber weil ihr eigenes ›Familiengefühl‹ offenbar nicht so weit geht, mich beim Kauf eines Flugtickets zum Besuch meiner Tante finanziell zu unterstützen, hielt ich es für sinnvoller, Andi aus der Bredouille zu helfen. Meine Tante lebt übrigens in Neuseeland«, fügte sie hinzu.

»Und Sie feiern nicht stattdessen mit der Familie Ihres Freundes?«

Jo schüttelte den Kopf. »Ich bin Single.«

»Woher kennen Andi und Sie sich?«

»Aus der Hotelfachschule.« Sie runzelte die Stirn. »Glauben Sie, dass wir damit durchkommen? Wir sehen einander nicht sehr ähnlich, doch wenn ich die Kochmütze aufsetze und den Blick senke, merkt Miss Calander es vielleicht nicht. Angeblich brauche ich kaum zu servieren.«

Er trank den Kaffee und blickte sie an. »Möglich, dass sie es wirklich nicht bemerkt, aber Sie haben sehr kurzes Haar, und wenn ich mich nicht täusche, hat Carolines Köchin einen üppigen Lockenkopf.«

Jo nickte. »Ich weiß. Ich habe mein Haar erst kürzlich aus einer Laune heraus schneiden lassen. Wenn ich gewusst hätte … Doch wie sollte ich?«

»Wissen Sie, Caroline denkt sicher nicht über das Personal nach.«

»Sondern worüber?«

Er zuckte mit den Schultern. »Da ist zum Beispiel der Mann, der ihr neues Projekt finanzieren will – sie wird dafür sorgen wollen, dass er sich in ihrem Haus wohlfühlt, und ihn mit allen Mitteln umwerben. Und sie wird sich um mich kümmern und hoffen, dass ich der Einladung in ihre seidenen Bettlaken eines Tages folge.«

»Hat sie wirklich Seidenlaken? Ich hätte Angst, da hinauszurutschen.«

Er lachte. »Um ehrlich zu sein, ich weiß es nicht. Ich weiß nur, dass ihre Laken teuer sind. Und ich habe keine Lust, sie auszuprobieren, es sei denn, das Gästebett ist damit bezogen.«

»Aber warum sind Sie dann hier? Wenn sie Ihnen den Hof macht, Sie das jedoch gar nicht wollen?«

»Es ist kompliziert. Hauptsächlich liegt es daran, dass sie die beste Freundin meiner Mutter ist … und weil ich dachte, ich wäre in Sicherheit.«

»Wieso? Weil Miss Calander Sie schon kannte, als Sie noch in den Windeln lagen?« Jo hatte den Deckel von dem Behältnis mit den Langustinen genommen. Sie waren riesig, aber da das Weihnachtsessen erst um drei serviert werden sollte, mussten die Gäste dem Alkohol mit irgendetwas trotzen.

»Ich war ein Teenager, als meine Mutter und Caroline sich kennenlernten. Doch das ist nicht der Grund. Eigentlich wollte ich meine Freundin heute hierher mitbringen.«

Jo sah ihn mitfühlend an. »Und sie konnte Sie nun doch nicht begleiten? Wie schade!«

Er antwortete nicht sofort. »Eigentlich ist es eine verdammte Katastrophe.«

»Ach, kommen Sie«, tröstete Jo ihn. »An einem der Feiertage können Sie sich sicher sehen.« Sie hatte den Eindruck, dass er eher verdrießlich als verärgert aussah, aber natürlich kannte sie ihn nicht: Vielleicht war er wirklich enttäuscht.

»Wir sehen uns an keinem dieser Tage – wir haben uns getrennt.«

»Oh, das tut mir leid. Zu Weihnachten ist so etwas besonders traurig!« Sie betrachtete ihn, ehe sie sich wieder ihrer Aufgabe widmete, die Köpfe der Riesengarnelen zu entfernen.

»Um ehrlich zu sein: Ich bin überhaupt nicht traurig darüber, doch ich hatte gehofft, es bis nach Weihnachten hinauszögern zu können. Das hat nicht funktioniert. Und es bringt mich nun in ernste Schwierigkeiten mit Caroline.«

»Ach, wirklich? Warum?«

»Ich dachte, ich hätte es bereits erklärt. Caroline hat mich wissen lassen, dass sie es mir nicht abnehmen würde, je eine Freundin gehabt zu haben, wenn ich am Weihnachtstag ohne sie auftauche, und ... nun, ich möchte nicht ins Detail gehen, aber glauben Sie mir, es dürfte ziemlich peinlich und verwirrend werden.«

»Würde Caroline Sie etwa aus ihrem Testament streichen?«, neckte sie ihn.

Er verzog das Gesicht und nickte. »Das wäre das Mindeste!«

Jo lächelte in die Langustinen. »Sie Ärmster. Mir blutet das Herz.«

Er lachte leise. »Das täte es wirklich, wenn Sie wüssten, wie unangenehm es für mich werden wird. Caroline lässt sich nicht gern abweisen. Es dürfte schwierig werden, danach noch befreundet zu bleiben. Auch meine Mutter würde nicht mehr mit mir reden, selbst wenn ich ihr erklären könnte, warum ich jemanden, den ich mein halbes Leben kenne, derart beleidigt habe.«

»Oje, jetzt tun Sie mir wirklich leid.« Jo lächelte ein wenig kläglich. »Ich streite mich oft mit meiner Mutter, und das ist tatsächlich nicht lustig.«

»Worüber streiten Sie sich mit Ihrer Mum?«

»Sie billigt meine Entscheidungen nicht. Sie wollte, dass ich studiere und einen ›vernünftigen Job‹ annehme, doch ich wollte immer nur kochen. Leider waren meine letzten Jobs tatsächlich nicht sehr ›vernünftig‹.«

»Meine Mutter kann auch ganz schön schwierig sein. Obwohl sie älter ist als Caroline, stehen die beiden sich sehr nahe. Mum wäre am Boden zerstört, wenn es Streit gäbe. Natürlich hat es auch damit zu tun, dass Caroline berühmt ist und jede Menge nette kleine Geschenke bekommt – Tickets für Shows im West End, Essen in Spitzenrestaurants, Wochenendtrips in Wellness-Hotels und solche Dinge. Sie gibt sie ab und zu an meine Mum weiter.«

»Nun, dann wollen wir hoffen, dass unsere Mütter darüber hinwegkommen und uns verzeihen.« Jo warf ihm einen Blick zu. »Ich sollte jetzt aber anfangen zu kochen.«

Den Drei-Vogel-Braten, den sie bei ihrer Ankunft aus dem Kühlschrank genommen hatte, hatte sie gewürzt und mit einer zusätzlichen Butterschicht verfeinert. Nun schob sie ihn in den vorgeheizten Backofen. Sie rechnete damit, dass er etwa vier Stunden brauchen würde, um gar zu werden. Das verschaffte ihr ausreichend Zeit für andere Aufgaben.

»Mir ist da gerade eine Idee gekommen, wie wir einander gegenseitig helfen könnten.« Matthews Stimme drängte sich in ihre Überlegungen. Er sah sie aufmerksam an, was sie sehr beunruhigend fand, wie sie feststellte.

Sie entschied sich, locker damit umzugehen, und wies auf den Ofen. »Schauen Sie, wir hatten auch einmal so einen, ich werde also schon zurechtkommen.«

»Ich meine es ernst. Sie könnten mir helfen. Und Ihnen könnte es auch helfen.«

Sie warf ihm einen ungläubigen Blick zu. »Wirklich? Also wenn Sie eine Dinnerparty, ein Picknick, ein Bankett oder etwas in dieser Art veranstalten wollen, bin ich die richtige Köchin für Sie.«

»Ehrlich gesagt bin ich mehr an Ihrer Begabung für Täuschungsmanöver interessiert.«

»Täuschungsmanöver?« Jo hatte keine Ahnung, worauf er hinauswollte.

»Ja. Sie geben vor, Andi zu sein. Und wenn Sie das können …«

Jo unterbrach ihn. »Warten Sie lieber ab. Wir wissen schließlich noch nicht, ob es mir gelingt.« Wohl war ihr nicht dabei. Nicht nur, dass Andi vielleicht ihren tollen Job verlor. Jo mochte gar nicht an die Peinlichkeit denken, wenn die Sache aufflog. »Was habe ich mir da bloß eingebrockt?«

»Ich bin sicher, es klappt«, beruhigte Matthew sie. »Sie haben in etwa den gleichen Körperbau wie Andi, und mit den Haaren unter der Kochmütze wird der Unterschied niemandem auffallen. Zumindest bemerkt man es nicht, wenn man nicht genau hinsieht. Und Caroline sieht, wie gesagt, bestimmt nicht hin.«

»Danke. Davon sind Andi und ich auch ausgegangen.« Jo spürte, dass er noch etwas anderes auf dem Herzen hatte, wartete ab und fragte sich, ob es noch zu früh war, um mit den Blinis zu beginnen. Der Teig war bereits fertig – sie musste die kleinen Fladen nur noch backen.

»Denken Sie doch einmal daran, wie viel einfacher es wäre, wenn niemand wüsste, wie Sie aussehen.«

Jo runzelte die Stirn. »Hm. Hier weiß doch niemand, wie ich aussehe.«

»Und es weiß auch niemand, wie meine Freundin aussieht. Sie könnten also so tun, als wären Sie meine Freundin.«

Jo verdrehte die Augen. »Ach ja? Und warum sollte ich mich darauf einlassen?«

Sein Versuch, mitleiderregend dreinzuschauen, brachte sie zum Lächeln. »Vielleicht um mir zu helfen? Um die berühmte, männermordende Freundin meiner Mutter daran zu hindern, mich zu verführen?«

»Hören Sie, Sie haben mein vollstes Mitgefühl. Ich weiß, wie unangenehm die Situation für Sie sein muss, doch Sie erbitten etwas Unmögliches.«

»Aber nein! Verstehen Sie denn nicht? Es erleichtert auch Ihnen die Arbeit. Sie könnten sich als meine sehr hilfsbereite Freundin ausgeben, die immer sofort zu Hilfe eilt, wenn irgendwo etwas zu tun ist. Auf diese Weise könnten Sie Speisen auftragen und Platten wieder wegbringen, ohne sich als Andi verkleiden zu müssen.«

»Nein. Denn dann müsste ich mich als Ihre Freundin verkleiden, wie auch immer sie heißt.«

»Ihr Name ist Lulu, doch da Caroline sich vermutlich nicht mehr daran erinnert, können Sie sich nennen, wie Sie wollen.«

»Nicht nötig, denn ich werde es nicht tun. Und wenn Sie jetzt nicht gehen und aufhören, mir lächerliche Vorschläge zu machen, verdonnere ich Sie dazu, die Langustinen zu entdarmen.«

»Oh, das tue ich gern.«

Zu ihrer Überraschung zog er das Jackett aus, steckte sich ein Geschirrtuch in den Gürtel, zog ein Messer aus dem Messerblock und begann, die Langustinen mit beeindruckender Geschwindigkeit aufzuschlitzen und zu entdarmen.

»Sie sind ja richtig gut!«

Er nickte. »Meine vergeudete Jugend in Australien.«

»Na ja, so vergeudet scheint sie nun auch wieder nicht gewesen zu sein. Immerhin haben Sie eine Fertigkeit erworben und sind noch recht jung; Sie haben also viel Zeit, noch mehr zu lernen.« Bei diesen Worten schaute sie ihn nicht an. Sie wollte nicht, dass er erkannte, dass sie ihn ein wenig auf den Arm nahm.

»Ich mag ja noch jung sein, doch ich bin alt genug, um eine feste Freundin zu haben.«

»Keine Sorge – Sie finden schon wieder eine!« Er schien sich über etwas zu amüsieren – vielleicht über ihre Zuversicht, dass er nicht lange Single bleiben würde.

Sie nickte. »Sie haben Stil und sehen gut aus.«

»Aber offensichtlich bin ich nicht chic oder gut aussehend genug für *Sie*.«

Jo kicherte. »Chic genug auf jeden Fall.«

»Dann also zu hässlich?«

Ihre Blicke trafen sich, und Jo sah, dass er ebenfalls lachte. »Nein, nicht allzu hässlich. Doch ich bin beschäftigt. Ich kann nicht Ihre Freundin mimen *und* das Weihnachtsessen kochen.«

»Ja, sehen Sie es denn wirklich nicht ein? Alles wäre viel einfacher. Als meine hilfsbereite Freundin können Sie beinahe die ganze Zeit als Sie selbst auftreten. Würden Sie bitte noch einmal darüber nachdenken?«

Jo sammelte die nicht essbaren Überreste der Langustinen ein und überlegte. »Irgendwie verstehe ich, was Sie meinen«, sagte sie schließlich. Und einen der Gäste auf ihrer Seite zu haben würde den Ablauf erheblich erleichtern. »Aber warum sollte Ihre Freundin zu Weihnachten in einer Kochuniform auftreten?«

»Das würde sie nicht. Sie würde die schrecklich teure Kaschmirjacke mit passendem Top tragen, die ich ihr zu Weihnachten schenken wollte und die ich zufälligerweise dabeihabe. Allein die Geschenkverpackung hat ein kleines Vermögen gekostet.«

Allmählich gewöhnte Jo sich an Matthews Plan.

»Sie dürften die Geschenke auch alle behalten. Obendrein gibt es sogar noch ein hübsches, kleines blaues Etui von Tiffany.«

»Sie müssen mich für sehr bestechlich halten«, meinte sie und überlegte, ob sie den Inhalt des Etuis möglicherweise verkaufen konnte. Wie viel würde es dem Tierheim wohl einbringen?

»Ich halte sie absolut nicht für bestechlich, denn sonst hätten Sie die Geschenke sofort genommen und anprobiert.«

Sie lachte. »Es würde nicht funktionieren.«

»Doch, das wird es. Sie müssen es nur versuchen. Also, was muss ich Ihnen noch anbieten, damit Sie einschlagen?«

»Die teuren Geschenke genügen voll und ganz. Immerhin bin ich ja nicht bestechlich.«

»Nein, sie genügen durchaus nicht. Wenn Sie das

für mich tun, sollen Sie etwas bekommen, was Sie sich wirklich wünschen, und zwar etwas, was nicht einfach durch Geld zu erstehen ist.«

»Aber ich brauche Geld. Genau genommen braucht die Organisation, für die ich tätig bin, immer Geld.«

»Was ist das für eine Organisation?«

»Das erzähle ich Ihnen nur, wenn Sie mir beim Rosenkohl helfen. Andi hatte keine Zeit, ihn vorzubereiten, und es ist ein ganzer Sack voll.«

Während sie den Rosenkohl putzten, erzählte Jo Matthew von ihrem Tierheim: wie sie Hündinnen und Welpen aus den Zwingern von gewerbsmäßigen Vermehrern retteten und dass die Hunde manchmal so wenig Erfahrung mit menschlicher Gesellschaft hatten, dass sich jemand immer wieder zu ihnen in den Zwinger setzen musste, um sie an Menschen zu gewöhnen.

»Hm«, meinte Matthew, »was Sie wirklich brauchen, ist ein richtig großes Event – eine Tanzveranstaltung oder ein Tag der offenen Tür – mit einem echten Promi als Moderator.«

»Hört sich super an. Können Sie das arrangieren?« Sie neckte ihn jetzt ganz offen.

Er lächelte. »Das könnte ich, wenn ich Zeit dafür hätte – aber die habe ich leider nicht. Allerdings könnte ich Ihnen einen wirklich bekannten Promi vermitteln.«

»Tatsächlich?« Das klang ziemlich interessant. »Wen denn?«

»Euan Donavan«, sagte er ruhig.

Jo hatte im Grunde nicht viel mit Prominenten im Sinn. Sie erkannte sie kaum, wenn sie sie einmal im Fernsehen sah. Aber von Euan Donavan hatte sie schon gehört – er war Schauspieler, Filmstar und machte sich neuerdings auch als Songwriter einen Namen. »Den könnten Sie bekommen? Wie denn?«

»Wir waren zusammen auf der Schule und sind seither befreundet.«

»Schön und gut, doch bestimmt können Sie ihn nicht dazu bringen, an einer Wohltätigkeitsveranstaltung teilzunehmen.«

»Doch, das kann ich. Und mit jemandem wie ihm und der richtigen Veranstaltung könnte man locker hundert Riesen Gewinn machen.«

Jo wurde es heiß und kalt. Sie wusste nicht, ob sie Matthew ernst nehmen sollte oder nicht. »Sie müssen ihn ja wirklich in der Hand haben«, erklärte sie und fegte die Rosenkohlschalen in die Komposttonne.

»Dazu möchte ich nichts sagen«, gab Matthew zurück. »Aber abgesehen davon gehe ich davon aus, dass ihm ein Tierheim sicher sehr am Herzen läge. Er ist ein großer Tierfreund.«

Jo nickte. »Das dürfte der Grund dafür sein, dass ich schon von ihm gehört habe. Ich habe es nämlich sonst nicht so mit den Promis.« Plötzlich fiel ihr etwas ein. »Sie kommen mir übrigens auch irgendwie bekannt vor. Sie sind doch nicht etwa berühmt, oder? Spielen Sie vielleicht in einer Serie mit?«

Er schien ihre Bemerkung urkomisch zu finden. »Aber nein!«

»Und Sie würden das wirklich für mich tun? Für mein Tierheim?«

»Würde ich – vorausgesetzt, Sie geben vor, meine Freundin zu sein.«

Sie beobachtete ihn. Er schien es ehrlich zu meinen. Sein Blick war aufrichtig und geradlinig, und wenn er sie enttäuschte, hätte sie immer noch die Weihnachtsgeschenke. Die könnte sie zu Geld machen. Das Tierheim würde in jedem Fall profitieren, auch wenn es nicht der Hauptgewinn wurde.

»Da ist noch etwas – na ja, ehrlich gesagt sind es ein paar Dinge. Was ist, wenn alles scheitert? Wenn Caroline herausfindet, dass ich nicht Andi bin? Und auch nicht Ihre Freundin?«

»Wenn Caroline bemerkt, dass Sie nicht Andi sind, versuche ich sie dazu zu bringen, Andi nicht zu feuern. Aber wenn sie herausfindet, dass Sie nicht meine Freundin sind – warum werden Sie nicht einfach wirklich meine Freundin? Wir sind beide Single. Ich lade Sie nächste Woche zum Essen ein.«

Jo lachte; die Situation wurde immer lustiger, und sie freute sich darauf, Andi davon zu erzählen. »Leider sehe ich nicht aus, als wäre ich Ihre Freundin.«

»Wie müsste meine Freundin Ihrer Meinung nach aussehen?«

»Na ja ... gepflegt, perfekt geschminkt, raffiniert zurechtgemacht – und vor allem nicht in Kochuniform und Clogs ...« Sie lachte herzlich. Es war zu irrwitzig.

Beide betrachteten ihr Schuhwerk. Es waren die Clogs einer Chefköchin – wunderbar, um den ganzen Tag darin zu stehen, doch weniger geeignet, um sich damit wie ein It-Girl zu fühlen.

»Ah«, sagte Matthew, »das ist nun wirklich ein bisschen problematisch. Zwar habe ich meiner Ex die edlen Kaschmirsachen und den Schmuck gekauft, doch sie hätte heute ihre eigenen Schuhe tragen müssen.«

Jo fühlte sich plötzlich sehr deprimiert. »Wie schade! Auch wenn ich mich keineswegs darauf gefreut habe, auf Ihren Vorschlag einzugehen: Allein der Gedanke, Euan Donavan für ein Event zu bekommen, mit dem wir viel Geld hätten einnehmen können, war zu schön gewesen ...«

Matthew legte ihr eine Hand auf die Schulter. »Kein Grund zur Verzweiflung. Mir fällt schon was ein.«

»Hören Sie, niemand – geschweige denn Caroline – wird glauben, dass ich Ihre Freundin bin, auch wenn ich die richtigen Schuhe hätte. Ich bin einfach nicht Ihr Typ.«

»Woher wollen Sie das wissen? Ich glaube sogar, Sie sind *genau* mein Typ. Nettes Mädchen, toller Haarschnitt, tierlieb und vermutlich Nichtraucherin – perfekt!«

»Süß von Ihnen, das zu sagen, doch seien wir ehrlich: Es wird niemanden überzeugen.«

»Natürlich wird es das. Ich kümmere mich um die Schuhangelegenheit.« Er runzelte kurz die Stirn. »Ich weiß! Ich werde Caroline erzählen, dass meiner Freundin ein Absatz abgebrochen ist. Sie wird Ihnen sicher ein Paar leihen. Das sollte klappen.«

Jo war allerdings längst davon überzeugt, dass ihr tollkühner Plan scheitern würde, und empfand eine gewisse Enttäuschung. Es war nicht nur die Hoffnung auf eine willkommene Finanzspritze für das Tierheim, die sie begraben musste. Als Matthews Freundin aufzutreten hätte es ihr darüber hinaus tatsächlich leichter gemacht, die Speisen aufzutragen. Doch das schien jetzt nicht mehr möglich zu sein.

Jo arbeitete weiter ihre Liste ab. Als Nächstes wollte sie Brandteigpastetchen mit Pilzen zubereiten, die als heiße, vegetarische Amuse-Bouches dienen sollten. Zwar hatte sie solche noch nie zuvor selbst gebacken, aber sie würden ihr sicher gelingen. Sie seufzte, ohne es zu bemerken.

»Kommen Sie schon, Jo. Wir schaffen das! Soll ich eine Flasche Sekt öffnen? Wir könnten ein Glas zur Stärkung gut gebrauchen.«

Jo musste lachen. »Matthew, wir leben nicht in derselben Welt – absolut nicht. Zunächst einmal: Jeder Koch, der sich am Champagner des Chefs vergreift, darf sich sofort die Papiere abholen …«

»Aber doch nicht an Weihnachten! Ganz sicher nicht.«

»… und zweitens, Champagner würde mich nicht stärken, sondern meine Gliedmaßen in Gummi verwandeln, was mir heute in keiner Weise helfen würde.«

»Es war ja nur ein Vorschlag. Ich hätte Caroline gesagt, dass ich die Flasche geöffnet habe. Sie hat bestimmt nichts dagegen. Ich bin davon überzeugt, es stehen noch Dutzende davon im Kühlschrank.«

»Mit der Vermutung haben Sie zwar recht, aber ich lasse trotzdem nicht zu, dass Sie eine öffnen.« Weil er so enttäuscht aussah, fuhr sie fort: »Na ja, vielleicht können Sie doch eine entkorken, solange Sie mich dabei außen vor lassen.«

»Sie könnten einen Schluck aus meinem Glas trinken. Caroline würde nie erfahren, dass Sie etwas getrunken haben«, schlug er vor.

»Nein! Es wird schon schwer genug, auch ohne dass ich einen Schwips habe. Ich muss die Kanapees und die anderen Speisen mit abgewandtem Kopf servieren, damit Caroline mein Gesicht nicht sieht. Einfach wird das sicher nicht.«

»Aber nein! Meine Freundin – meine sehr hilfsbereite Freundin – wird die Kanapees servieren. Und dann wird sie immer mal wieder ›schnell nach unten gehen‹, um nachzuschauen, ob die Köchin Hilfe braucht.«

»Sähe das nicht komisch aus? Warum sollte sie ständig helfen wollen?«

»Weil sie nicht nur unglaublich nett ist, sondern auch meine Promibekannte beeindrucken will – vielleicht in der Hoffnung auf ein paar nur schwer zu ergatternde Tickets für irgendeine Veranstaltung.«

»Also ist Ihre Freundin nicht nett, sondern materialistisch.« Jo konsultierte stirnrunzelnd ihre Liste und überlegte, welche Aufgabe als Nächstes anstand.

»Vielleicht tut sie es auch nur, um zu helfen. Solche Leute gibt es.« Er nickte Jo zu. »Wie Sie Andi helfen möchten.«

»Okay, Ihre Freundin ist also freundlich! Aber wenn diese geheimnisvolle Freundin denkt, dass Caroline sich von ihrer Mithilfe im Haushalt beeindrucken lässt, weiß sie offenkundig nicht, was in den Klatschspalten so über Caroline zu lesen ist.«

»Gut, dann ist sie geheimnisvoll, sehr gutherzig und sehr naiv?«

Jo prustete los. Die Situation war wirklich zum Totlachen. »Sie haben noch etwas vergessen: Sie trägt seltsame Kleidung, die irgendwie an eine Kochuniform erinnert.«

»Ach was! Wo bleibt Ihre Fantasie? Sie tragen eine schwarze Hose. Damit kann man gar nichts falsch machen.«

Jo ging hinüber zum Vorratsschrank, um Mehl zu holen.

Matthew Farley beobachtete, wie sie es abmaß und es auf ein Stück Backpapier schüttete. »Vergessen Sie nicht: Ich habe Schmuck und die nötigen Klamotten für Sie.«

Jo nahm Butter aus dem Kühlschrank.

»Ich hole die Sachen, die ich meiner Freundin schenken wollte«, sagte Matthew, »und dann sehen wir, wie gut wir Sie ausstaffieren können.«

Jo zuckte mit den Schultern und fuhr fort, die Zutaten abzuwiegen. Sie war nicht überzeugt.

Sie schlug die Eier auf das Mehl und schmolz Butter in einem Stieltopf, als er mit einem Stapel Kartons zurückkehrte. »Donnerwetter, Sie sind ja ganz schön großzügig!«, stellte sie fest.

»Das bin ich. Sie sollten wirklich darüber nachdenken, meine Freundin zu werden. Es hätte Vorteile.«

Sie betrachtete die Kartons und erinnerte sich daran, dass ihr damaliger Freund ihr letztes Jahr ein Duschgel und eine Handcreme aus dem Sonderangebot geschenkt hatte, außerdem ein Armband, das ihr Juckreiz verursachte. Vornehme junge Männer machten offenbar deutlich bessere Geschenke.

»Nehmen Sie die Sachen mit ins untere Bad und ziehen Sie sie an. Nachdem wir wissen, wie Sie damit aussehen, rufe ich Caroline an, spiele den Verzweifelten und bitte sie um die Schuhe.«

»Okay.« Jo nahm die Kartons und verspürte eine unerwartete Erregung.

»Warten Sie!« Er legte eine Hand auf ihren Arm und zog einen der Kartons aus dem Stapel. »Den nehme ich zurück. Sie sind noch nicht lange genug meine Freundin, um das zu bekommen.«

Jo lachte. »Frivole Unterwäsche?«

»Los jetzt, wir haben viel zu tun.«

Neben dem Bad im Erdgeschoss befand sich eine kleine Kammer, in der Andi sich umzuziehen pflegte und ihre Straßenkleidung aufbewahrte. Jo hoffte, dass ihre Freundin dort vielleicht ein bisschen Make-up aufbewahrte. Ein Kajalstift, etwas Wimperntusche und vielleicht ein Lippenstift würden ihr schon genügen. Aber sie fand nur Handcreme und Lippenbalsam. Sie seufzte. Ganz gleich, wie sie in den Kleidern und mit Schmuck aussah – niemand würde ihr abnehmen, dass sie Matthews Freundin war, wenn sie nicht ein wenig Make-up auflegte.

Nachdem Matthew eines der Päckchen wieder an sich genommen hatte, blieben zwei Kartons und ein kleines blaues Etui übrig. Die Schachteln waren im Geschäft offenbar von jemandem eingepackt worden, der seine Arbeit wirklich zu lieben schien. Wäre sie zu Hause gewesen, hätte Jo das blassrosa Seidenpapier verwahrt, in das der Inhalt des ersten Kartons gebettet war.

Es war eine Strickjacke mit V-Ausschnitt, ziemlich kurz, in einem leicht ins Grünliche spielenden Blau – fast die gleiche Farbe wie die des kleinen Etuis. Jo zog die Kochjacke aus und schlüpfte in den Cardigan. Die Farbe gefiel ihr ausnehmend gut, und die Kaschmirwolle schmiegte sich weich an ihre Haut. Aufgeregt – obwohl sie dagegen ankämpfte – öffnete sie den zweiten Karton. Er enthielt ein Seidentop im gleichen Blau. Eilig schlüpfte sie aus der Jacke, streifte das Top über und zog den Cardigan darüber. Jetzt fühlte es sich noch besser an!

Schließlich wandte sie sich dem kleinen blauen Etui zu, dem Geschenk von Tiffany. Obwohl Matthew gesagt hatte, dass sie die Geschenke behalten könne, hatte sie nicht die Absicht, dies zu tun – schon gar nicht den Schmuck. Im Etui befand sich eine schmale Schatulle, und darin lagen zwei diamantene Ohrstecker und ein feines Kettchen mit Diamantanhänger. Jo betrachtete den Schmuck. Die Knie wurden ihr weich. Wenn es sich um echte Diamanten handelte, waren sie vermutlich sehr kostbar. Sie konnte den Schmuck keinesfalls tragen. Jo verpackte die Schachtel wieder, versteckte das andere Papier in Andis Spind und ging zurück in die Küche.

»Wie sehe ich aus?«

»Sie tragen weder die Ohrringe noch den Anhänger. Haben sie nicht gepasst?« Er schaute sie mit gespieltem Entsetzen an.

»Nein. Ja! Natürlich passen sie. Aber sie sind viel zu kostbar. Ich könnte sie nie und nimmer tragen. Es verstößt gegen meine Prinzipien.«

»Seien Sie nicht albern.« Er sagte es so nett, dass Jo nicht einmal das Bedürfnis empfand zu protestieren. Matthew nahm ihr das Etui ab, holte den Schmuck heraus, legte ihr die Kette um den Hals und drehte Jo um, damit er sie schließen konnte. »Hier, stecken Sie die Ohrringe an. Oder brauchen Sie dafür einen Spiegel?«

»Schon gut, dieser Schrank hat eine Hochglanzoberfläche. Das dürfte genügen.«

»Wow!«, sagte er, als sie die Stecker angezogen hatte. »Sie sehen umwerfend aus.«

Obwohl sie große Lust hatte, in den Umkleideraum zurückzukehren, wo es einen Spiegel gab, sagte sie: »Ich trage allerdings kein Make-up, und ohne gehe ich auf keinen Fall als Ihre Freundin durch.«

Er starrte sie mit leicht gerunzelter Stirn an. »Da haben Sie recht. Und ich muss Ihnen Schuhe besorgen.« Er warf einen Blick auf die Uhr. »Ich rufe Caroline an.«

»Irgendwie ist es seltsam, sie anzurufen, während Sie sich doch in ihrem Haus aufhalten.«

»Überhaupt nicht! Ich würde sie nicht zu stören wagen, während sie sich fertigmacht.« Er zog sein Telefon aus der Tasche und wählte. »Hallo, Caroline. Guten Morgen und frohe Weihnachten«, sagte er und schaltete das Handy auf Lautsprechermodus.

»Schätzchen«, rief die Gastgeberin. »Wo bist du? Ich kann mich nicht mal mehr daran erinnern, für welche Uhrzeit ich dich eingeladen habe, doch ich hoffe, es ist nicht gerade jetzt, denn ich bin noch nicht fertig. Ich hatte eine Haarkatastrophe.«

Er lachte nachsichtig. »Ich weiß genau, dass du umwerfend aussehen wirst. So wie immer. Aber apropos ›Katastrophe‹: Jo hatte auch eine.«

Jo zuckte zusammen. Was hatte er getan? Warum hatte er sie namentlich erwähnt? Ihre Anwesenheit in diesem Haus sollte doch ein Geheimnis bleiben!

»Jo?«, fragte Caroline.

»Meine Freundin. Ich hatte dir doch gesagt, dass ich sie mitbringe.«

»Oh. Ich dachte, sie heißt Lulu, aber du weißt ja – ich habe absolut kein Namensgedächtnis.«

Na, Gott sei Dank, dachte Jo. Sonst hätte es sicher Ärger gegeben.

Matthew lachte leise. Für jemanden, der nicht mit seiner Gastgeberin schlafen wollte, klang er ziemlich sexy. »Lulu ist so was von passé! Wie auch immer, als wir zum Tanken anhielten, wollte Jo sich rasch frisch machen und hat sich den Absatz abgebrochen.«

»Oh, ein Albtraum!« Für Caroline stellte ein solches Missgeschick offenbar wirklich eine Katastrophe dar.

»Ja, aber es kam noch schlimmer. Sie ärgerte sich, war abgelenkt und merkte erst zu spät, dass sie ihre Schminktasche auf dem Waschtisch vor dem Spiegel liegen gelassen hatte. Na ja, wie auch immer, das arme Mädchen ist nun hier ...«

»Hier? Jetzt schon?«

»Schon gut. Andi hat uns reingelassen, und ich bin dabei, deinen Kühlschrank zu plündern und eine Flasche Schampus zu öffnen – doch Jo ist es ziemlich peinlich, dass sie weder Make-up noch Schuhe hat. Könnte ich kurz raufkommen und mir ein Paar von dir leihen? Und irgendetwas – vielleicht ein bisschen Wimperntusche? Damit sie sich ein wenig besser fühlt.« Er senkte die Stimme, als wollte er seine geheimnisvolle Freundin schützen. »Schließlich hängst du die Messlatte in Sachen Glamour ziemlich hoch. Jo flattern ohnehin schon die Nerven, weil sie dich gleich kennenlernen wird. Sie ist ziemlich schüchtern.«

Jo nickte. Die letzte Feststellung würde ihre angebliche Hilfsbereitschaft erklären.

»Oh, wie süß«, erwiderte Caroline in gönnerhaftem Ton. Aber Jo beschloss, es nicht persönlich zu nehmen. »Weißt du, was, Schätzchen?«, fuhr Caroline fort. »Du kommst hoch, suchst dir ein Paar Schuhe aus, und ich überlasse Jo mein Reise-Make-up.«

»Parfüm?«, formte Jo mit den Lippen.

Matthew nickte. »Ich bin schon unterwegs«, sagte er zu Caroline und beendete das Gespräch.

Während er fort war, schaute Jo auf die Uhr und stellte fest, dass das Essen verspätet auf den Tisch kommen würde, wenn sie nicht einen Zahn zulegte. So ist es immer, dachte sie: Man glaubt, man hätte viel Zeit, und dann passiert etwas und wirft den Zeitplan komplett durcheinander. Sie fühlte sich wie bei einem Kochwettbewerb, bei dem das Publikum die Zeit herunterzählte und dabei klatschte.

Nachdem der Käse in den Mürbeteig eingearbeitet war, konsultierte Jo ihre Liste und erkannte, dass sie noch nicht in Panik geraten musste.

Das Menü war anspruchsvoll, und Andi hatte nicht die Zeit gehabt, so viel vorzubereiten, wie Jo es sich gewünscht hätte. Hinzu kam der verständliche Wunsch Carolines, mehrere Alternativen »für die schlanke Linie« anzubieten. Daher die Langustinen und die Muscheln zusätzlich zu den (glücklicherweise bereits fertigen) Cranberry- und Brie-Quiches und den Blinis mit Kaviar und Sauerrahm. (Andi hatte Jo berichtet, dass Caroline zunächst über eine Variante mit fettarmem Joghurt nachgedacht hatte, die aber schnell wieder verworfen wurde.)

Anschließend gab es eine Wildterrine mit Brioche und Chutney oder geräuchertem Lachs. Der Drei-Vogel-Braten galt als ausreichend gesund für jedermann. Und dann war da noch der Nachtisch. Unglücklicherweise fehlte dazu jeglicher Hinweis. Jo suchte vergeblich nach einer Notiz, aber alles, was Andi geschrieben hatte, war: *Um den Nachtisch brauchst du dir keine Sorgen zu machen.* Danach war sie offensichtlich unterbrochen worden, denn auf der Seite war ein Buchstabe angefangen, wo sie offenbar einen neuen Absatz hatte beginnen wollen, zu dem es aber dann nicht mehr gekommen war.

Jo überprüfte gerade zum vierten Mal, dass die Notizen tatsächlich keine weiteren Hinweise enthielten, als Matthew mit einer Handvoll Schuhe und einer Schminktasche zurückkam. Als Jo der Dinge ansichtig wurde, stöhnte sie: »Oh Gott, ich glaube, dass ich das alles nicht als jemand anders verkleidet zubereiten kann. Hier handelt es sich schließlich nicht um ein normales Weihnachtsessen, sondern um höchst raffinierte Küche. Ich muss mich konzentrieren!«

»Legen Sie erst einmal ein bisschen Make-up auf und schauen Sie, ob die Schuhe passen. Danach schmieden wir dann einen Plan.«

Es war angenehm zu spüren, dass sie mit der ganzen Angelegenheit nicht allein gelassen wurde. »Okay.«

»Also, welche Schuhe gefallen Ihnen? Caroline hatte eine Tasche mit Schuhen für die Kleiderkammer gepackt. Ich habe gesagt, das würde meiner Freundin genügen.«

Jo grinste. »Ich kaufe die meisten Klamotten ohnehin secondhand«, sagte sie. »Es passt also.«

Sie wählte ein Paar Slipper mit Quasten und ließ Ballerinas und Pumps mit hohen Absätzen links liegen. Carolines Füße waren offenbar etwas größer als ihre, aber das spielte keine Rolle, weil sie nicht so tun musste, als wären es ihre eigenen Schuhe. »Die fühlen sich gut an.«

»Wir sagen einfach, dass Sie keine hohen Absätze mehr tragen wollten, nachdem Ihrer abgebrochen war«, überlegte Matthew laut und zeigte auf die Paare mit den Mörderabsätzen, die vermutlich ein kleines Vermögen gekostet hatten.

Jo nickte. »Aber jetzt kommt der schwierige Teil: Ich schminke mich ziemlich selten und habe keine Zeit zum Experimentieren.«

»Dann lassen Sie es besser. Machen Sie sich einfach so zurecht, wie Sie es normalerweise tun. Sie haben eine sehr schöne Haut – Sie brauchen nicht viel Make-up.«

Jos so gelobte Haut reagierte auf das Kompliment mit holdem Erröten, doch Jo sagte nichts dazu, sondern griff nach der Tasche.

Ein paar Minuten später stand sie wieder in der Küche. »Okay?«, fragte sie.

Matthew begutachtete sie. »Sie sehen bezaubernd aus.« Er strich ihr das Haar hinter die Ohren. »Schlicht, aber elegant. Ich scheine einen sehr guten Geschmack zu haben, was Frauen angeht.«

Jo errötete schon wieder. »Also: Wann müssen wir oben erscheinen?«

»Noch nicht so bald. Ich mache jetzt erst einmal eine Flasche Schampus auf.«

»Matthew! Wir sind schließlich nicht wirklich Carolines Gäste! Zumindest ich nicht. Ich werde meine Clogs und meine Jacke wieder anziehen und an die Arbeit zurückkehren, sobald ich ihr als Ihre Freundin vorgestellt wurde.«

Er blieb ganz ruhig. »Wenn ich jetzt Kartoffeln schäle, brauche ich etwas, um mich aufzumuntern. Schließlich ist Weihnachten.«

»Sie brauchen wirklich keine Kartoffeln zu schälen.«

»Die Alternative besteht darin, nach oben zu gehen und irgendein Klatsch- oder Modemagazin zu lesen, während Caroline sich zurechtmacht. Und außerdem müsste ich Sie mitnehmen.«

Jo biss sich auf die Lippen. »Daran habe ich nicht gedacht.«

»Wie kann ich also helfen?«

»Sie könnten schon einmal die richtigen Weine heraussuchen – es gibt da eine Liste – und die Rotweinflaschen entkorken. Das wäre ganz toll. Andi sagte, der Wein steht im Keller, doch sie konnte mir nicht genau sagen, wo.«

»Das ist okay, ich kenne mich in Carolines Weinkeller aus. Und danach werde ich mit den Kartoffeln weitermachen.«

Mit geschickten Fingern schälte Jo das Gemüse. Zusätzlich zu den Kartoffeln bereitete sie ein Blech mit gebratenem Gemüse vor. Die Arbeit ging ihr wie von einem Autopiloten gesteuert von der Hand, während sie sich in Gedanken mit dem fehlenden Nachtisch beschäftigten.

Abgesehen davon hatte Andi ziemlich genau erklärt, was noch zu tun war, was sie vorbereitet hatte und was in letzter Minute erledigt werden musste. Noch brauchte Jo sich nicht um den Nachtisch zu kümmern. Der Lunch sollte um drei Uhr serviert werden, und es war erst halb zehn. Viele andere Dinge konnten noch schiefgehen, ehe es so weit war. Im Übrigen glaubte Jo felsenfest daran, dass sie irgendwo doch noch einen Plumpudding finden würde, den sie nur noch in die Mikrowelle schieben und mit einer geeigneten Soße servieren musste. Wenn nötig, konnte sie sowohl Brandybutter als auch Rumsauce oder Sahne dazu anbieten. Der Kühlschrank war mit den entsprechenden Zutaten nämlich mehr als vollgepackt.

Jo kochte gern. Während ihr Messer nur so dahinflitzte, vergaß sie beinahe den Grund, weshalb sie Kaschmir unter der Kochuniform trug und ihr so warm wurde.

Das Klingeln von Matthews Telefon rief es ihr wieder ins Gedächtnis. »Schätzchen?«, ertönte Carolines Stimme, nachdem er die Lautsprecherfunktion aktiviert hatte. »Inzwischen sehe ich ganz ansehnlich aus. Kommt ruhig rauf. Ich kann es kaum erwarten, deine Freundin kennenzulernen.«

Jo warf ihm einen Blick zu. »Oh Gott, ich weiß nicht ...«, formte sie mit den Lippen.

»Kommen Sie schon«, drängte er, nachdem das Telefonat beendet war. »Denken Sie an Ihre Belohnung: die größte Wohltätigkeitsveranstaltung, die Ihr Tierheim je hatte! Wischen Sie sich die Hände ab und ziehen Sie die Kochjacke aus. Und ab jetzt sind wir per Du.«

Gemeinsam verließen sie die Küche und gingen die Treppe hinauf zum Salon in der ersten Etage, von dem aus man einen herrlichen Blick über den Park hatte.

Caroline stand am Erkerfenster und sah umwerfend aus. Sie trug eine enge Hose aus karamellfarbenem Wildleder, die ihre schlanken Beine betonte. Die Schuhe sahen für Jos unerfahrene Augen aus wie mit Diamanten besetzt. Die Bluse aus schwerer Seide enthüllte ihr Dekolleté. Ein riesengroßer Smaragdring im Carréschliff schmückte Carolines Hand, und an ihren Armen klimperten mehrere massive Goldreifen.

Obwohl sie ein wenig mehr Falten zu haben schien als auf den Fotos, die Jo von ihr kannte, war sie trotzdem sehr schön.

Die Zunge klebte Jo am Gaumen, und sie bedauerte zutiefst, keinen Champagner getrunken zu haben.

»Das ist Jo«, stellte Matthew sie vor. »Jo, das ist meine absolut liebste ›Beinahe-Verwandte‹ Caroline.«

Jo streckte die Hand aus. Sie wusste, dass sie sich für Caroline anfühlen musste wie Sandpapier, denn sie verbrachte viel Zeit mit den Händen im Wasser. Aber sie hätte sich keine Sorgen zu machen brauchen. Caroline ignorierte die Hand, zog sie stattdessen an sich und hauchte ihr ein Küsschen neben jede Wange. Dann trat sie einen Schritt zurück und begutachtete sie.

»Schätzchen«, sagte sie zu Matthew, während sie Jo immer noch an den Schultern festhielt »sie ist hinreißend! Ganz anders als deine üblichen Eroberungen.«

Jo beschloss, sich nicht beleidigt zu fühlen.

»Wenn du meinst, dass sie Nichtraucherin ist, gern lange Spaziergänge in der Natur unternimmt und es liebt, vor einem gemütlichen Feuer zu kuscheln, dann ist sie tatsächlich anders.« Er zwinkerte Jo zu. »Aber du musst zugeben, dass sie bildhübsch ist.«

Jo errötete wieder und hoffte, dass ihre Kleidung und der Schmuck diese Aussage zumindest teilweise bestätigen würden. »Ich wünschte, du würdest nicht über mich reden, als wäre ich gar nicht hier«, protestierte sie.

»Recht hat sie.« Caroline nahm Jos Arm und führte sie zu einem der vielen Sofas. »Lernen wir einander doch ein bisschen besser kennen. Setzen wir uns! Matthew, läute die Glocke. Andi soll Champagner bringen.«

»Ich hole ihn«, erwiderte er. »Andi hat genug um die Ohren.«

Jo fühlte sich plötzlich schrecklich unsicher. Sie hatte keine Ahnung, wie Caroline sich verhalten würde, und wünschte sich weit weg. Trotzdem lächelte sie freundlich. »Das ist ein wirklich schönes Haus«, sagte sie. »Die Aussicht ist einfach atemberaubend.«

»Stimmt. Teilweise habe ich es deswegen gekauft. Außerdem ist man von hier aus schnell in London, und viele meiner Freunde wohnen in der Nähe – na ja, zumindest für die Verhältnisse hier in Gloucestershire.«

Jo spürte, dass sie die Unterhaltung weiterführen musste, denn wenn sie schwiege, würde ihr Caroline vielleicht eine Frage stellen, die sie nicht beantworten konnte. Ihre Mutter warf ihr immer vor, sie verbringe zu viel Zeit mit Hunden und habe deshalb fast vergessen, wie man mit Menschen kommunizierte. Diese Kritik erschien Jo in diesem Moment fast gerechtfertigt. Aber durch ihren Job als Empfangsdame hatte sie zumindest ein paar soziale Fähigkeiten. »Arbeiten Sie zurzeit an aufregenden neuen Projekten, Caroline?«, erkundigte sie sich. Warum brauchte Matthew bloß so lange? Zur Küche ging es doch nur eine Treppe hinunter.

Caroline lächelte. »Ich habe Pläne.«

»Können Sie schon darüber reden?« Jo war richtig stolz auf sich. Sie hielt Small Talk, als wäre es für sie das Selbstverständlichste auf der Welt.

»Nein.«

»Oh!«, entfuhr es Jo, ehe sie rasch sagte: »Entschuldigen Sie, ich muss unbedingt noch einmal diese Aussicht genießen.« Sie stand auf und ging zum Fenster. Dabei hoffte sie, dass die Landschaft noch eine Weile für Gesprächsstoff sorgte. »Was sind das für Hügel dahinten?«

»Keine Ahnung. Sagen Sie, Jo ...«

Matthews Rückkehr mit einem Tablett mit drei Champagnerflöten ersparte Jo den Rest der Frage. »Ich hole nur noch ein paar Flaschen aus dem Keller«, verkündete er.

»Nein, wirklich, Matthew! Läute doch einfach nach Andi – warte, ich mache es selbst.« Caroline ging hinüber zum Kamin, doch bevor sie die Klingel drücken konnte, griff Jo ein.

»Du lieber Himmel«, rief sie, »ich dachte, das Holz wäre echt!« Sie zeigte auf den Kamin. »Ich habe noch nie ein so realistisches künstliches Feuer gesehen. Hätte ich nicht bemerkt, dass sich keines der Scheite bewegt, hätte ich es nie erraten.« Sie wusste nicht, ob sie Caroline dadurch beleidigte, aber es ging nicht anders.

Glücklicherweise fühlte sich die Hausherrin keineswegs düpiert. »Toll, nicht wahr? Es wird von einer Firma hergestellt, in deren Showroom ein echtes Feuer brennt. Sie finden den Moment heraus, der einem am besten gefällt, machen ein Foto und nehmen es als Vorlage.«

Jo nickte. »Ein wahres Wunder«, sagte sie. Allerdings meinte sie damit das Wunder, dass sie es geschafft hatte, den Small Talk so lange durchzuhalten.

Matthew kam mit den Flaschen zurück. Er hatte drei mitgebracht. »Wann erwartest du die anderen Gäste, Caro? Ist das genug Schampus?«

»Ich habe keine genaue Uhrzeit angegeben, nur dass wir um drei Uhr essen werden. Und ich denke, es genügt. Für uns jedenfalls. Mach uns eine Flasche auf. Wenn wir anstoßen, dürfen wir uns etwas wünschen.« Caroline warf Matthew einen bedeutsamen Blick zu.

Jo wusste genau, was sie selbst sich wünschen würde: dass das Festmahl gut abliefe und dass man sie nicht entlarvte – weder als Matthews falsche Freundin noch als stellvertretende Köchin.

»Darauf, dass unsere Weihnachtswünsche wahr werden!«, sagte Caroline und hob ihr Glas. »Du meine Güte«, fuhr sie an Jo gewandt fort, »Sie haben aber schnell getrunken! Matthew, schenk ihr nach.« Auch Caroline leerte ihr Glas. »Schenk uns beiden nach. Vielleicht sollte ich nach den Kanapees läuten. Schließlich wollen wir nicht schon angeschickert sein, ehe die anderen Gäste eintreffen.«

»Vielleicht wäre es vernünftiger, mit den Häppchen zu warten, bis wir vollzählig sind. Sonst haben wir sie alle aufgegessen, ehe es richtig losgeht«, gab Matthew zu bedenken.

Caroline zuckte mit den Schultern. »Wie du meinst, Matt. Aber nun zu Ihnen, Jo. Was machen Sie beruflich?«

»Also …«, setzte Matthew an, doch Caroline unterbrach ihn.

»Wie du weißt, Matthew, kann sie für sich selbst sprechen.«

Jo fühlte sich einigermaßen ruhig, obwohl ihr plötzlich etwas klar geworden war, was vielleicht auch Matthew zu seinem versuchten Eingriff in das Gespräch bewegt hatte: Sie hätten sich Zeit nehmen müssen, einen Lebenslauf für sie zu erfinden. »Ich arbeite als Empfangsdame in einem Hotel«, sagte sie und wertete so das kleine Gästehaus auf, in dem sie auch putzte und das Frühstück zubereitete, wenn es nötig war.

»Oh! Und das genügt Ihnen?« Caroline schien davon auszugehen, dass eine solche Arbeit unmöglich befriedigend sein konnte.

»Ich mag es«, antwortete Jo. »Es ist nicht allzu anspruchsvoll, aber für den Augenblick geht es.« Außerdem hatte ihr Chef viel Verständnis dafür, dass sie flexible Arbeitszeiten brauchte, um mehr Freiraum für das Tierheim zu haben.

»Wohnen Sie in der Nähe?«, fuhr Caroline fort.

»Caro, ich habe dir doch schon erzählt, dass ihre Eltern fast Nachbarn von meinen sind«, ging Matthew dazwischen.

»Hast du das, Schätzchen? Oje! Ich glaube, ich brauche dringend eine persönliche Assistentin – Jo könnte da die perfekte Wahl sein. Vor allem, wenn sie an ihrem jetzigen Arbeitsplatz ein bisschen unterfordert ist.«

Jo schluckte. Sie war froh, dass Matthew sich in die Unterhaltung eingeschaltet hatte. Tatsächlich wohnte sie nah genug an Carolines Villa, um für sie arbeiten zu können, doch Andi hatte ihr so viel über ihre Chefin erzählt, dass sie wusste, sie würde es bei ihr nicht aushalten, selbst wenn sie nicht gleich am ersten Tag entlassen wurde. Andi kam nur deshalb klar, weil Caroline nicht immer zu Hause war. Aber ihre persönliche Assistentin würde Caroline stets an ihrer Seite haben wollen und ihr ständig im Nacken sitzen.

»Du liebe Zeit«, rief Jo, die wieder ans Fenster getreten war. »Da fährt gerade ein Rolls-Royce vor.«

Caroline lachte. »Das sind Cindy und Max. Sie sind ein bisschen neureich, aber sehr nett. Er ist Formel-1-Pilot«, erklärte sie Jo. »Und sie ist eine Trophäenfrau von Gott-weiß-woher, doch wie gesagt sehr nett.«

Was würde sie wohl über mich sagen, wenn sie mich wirklich kennen würde?, überlegte Jo. »Arm, aber ehrlich« war vermutlich das Beste, auf das sie hoffen konnte.

»Ich gehe und öffne ihnen«, bot Matthew an.

»Nicht nötig. Darum kann sich Andi kümmern«, erklärte Caroline mit ruhiger Gewissheit.

Jo dachte fieberhaft nach, denn schließlich wusste sie sehr genau, dass Andi es nicht tun würde. »Ehrlich gesagt müsste ich einmal zur Toilette«, meldete sie sich zu Wort. »Vielleicht kann Matthew mir zeigen, wo es ist, und gleichzeitig Max und Cindy hereinlassen? Andi war ziemlich beschäftigt, als wir sie das letzte Mal sahen.«

Caroline zuckte mit den Schultern. »Das Gäste-WC ist auf dieser Etage. Wenn Sie da entlanggehen …« Sie wies mit dem Arm nach links.

»Ich zeige es ihr«, mischte sich Matthew ein. »Das geht schneller.«

»Oh mein Gott! Das ist ja ein Albtraum«, keuchte Jo, als sie die Treppe so schnell hinunterrannte, wie es ihr die zu großen Slipper erlaubten.

»Schon gut«, meinte Matthew ruhig. »Du erledigst jetzt alles, was in der Küche nötig ist. Sollte es etwas länger dauern, bis du wieder in den Salon kommst, sage ich, dass dir nicht ganz wohl ist.«

»Mir ist wirklich nicht gut!«, erklärte Jo und flitzte in die Küche. »Ich richte jetzt die Kanapees auf einer Platte an, die du hinaufbringen kannst. Danach kommst du zurück und holst das zweite Tablett, dann brauchen wir uns wenigstens darum keine Sorgen mehr zu machen.«

Während sie hörte, wie Matthew Cindy und Max begeistert begrüßte, schob sie ein Blech mit Quiches in einen Ofen – glücklicherweise schien es in dieser Küche mehrere davon zu geben – und band sich die gestreifte Schürze um, die Andi hinter der Tür zurückgelassen hatte. Die Kochjacke anzuziehen würde zu lange dauern. Das würde sie sich für die Zeit vorbehalten, wenn sie als Köchin auftrat.

Bis Matthew die Mäntel aufgehängt und Max und Cindy die Treppe hinaufgeschickt hatte, lagen die Kanapees hübsch angerichtet auf einer großen Silberplatte. »Komm so schnell wie möglich wieder rauf«, sagte er zu ihr und nahm das Tablett.

Jo lag durchaus nicht auf der faulen Haut, aber sie überstürzte auch nichts. Es wäre zu ärgerlich, einen Fehler zu begehen, der mit kurzem Nachdenken hätte vermieden werden können. Nachdem sie die Quiches überprüft hatte, kehrte sie zu ihrer Liste zurück. »Nimm sie aus dem Ofen, wenn Matthew zurückkommt, und richte das andere Zeug auf dem Tablett an«, sagte sie zu sich selbst. Zwar sahen die Quiches noch ein bisschen blass aus, doch sie entschied, dass sie bald serviert werden konnten. Sie arbeitete weiter, bestückte eine Platte mit Blinis und Garnelen und dekorierte das Ganze mit ein paar kleinen Schüsseln mit Oliven, die sie im Kühlschrank gefunden hatte. Sie entdeckte eine Tüte Chips, öffnete sie und füllte sie in hübsche Schalen. Auf dem Tablett fehlten jetzt nur noch die Quiches. Damit würde sie warten, bis Matthew zurückkam.

Nun hieß es, sich auf die Vorspeise zu konzentrieren. »Okay, die Terrine sollte Raumtemperatur haben, die Brioche wärme ich lieber zeitnah auf. Zum geräucherten Lachs brauche ich noch Brot, Butter und Zitronenschnitze.«

Jo fand es wirklich hilfreich, mit sich selbst zu sprechen. Es beruhigte sie. Sie warf einen Blick auf die Uhr. »Zwölf Uhr dreißig. Das Essen ist zwar für drei Uhr angesetzt, aber ich serviere es, wenn es fertig ist. Wo mag nur das Fleischthermometer sein?«

»Ich denke, du solltest jetzt wieder raufkommen.« Matthew stand vor ihr. »Die Leute wollen schon nach dir schauen. Alle sind jetzt da, und wir wollen miteinander anstoßen.«

»Mist! Ich war gerade so schön in Fahrt. Aber danke, dass du immer die Tür geöffnet hast – das hat mir wirklich viel Zeit gespart.«

»Mir ist etwas eingefallen: Ich glaube nicht, dass du oft in Kochmontur im Speisesaal erscheinen musst. Ich werde einfach sagen, dass Andi viel Stress hat, und bringe die Sachen hinein«, bot Matthew an.

»Einverstanden. Wenn ich dir das Servieren überlassen kann, könntest du Caroline zuflüstern, dass in der Küche Holland in Not ist. Dann hofft sie vermutlich, dass alles trotzdem gut geht, und macht sich vielleicht keine Gedanken darüber, dass ihre Köchin nicht serviert. Andi sagte, das müsste ich sowieso nicht dauernd machen, sonst hätten wir diesen Quatsch gar nicht erst angefangen.«

»Ich habe eben mal einen Blick ins Esszimmer geworfen. Der Tisch ist bereits gedeckt.«

»Na, Gott sei Dank! Zum ersten Gang stelle ich einfach alles auf den Esstisch und läute dann, damit ihr alle Platz nehmt. Bei den anderen Gängen dürfte es allerdings kniffliger werden.«

»Bist du denn jetzt bereit, die Küche für einige Zeit sich selbst zu überlassen? Wenn es sein muss, könnte ich zwar noch ein paar Lügen über dich erzählen, aber lieber wäre es mir anders.«

»Na ja, alles ist entweder im Ofen oder wartet darauf, serviert zu werden. Mit Ausnahme des Nachtischs. Ich habe übrigens nicht die geringste Ahnung, was es ist und wo ich ihn finde. Ich habe schon versucht, Andi anzurufen, doch ich erreiche sie nicht. Sie hat offensichtlich kein Netz.« Jo ging zum Spülbecken und wusch sich die Hände. »Was hast du ihnen gesagt, was angeblich nicht mit mir stimmt?« Sie pellte sich aus der Schürze und steckte die Ohrringe wieder an.

»Ich habe mich verlegen gegeben und Caroline etwas über Frauenprobleme zugeflüstert. Jetzt denken sie, du hättest deine Tage.«

»Na, heißen Dank!« Sie trocknete sich die Hände ab. »Konntest du dir nichts noch Peinlicheres einfallen lassen?«

»Ich hätte es mit einer Magenverstimmung probieren können, aber ich dachte, das wäre angesichts der Kanapees vielleicht nicht so ratsam. Jetzt beeil dich.

Lass mich nur kurz nachsehen, ob alles in Ordnung ist. Super!«, lobte er.

»Matthew«, sagte Jo leise, während sie nach oben gingen, »ich habe dir ja schon erzählt, dass ich Andi nicht erreichen kann. Ich muss aber unbedingt wissen, was als Nachtisch serviert werden soll. Wenn ich weiß, was es ist, finde ich ihn vielleicht. Oder zumindest die Zutaten. Kannst du das herausbekommen?«

»Keine Sorge, ich kümmer mich darum«, beruhigte er sie.

Als sie gemeinsam den Salon betraten, blickten alle besorgt auf.

»Es geht ihr gut«, sagte Matthew und stützte Jo. »Sie war nur kurz etwas wacklig auf den Beinen.«

»Sie sehen ein bisschen erhitzt aus«, stellte Caroline fest. »Kommen Sie und setzen Sie sich. Trinken Sie ein Glas Champagner.«

»Ein Glas Wasser wäre mir lieber«, meinte Jo. »Ich habe gerade eine Tablette eingenommen und sollte besser keinen Alkohol trinken.« Sie fand sich zwar etwas zimperlich, aber so würde niemand sie zum Trinken drängen. Sie wollte unbedingt einen klaren Kopf behalten und hatte schließlich schon ein Glas Champagner intus.

Alle anderen Gläser waren voll. »Ich hoffe, es macht niemandem etwas aus, keine Geschenke zu bekommen«, verkündete Caroline, nachdem sie Jo alle Gäste vorgestellt hatte. »Auf dem Tisch liegt zwar später eine Kleinigkeit für jeden, doch das war's dann auch schon.«

Jo schloss die Augen und fluchte in sich hinein. Geschenke auf dem Tisch! Wo zum Teufel sollte sie die finden? Sie sah zu Matthew hinüber, der zu ihr kam und sich neben sie setzte.

»Gibt es Platzkarten?«, erkundigte er sich. »Ich könnte Andi entlasten und sie aufstellen, damit sie ein bisschen mehr Zeit hat.«

»Du findest sie in meiner Schreibtischschublade, einschließlich der Geschenke und der Liste mit der Platzordnung. Rosa Karten für die Mädels, blaue für die Jungs.« Caroline lachte. »Vielleicht ein bisschen klischeehaft, aber es erschien mir einfacher so.«

»Du hättest zulassen sollen, dass wir Geschenke mitbringen«, bemerkte ein Mann namens Justin, »aber du warst so streng, dass es keiner von uns gewagt hat.«

»Ich bin nicht leicht zu beschenken«, antwortete Caroline. »Ich kaufe mir meine Geschenke lieber selbst.«

»Ich wüsste etwas, das dir gefallen könnte«, deutete Justin an.

Caroline blickte zu Matthew hinüber und erwiderte: »Kann ich mir vorstellen, doch darum kümmern wir uns später, hmm?«

Matthew stand auf und verließ das Zimmer.

Jo kam zu dem Schluss, dass sie selbst versuchen sollte, etwas über den Nachtisch herauszubekommen. »Was gibt es denn heute überhaupt zu essen? Seit es mir wieder besser geht, merke ich, dass ich ganz schön hungrig bin.«

»Zunächst eine schöne Terrine, gefolgt von einem Drei-Vogel-Braten«, antwortete Caroline. »Nichts Außergewöhnliches, aber trotzdem köstlich.«

Das jedoch wusste Jo bereits. »Und danach vielleicht einen traditionellen Plumpudding?«

»Einen mit Vanillesoße?« Justin leckte sich die Lippen. »Ich liebe Vanillesoße.«

Jo seufzte innerlich. Meinte er richtige Vanillesoße oder aus Pulver hergestellte? Wahrscheinlich Letzteres.

Männer mochten so etwas. Falls Caroline Soßenpulver vorrätig hatte, würde Joe natürlich welches anrühren.

»Der Nachtisch ist eine Überraschung«, lachte Caroline. »Eine wirklich gute! Vielleicht ein bisschen explosiv.«

Jo ärgerte sich, dass sie jetzt auch nicht mehr wusste als zuvor, doch damit war ein brennender Plumpudding so gut wie ausgeschlossen – und das war immerhin etwas.

»Willst du uns auf die Folter spannen, Caroline?«, fragte Justin gespannt.

»Vielleicht, aber nur ein bisschen.« Sie lachte leise. »Ich weiß doch, wie leidenschaftlich gern du Kreuzworträtsel löst.« Sie versuchte, die Frage nach dem Nachtisch geheimnisvoll und lasterhaft klingen zu lassen.

»Ich liebe Überraschungen«, erklärte Cindy, ohne den Hinweis auf das Kreuzworträtsel zur Kenntnis zu nehmen. »Ich wünsche mir schon lange eine Überraschungsparty, doch Max hat noch keine für mich gegeben.«

»Es wäre ja keine Überraschung mehr, wenn du mich darum bittest«, konterte er.

Jo kümmerte es herzlich wenig, was für eine Art Partys diese Leute feierten, die sie nicht kannte. Aber hatte Caroline ihr da gerade verraten, was als Nachtisch serviert werden sollte? Überraschung? Explosiv? Sobald sie wieder entkommen konnte, würde sie die vielen Gefrierschränke durchforsten. Vielleicht fand sie, wonach sie suchte.

Ein unauffälliger Blick auf die Uhr sagte ihr, dass sie wirklich zurück in die Küche musste. Der Braten musste begossen und die Innentemperatur kontrolliert werden. Sie stand auf. »Entschuldigen Sie«, flüsterte sie

Caroline zu, »ich brauche meine Handtasche, die ich unten habe liegen lassen.«

Caroline hob eine Augenbraue, aber obwohl es Jo peinlich war, sie in der Überzeugung zu lassen, sie hätte ihre Periode, war es eine gute Entschuldigung dafür, das Zimmer zu verlassen. Als sie ging, hörte sie eine der jüngeren Frauen sagen: »Erzähl mal! Ist er wirklich auf der Hauptbühne des Festivals in Glastonbury aufgetreten?«

Um wen um alles in der Welt mochte sich das Gespräch drehen?, überlegte Jo. Vielleicht spielte der Formel-eins-Fahrer Max in einer Band oder so. Wirklich seltsam!

Nach einem flüchtigen Blick in den Ofen, wo alles zum Besten stand, ging Jo hinaus zur großen Gefriertruhe. Sie hoffte, den Nachtisch dort zu finden. Und ja! Da war er. Eine Überraschungsbombe. Glück für Andi.

Sie nahm sie heraus und versuchte, durch die Schichten der durchsichtigen Plastikverpackung etwas zu erkennen. Offenbar war es eine Schokoladenhülle mit etwas darunter, das entweder Eis oder Mousse sein konnte. Der Überraschungsbombe konnte man es nicht ansehen, aber Mousse schien Jo die raffiniertere Variante zu sein. Vermutlich befand sich etwas Zähflüssiges in der Mitte, das Raumtemperatur haben sollte. Jo hoffte, dass sie später noch mehr in Erfahrung bringen konnte.

Sie stellte den Nachtisch oben auf die Gefriertruhe. Den Auftauprozess konnte sie nachher noch überprüfen. Jetzt aber musste sie dringend die Innentemperatur des Bratens mit dem Thermometer kontrollieren, um sicherzugehen, dass er nicht übergarte. Viel Zeit hatte sie nicht.

Während sie zurück ins Haus sprintete, dachte sie, dass es ganz gut war, dass sie ihre Handtasche tatsächlich unten gelassen hatte, denn es handelte sich um einen sehr praktischen Rucksack und war sicher nichts, was Matthews Partnerin mitnehmen würde, wenn sie die Freundin seiner Mutter besuchte.

Als Jo wieder nach oben kam, stellte sie fest, dass sie länger weggeblieben war, als sie eigentlich vorgehabt hatte. »Tut mir leid«, entschuldigte sie sich. »Andi hatte Probleme in der Küche. Ich habe ihr ein bisschen geholfen.«

»Das hätten Sie nicht tun müssen«, entgegnete Caroline verärgert. »Sie ist eine fähige Köchin, und Gott weiß, dass ich ihr eine Menge dafür bezahle!«

»Ich koche aber ausgesprochen gern«, sagte Jo ehrlich. »Das wird ein tolles Essen.«.

Alles lief unerwartet gut. Caroline und die Gäste wunderten sich nicht mehr, dass Jo ab und zu verschwand, und sie schaffte es, die Vorspeisen aufzutragen, die Kerzen anzuzünden und den Speisesaal festlich und gemütlich zu gestalten. Dann eilte sie wieder in den Salon.

»Andi lässt ausrichten, dass alles bereit ist und wir hinuntergehen können.« Sie war etwas atemlos.

»Ich weiß, dass Sie gern helfen«, sagte Caroline. »Matthew hat uns erklärt, dass Sie es lieben würden, bei einem Profi kochen zu lernen, doch ich denke, wir sollten Andi ihren Job jetzt allein machen lassen.«

Jo nickte betreten. Sie sah Matthew an und begegnete Cindys mitfühlendem Blick.

»Aber Andi hat sich wirklich hervorragend geschlagen«, lobte Cindy. »Wenn wir so viele Essensgäste haben, stellen wir normalerweise einen Kellner ein.«

Caroline verzog das Gesicht. »Wisst ihr, wie teuer es ist, an Weihnachten Personal zu beschäftigen? Andi ist meine fest angestellte Köchin, ich bezahle sie also ohnehin.«

»Aber du wirst ihr doch sicher einen riesigen Bonus zahlen, oder?«, fragte Justin. »Immerhin arbeitet sie an einem Feiertag.«

»Ich bin oft unterwegs«, antwortete Caroline. »Wie zum Beispiel in den kommenden sechs Wochen, wenn ich auf Necker Island die Sonne genieße. Andi braucht in dieser Zeit gar nichts zu tun. Das entschädigt doch wohl für die Arbeit an Weihnachten, oder?«

Justin schüttelte den Kopf. »Eigentlich nicht. Du solltest ihr Gehalt um mindestens einen halben Tausender aufstocken.«

Caroline stand das Entsetzen ins Gesicht geschrieben.

Matthew nickte zustimmend. »Ich muss sagen, Justin, das ist ein wirklich großzügiger Vorschlag.«

»So viel?« Caroline schien ihren Ohren nicht zu trauen.

»Entweder das oder du schenkst ihr eine richtig teure Handtasche«, sagte Cindy. »Ich habe die Erfahrung gemacht, dass das Personal wirklich zu einem hält, wenn man großzügig ist. Unser Fahrer bekommt für seine Arbeit heute eine Woche mit seiner Familie in unserer Londoner Wohnung geschenkt – alles inklusive.« Plötzlich sah sie verlegen aus. »Es erschien mir richtig. Sie schauen sich mit den Kindern den *König der Löwen* an. Wir haben ihnen gute Tickets besorgt. Sie waren noch nie da.«

»Ich bin sicher, dass ein ordentlicher Aufschlag auf das Gehalt reicht«, erklärte Matthew. Er lächelte Caroline an. »Du willst doch sicher nicht wie ein Geizkragen dastehen und auch nicht riskieren, dass Andi dich verlässt. Sie ist wirklich eine großartige Köchin.«

Caroline betrachtete ihre Gäste nachdenklich. »Na gut. Ich denke, ich habe schon mehr als das für eine Handtasche ausgegeben. Aber wenn ich ihr einen so großen Bonus gebe, bestehe ich darauf, dass sie den Nachtisch serviert.«

Jo lächelte. »Ich könnte helfen, die Teller reinzubringen.«

Caroline seufzte schicksalsergeben.

Jo konnte es nicht vermeiden, sich wieder einmal zu entfernen, aber dieses Mal fühlte sie sich von Cindys Sympathie getragen, was ihr guttat. Sie ging in die Garage, um den Nachtisch zu holen.

In der Küche schälte sie die Überraschungsbombe vorsichtig aus der Verpackung und der Silikonform und betrachtete sie. Sie sah aus wie ein riesiger Marshmellow im Schokoladenmantel. »Nicht schlecht«, murmelte sie vor sich hin. Mit einem dünnen Spieß bohrte sie behutsam ein Loch in die Spitze der Überraschungsbombe und steckte ihn hinein. Er drang gut ein. Als Jo ihn wieder herauszog, klebte leicht gesalzenes Karamell an seinem Ende. »Hm, köstlich«, murmelte Jo. »Gut gemacht, Andi.«

Sie wickelte Küchenfolie um den Stiel eines Stechpalmenzweigs und steckte ihn in das Loch. Plötzlich sah der Nachtisch festlich und weihnachtlich aus, und Jo empfand einen gewissen Stolz.

Der Gedanke jedoch, die Bombe hineinzubringen und sich vor aller Augen als Andi auszugeben, machte ihr Angst.

Sie wusste, dass Matthew sein Möglichstes tun würde, um die Anwesenden abzulenken. Er hatte sich bereits zu Caroline gesetzt, und als Jo ihn zuletzt gesehen hatte, diskutierte er über den Tisch hinweg mit Justin und beschäftigte auch Caroline so. Vielleicht nahm er ihnen sogar die Sicht auf sie, Jo.

Jo beschloss, zuerst die Überraschungsbombe in den Speisesaal zu bringen, ehe sie die verschiedenen Soßen, den Teller mit frischem Obst und das Käsebrett servierte. Sie überprüfte, ob sie sich die Kochmütze tief genug ins Gesicht gezogen hatte, und nahm den Teller.

Sie stellte die Überraschungsbombe mit abgewandtem Kopf auf den Tisch. Matthew hatte Caroline und Justin in ein intensives Gespräch gezogen. Beide neigten sich zu ihm hin. Er stützte den Arm auf die Tischplatte und drehte den Körper so, dass Jo teilweise verdeckt war. Alles würde gut gehen, dachte sie.

Doch in diesem Moment rief Abbi, eine der Frauen: »Das ist ja lustig – Andi hat die gleichen Ohrringe wie Jo!«

Ehe sie sich bremsen konnte, wandte Jo ihr den Kopf zu und sah, dass alle sie anstarrten.

»Sie geben sich als Andi aus?«, fragte Caroline eisig und sprang auf. »Wo zum Teufel ist meine Köchin?«

Jo räusperte sich. Sie war entlarvt worden – und das nur, weil sie vergessen hatte, die Ohrringe zu entfernen. Und dabei hatte sie sich bisher so gut geschlagen!

»Was zum Teufel geht hier vor?«, empörte sich Caroline. »Andi soll sofort heraufkommen.«

»Beruhige dich, altes Mädchen«, sagte Justin und tätschelte Carolines Arm.

»Sie ist nicht da«, bekannte Jo leise.

»Dann hat sie sich also doch davongemacht, um

Weihnachten mit ihrer Familie zu verbringen, oder? Gut, sie kann gleich dort bleiben, denn sie ist gefeuert.«

»Das wäre wirklich etwas überreagiert, Caro«, versuchte Justin, sie zu beruhigen. »Es ist ja nicht so, als wäre sie einfach nur nicht gekommen. Wenn ich es richtig verstehe, hat sie uns einen wunderbaren Ersatz besorgt, der uns sehr verwöhnt hat.«

Caroline sah ihn an und drehte sich dann zu Jo um. »Also, wer sind Sie?«

»Jo ist eine Freundin von Andi«, erklärte Matthew. Offenbar versuchte er, die Situation zu retten.

»Lass sie selbst sprechen!«, forderte Caroline.

»Matthew hat recht.« Jo war bereit, alles zu gestehen; danach konnte sie endlich nach Hause gehen, und Andi würde sich selbst darum bemühen müssen, ihren Job zurückzubekommen. »Ich bin eine Freundin von Andi. Sie hat sich so sehr gewünscht, Weihnachten mit ihrer Familie zu feiern.« Jo brachte es nur mit Mühe und Not fertig, vor den Gästen nicht auszuplaudern, wie gemein Caroline zu ihrer Freundin gewesen war. »Also bat sie mich, für sie einzuspringen und das Festmahl zu kochen.«

»Das verstehe ich nicht«, warf Max ein. »Warum haben Andi und Sie Caroline nicht einfach gesagt, dass Sie einspringen würden?«

Jos Mund war trocken geworden. Sie hätte gern einen Schluck Wasser getrunken, wagte aber nicht, das ihr am nächsten stehende Glas zu benutzen. »Ähm ...«

Wieder griff Matthew ein. »Jo hat mir erzählt, dass Andi besorgt war, es könne für Caroline zusätzlichen Stress bedeuten, wenn es in der Küche zu Weihnachten nicht so liefe wie sonst üblich. Andi weiß, wie sehr Caroline ihre Kochkünste schätzt.«

Justin lachte laut auf. »Du meinst wohl, sie ahnte, dass Caroline durchdrehen würde, wenn Andi sich trotz der ›Urlaubssperre‹ freinähme. Ich wette, Caro hat Andi mit Kündigung gedroht, oder?«

Caroline warf Justin einen Blick zu. Möglicherweise versuchte sie zu ergründen, wie er diese Aussage gemeint hatte.

»Keine Sorge, Schätzchen«, beruhigte Justin sie. »Ich mag Frauen, die hart im Nehmen sind, und wenn ich mit jemandem Geschäfte machen will, gefällt es mir, wenn er ein ebensolcher Halsabschneider ist wie ich. Doch erstens ist Weihnachten, und zweitens wurden wir keineswegs enttäuscht.«

Cindy blickte Jo mitfühlend an. Sie war zwar jetzt die Frau eines erfolgreichen Rennfahrers, aber sie hatte in der Vergangenheit sicher selbst schon mit schwierigen Arbeitgebern zu tun gehabt.

»Reden Sie weiter«, herrschte Caroline Jo an.

»Viel mehr ist dazu nicht zu sagen. Ich habe an Andis Stelle das Festmahl gekocht. Doch Andi hatte im Vorfeld schon viele Gerichte vorbereitet – wie zum Beispiel diesen Nachtisch.«

Caroline schnaubte verärgert. »Das habe ich inzwischen begriffen. Aber Sie sind Matthews Freundin! Wie können Sie auch mit Andi befreundet sein?«

»Ja, ist das nicht ein erstaunlicher Zufall?« Matthew strahlte in die Runde, als wäre es etwas ganz Wunderbares. »Als ich Jo fragte, ob sie Weihnachten mit mir verbringen wolle, lehnte sie ab, weil sie einer Freundin einen Gefallen versprochen hätte. Ich traute meinen Augen nicht, als ich herkam und sie in der Küche vorfand.«

»Aber warum hast du mir denn nichts gesagt?«,

wollte Caroline wissen. Sie wirkte jetzt weniger reizbar als vielmehr verwirrt.

»Weil …« Jo wollte gerade zugeben, dass sie auch nicht wirklich Matthews Freundin war, doch er schnitt ihr das Wort ab.

»Jo ahnte, dass du dich unbehaglich fühlen würdest, wenn du erführest, dass meine Freundin als deine Köchin arbeitet. Und darin musste ich ihr zustimmen.« Er schenkte Caroline ein liebevolles, etwas neckisches Lächeln. »Stimmt doch, oder?«

Caroline seufzte. »Gut möglich.«

»Aber das Essen war doch super!«, warf Abbi ein.

»Absolut«, sagte Justin. »Matt – du bist ein Glückspilz!« Er zwinkerte ihm zu.

Matthew lachte. »Jo und ich gehen noch nicht lange miteinander aus. Ich hatte keine Ahnung, dass sie so toll kochen kann.«

Als Jo bemerkte, dass Matthew es geschafft hatte, eines ihrer Täuschungsmanöver aufrechtzuerhalten, freute sie sich für ihn. Wenigstens einer ihrer Tricks hatte funktioniert. Außerdem war sie ihm dankbar. Er hatte sich wirklich ins Zeug gelegt, um ihr zu helfen, sich als Andi auszugeben. Langsam entspannte sie sich.

»Matt, Schätzchen«, sagte Caroline schmeichelnd und griff über den Tisch nach seiner Hand, »hast du mir eigentlich schon erzählt, wie du und Jo euch kennengelernt habt?«

Jo verkrampfte sich erneut, überließ die Antwort aber Matthew. Das Flunkern schien ihm leichtzufallen.

»Tja, genau wie du es vielleicht vermutest.« Matthew lachte. »Bei einer Wohltätigkeitsveranstaltung für Tierheimtiere.«

Caroline stimmte in das allgemeine Lachen ein. »Du

und deine Tierliebe! Irgendwann eröffnest du noch mal ein Asyl für Esel!«

Jo zuckte zusammen. Dann war er also wirklich ein Tierfreund, und mit der Ankündigung, ihrem Tierheim zu helfen, hatte er sie nicht nur dazu bringen wollen, bei seinem verrückten Plan mitzuspielen? Ein warmes Gefühl durchflutete sie.

»Los jetzt«, sagte Justin, der offenbar die Kontrolle übernommen hatte. »Setzen Sie sich, Jo, und trinken Sie etwas. Eigentlich spielt es doch gar keine Rolle, wer hier wer ist. Sie haben uns ein fantastisches Essen zubereitet – aber jetzt ist Zeit, dass Sie richtig an diesem Fest teilnehmen.«

»Ja, und nehmen Sie die lächerliche Mütze ab«, fügte Caroline hinzu.

Jo gehorchte und setzte sich auf den Stuhl, den Abbis Ehemann Geoff für sie herausgezogen hatte. Sie wusste nicht, ob Andi ihren Job behalten würde, doch mehr konnte sie nicht für die Freundin tun. Als sie den Plan ausgeheckt hatten, war ihnen beiden klar gewesen, dass sie auffliegen konnten.

Dankbar griff sie nach dem großen Glas Wein, das Geoff für sie eingeschenkt hatte. Sie hatte eine Freundin, die keinen Alkohol trank und die sie bitten konnte, sie abzuholen, wenn es sein musste. Sie erhob das Glas, um an ihrem Wein zu nippen, als Caroline sagte: »Wenn es Ihnen nichts ausmacht, Jo, sollten Sie vielleicht erst den Nachtisch auflegen, ehe Sie sich die Kante geben.« Ihre Stimme klang kalt.

Caroline hat recht, wurde Jo klar. Wenn sie schon für die Köchin einsprang, musste sie die Sache auch zu Ende bringen. Sofort stand sie auf und griff nach dem Tortenheber.

»Komm schon, Caro«, griff Justin ein. »Das finde ich nun etwas zu hart.«

Caroline lachte und versuchte, so zu tun, als hätte sie einen Scherz gemacht. »Ach, weißt du, Jo ist Profi und wird wissen, wie man die Bombe am besten serviert.«

»Legen Sie die Stücke einfach auf die Teller, Mädchen«, sagte Justin. »Ich kann kaum erwarten, den Nachtisch zu kosten.«

Jo brauchte ein wenig Zeit, um sich zu entspannen und sich wirklich als Gast zu fühlen, obwohl der Wein ihr dabei half. In dem Augenblick jedoch, als der Erste am Tisch aufstand, um sich zu verabschieden, sprang sie ebenfalls auf. »Ich verwandele mich wieder in Andi«, verkündete sie, »und räume ab.«

»Ich helfe dir dabei«, sagte Matthew sofort.

Cindy nickte. »Ich auch.«

»Und ich«, rief Abbi.

Weil außer Caroline und Justin alle mithalfen, dauerte es nicht lange, bis alles auf Tabletts gestapelt und in die Küche gebracht worden war. Cindy belud erstaunlich geschickt den Geschirrspüler; Abbi fand die gestreifte Schürze und wischte die Arbeitsflächen ab, während Jo und Matthew alles andere säuberten. Nachdem Geoff und Max das schmutzige Geschirr in die Küche getragen hatten, waren sie zurück in den Speisesaal gegangen, um weiter Portwein zu trinken und am Käse zu knabbern, während sie auf ihre Frauen warteten.

Die Küche würde vermutlich nicht ganz so aussehen wie üblich, wenn Caroline am nächsten Morgen herunterkam (vielleicht, um Justin einen Kaffee ans Bett zu bringen), dachte Jo, aber zumindest würde Caroline keinen Grund zur Klage haben.

Während alle wischten, räumten und stapelten, schlug Cindy plötzlich vor: »Braucht ihr beide vielleicht später eine Mitfahrgelegenheit? Wir haben unseren Chauffeur dabei, wir könnten euch irgendwo absetzen.«

»Da sage ich nicht Nein«, antwortete Jo. »Ich bin ziemlich kaputt und habe wahrscheinlich ein bisschen zu viel getrunken. Ich wohne nicht weit weg – nur etwa zehn Minuten von hier entfernt. Ich könnte zwar laufen, aber im Auto mitgenommen zu werden wäre mir lieber.«

»Wartet Ihre Familie auf Sie, damit endlich die Geschenke geöffnet werden können?«, erkundigte sich Cindy freundlich. »Wir haben unsere schon heute Morgen ausgepackt.«

»Meine Familie ist in Neuseeland. Wir feiern nach, wenn alle zurückkommen und wir zusammen sein können«, sagte Jo. Das war zwar nicht der Plan, doch es klang nach einer netten Idee.

»Was habt ihr am zweiten Weihnachtstag vor? Füße hochlegen und mit einer großen Schachtel Pralinen vor dem Fernseher abhängen? Das fände ich toll!«, schwärmte Cindy. »Ich wünschte, wir müssten nicht zu meinen Eltern gehen.«

»Ich löse die festangestellten Mitarbeiter in dem Tierheim ab, das ich unterstütze«, sagte Jo. »Damit das Personal auch einmal Freizeit hat.«

»Hört sich super an«, meinte Matthew. »Darf ich mitkommen?«

Jo war erstaunt und antwortete nicht sofort.

»Das würde allerdings bedeuten, dass ich in diesem

Teil der Welt bleibe. Du müsstest mir also ein Sofa zur Verfügung stellen«, fuhr Matthew fort.

Das hatte Jo nun nicht erwartet. Er war zwar unglaublich hilfsbereit und freundlich gewesen und hatte sogar ein bisschen mit ihr geflirtet, doch sie hätte nie gedacht, dass Matthew tatsächlich etwas mit ihr unternehmen wollte. Was sie allerdings wusste, war, dass sie ausgesprochen gern Zeit mit ihm verbringen würde.

»Na ja«, sagte Jo vorsichtig, »meine Wohnung ist zwar nicht riesig, aber das Sofa ist bequem, und zusätzliche Hilfe wäre mir morgen sehr willkommen.« Sie lächelte ihm kurz zu.

»Abgemacht! Lass uns hier Feierabend machen und mit Cindy und Max fahren.«

»Okay, aber wir müssen uns vorher noch von Caroline verabschieden«, erklärte Jo. »Außerdem will ich versuchen, ihr das Versprechen abzunehmen, Andi nicht zu entlassen.«

»Aber sie ist mit Justin nach oben gegangen und ist wahrscheinlich gerade sehr beschäftigt«, protestierte Matthew.

»Nun, was immer sie gerade tun, könnten sie ja sicher für einen Moment unterbrechen, um Auf Wiedersehen zu sagen.« Jo ging zur Tür, bemerkte jedoch, dass Matthew ihr nicht folgte, und blieb stehen.

»Das ist wirklich nicht nötig«, wandte er ein.

»Doch, ist es. Andis Job steht auf dem Spiel.« Jo machte sich zügig auf den Weg. Sie wollte diese unangenehme Aufgabe schnellstmöglich hinter sich bringen.

Auf halber Treppe holte Matthew sie ein, und sie betraten den Raum gemeinsam.

Caroline und Justin saßen zwar auf dem Sofa, wirkten zu Jos Erleichterung aber nicht so, als wären sie bei gewissen Intimitäten gestört worden.

»Wir möchten uns nur kurz verabschieden«, sagte Matthew schnell.« Er griff nach Jos Arm.

»Danke für die Einladung, Caroline.« Jo hielt es für angemessen, sich zu bedanken, denn als Matthews Freundin hatte sie immerhin Carolines Gastfreundschaft genossen. »Und danke, dass Sie mir Schuhe und Make-up geliehen haben.« Sie räusperte sich. Carolines schräg stehende Augen zeigten kein amüsiertes Lächeln, worauf Jo eigentlich gehofft hatte. Immerhin war die Situation trotz allem irgendwie witzig gewesen. »Würden Sie Andi bitte verzeihen und sie weiterhin beschäftigen?«

»Ich weiß nicht recht«, sagte Caroline nachdenklich. »Ich hasse es, getäuscht zu werden, und finde es ziemlich schwierig, ihr das nachzusehen.«

»Aber es war doch nur eine Kleinigkeit«, protestierte Jo. »Spielt es denn wirklich eine Rolle, wer Ihr Weihnachtsessen gekocht hat?« Inzwischen hätte sie wissen müssen, dass es für Caroline natürlich eine Rolle spielte, doch es war zu spät. Sie konnte die Worte nicht mehr zurücknehmen.

»Ihnen würde es auch nicht gefallen herauszufinden, dass Sie ebenfalls getäuscht wurden.«

»Komm schon, Caro«, mahnte Justin leise. »Lass es gut sein.«

»Wie meinen Sie das?«, fragte Jo.

»Lass uns gehen, Liebes.« Matthew zog fester an ihrem Arm. »Es ist Zeit, die Turteltäubchen allein zu lassen.«

Jo bewegte sich keinen Schritt. »Caroline?«

»Der nette junge Mann, den Sie sich da geangelt haben, ist nicht ganz der tierliebende ›Normalo‹, der er vorgibt zu sein.« Jetzt lächelte Caroline, vielleicht weil sie hoffte, Jo einen Stich versetzt zu haben.

Justin mischte sich ein. »Lass es gut sein, Caro – er hat uns allen das Versprechen auf Verschwiegenheit abgenommen.«

»Stimmt«, erklangen Stimmen in ihrem Rücken, »wir haben alle versprochen, nichts zu verraten.«

Jetzt fühlte sich Jo enttäuscht. Außer ihr wusste offenbar jeder etwas über ihren vermeintlichen Freund.

»Vielleicht sagst du es ihr besser, Matthew«, erklärte Caroline. »Oder möchtest du, dass ich es tue?«

Jo wandte sich an Matthew. Er sah entschuldigend auf sie herab und ergriff ihre Hände. »Ich habe dir doch versprochen, Euan Donavan für eine Veranstaltung zu gewinnen, damit du richtig viel Geld für dein Tierheim zusammenbekommst.«

»Ja. Willst du mir etwa sagen, dass du ihn doch nicht dazu bewegen kannst?«

Einer der Männer im Hintergrund lachte, und alle Frauen kicherten.

»Doch, das schon«, murmelte Matthew.

»Sag's ihr endlich!«, rief einer der Männer. »Erlöse das arme Mädchen aus seinem Elend.«

Matthew hielt Jos Hände sehr fest. »Ich bin Euan Donavan.«

Gut, dass er sie festhielt, denn sonst hätten die Beine vielleicht unter ihr nachgegeben. »Aber wie ist das möglich? Du siehst ihm überhaupt nicht ähnlich.« Doch dann fiel ihr ein, wie Euan Donavan auftrat. Auf coole Art abgerissen, Beanie-Mütze, eine schmelzende, wunderschöne Singstimme. Ihr wurde schwindelig. Jeder konnte sich unter solchen Klamotten verstecken.

»Jetzt wissen Sie, wie ich mich fühle«, triumphierte Caroline.

»Ich kann gar nicht sagen, wie ich mich fühle«, erklärte Jo ehrlich. Sie wusste nur, dass sie Caroline nicht die Genugtuung bieten würde, vor ihr die Contenance zu verlieren. »Außer, dass es irgendwie super ist, dass sich mein Freund als berühmt erwiesen hat.«

Von hinten rief jemand: »Dann geben Sie ihm jetzt einen Kuss – zum Beweis, dass Sie ihm nicht böse sind.«

Jo ertappte Caroline dabei, einen fragenden Blick auf sie zu werfen, als erwartete sie, dass Jo nun von seinem Ruhm eingeschüchtert sein und es nicht wagen würde, ihn zu küssen. Natürlich wussten nur sie beide, dass dies ihr allererster Kuss wäre.

Sie hob die Hände, zog seinen Kopf zu sich herunter und küsste ihn entschlossen auf den Mund. Matthew ging sofort darauf ein, legte die Arme um sie und übernahm die Führung. Er küsste sie ausgiebig und sehr innig. Jo wurden die Knie weich.

»Ich glaube, das bedeutet, dass dir verziehen ist, Kumpel«, sagte Geoff und lachte.

Jo und Matthew blickten einander an. Sein Gesichtsausdruck war reumütig, amüsiert und entschuldigend zugleich. »Ist es so?«

»Gut möglich. Jedoch nur, wenn du immer noch bereit bist, morgen im Tierheim bei den Hunden auszuhelfen«, erklärte sie. War dieser erstaunliche Kuss vielleicht doch nur ein Teil seines Täuschungsmanövers?

Er nickte. »Aber sicher bin ich dazu bereit.«

»Oh, um Himmels willen«, stöhnte Caroline, offenbar verärgert darüber, dass ihre große »Enthüllung« mit einem zärtlichen Kuss und nicht etwa mit Heulen und

Zähneknirschen geendet hatte. »Verschwindet, ihr zwei! Ist ja ekelhaft, wie verliebt ihr seid.«

»Was ist mit Andis Job?«, hakte Matthew nach. »Ist er sicher?«

Caroline schaute Justin an und seufzte angesichts seines strengen Blickes. »Schon gut, schon gut. Sie kann bleiben. Oh, und Jo: Die Schuhe dürfen Sie behalten. Niemand mit Stilbewusstsein würde so etwas heutzutage noch tragen.«

»Los, Leute«, meinte Cindy, »lassen wir den Wagen kommen und fahren wir nach Hause! Der Chauffeur muss heim, auch wenn das nicht unbedingt für uns gilt.«

Nachdem die anderen sie vor Jos kleinem gemietetem Reihenhaus zurückgelassen hatten, sagte Matthew: »Ich weiß, es ist Weihnachten, aber wenn du nicht willst, dass ich reinkomme – ganz zu schweigen von einer Übernachtung –, kann ich mich natürlich von einem Taxi abholen lassen.«

Jo hatte bereits während der Fahrt hin und her überlegt, ob sie Matthew – den berühmten Euan Donavan – wirklich in ihr kleines, eher bescheidenes Zuhause einladen sollte. Jetzt jedoch stellte sie fest, dass sie am Boden zerstört gewesen wäre, wenn er sich gleich nach dem ersten Blick darauf aus dem Staub gemacht hätte. »Komm ruhig rein. Ich biete dir zwar nicht die Hälfte meines Doppelbettes an, aber das Sofa ist, wie gesagt, sehr gemütlich.«

»Und wir können noch ein wenig kuscheln und uns einen Film ansehen, bevor ich darauf einschlafe?«

»Sicher. Ich habe auch Wein im Haus.« Sie steckte den Schlüssel ins Schloss. »Komm rein. Vielleicht könntest du mir dann auch sagen, warum du mir verschweigen wolltest, dass du berühmt bist.«

»Ich hänge es nie an die große Glocke. Hauptsächlich, um meine Familie vor all dem Unsinn zu schützen«, erklärte er und folgte ihr in den kleinen Flur. »Außerdem glaubte ich nicht, dass du die Sorte Mädchen bist, die es beeindruckt, dass …« Er zögerte, als wüsste er nicht, wie er sich selbst beschreiben sollte.

»… du beim Festival in Glastonbury auf der Hauptbühne aufgetreten bist?«

»Hast du gehört, wie Abbi das gesagt hat? Ich war so besorgt, dass meine Tarnung aufgeflogen sein könnte.«

»Willkommen im Klub! Du bist schließlich nicht der Einzige, der Weihnachten inkognito verbringen musste.«

Jo schaltete die Lichterkette und die Tischlampen ein und ging zum Kamin. Das Feuer war schon vorbereitet und wartete nur noch auf ein Zündholz.

»Abgesehen davon, dass ich dich enttäuscht habe, was mir sehr leidtut«, begann Matthew, nahm ihr die Streichhölzer aus der Hand und hockte sich hin, um das Feuer anzuzünden, »hat es mir richtig viel Spaß gemacht, mit dir zusammen zu sein.«

»Mir hat es auch Spaß gemacht.«

»Könntest du dich mit dem Gedanken anfreunden, wirklich meine Freundin zu sein?«

Jo nickte. »Wenn du morgen deinen Besen und Eimer ordentlich schwingst und den Standard beim Küssen aufrechterhältst …«

Er lachte und nahm sie in die Arme. »Das Niveau kann man nur durch Üben halten – durch langes und ausgiebiges Üben.«

Später, nachdem sie Matthew eher widerwillig vor der sterbenden Glut des Feuers zurückgelassen und sich in ihr Bett gekuschelt hatte, holte sie ihr Telefon hervor. Überrascht entdeckte sie eine SMS von Andi.

Ich hoffe, alles ist gut gelaufen und du willst mich nach dem heutigen Tag nicht umbringen! Du hast ein wirklich tolles Weihnachtsgeschenk bei mir gut.

Jo antwortete:

Gib dir keine Mühe, Schätzchen, mein Geschenk habe ich bereits bekommen. Es ist knapp eins neunzig groß, hat dunkelblondes Haar und schläft gerade auf meinem Sofa. Ach, übrigens – sein Name ist Euan Donavan.

Und dann fügte sie ein Emoji hinzu, das sehr, sehr selbstgefällig aussah.

Die Weihnachtselfe

Ella wartete vor der Tür und hoffte, dass man sie bald einließ. Es war der Tag vor Heiligabend, und der Himmel unternahm einen halbherzigen Schneeversuch. Leider reichte es nicht aus, um diese kleine Ecke Schottlands in ein Winterwunderland zu verwandeln, sondern führte nur dazu, dass einem kalt und elend zumute wurde. Ella liebte Schottland, und hier in Crinan gefiel es ihr am allerbesten, doch sie musste ehrlich sein. Obwohl sie sich nach dem Zwiebelprinzip gekleidet hatte und zuoberst einen Parka mit einer pelzbesetzten Kapuze trug, war sie untenherum nur mit einem Tutu und einer gestreiften Strumpfhose bekleidet und fror jämmerlich.

Ihre Großmutter, das wusste Ella ganz genau, hätte sie sicher gedrängt, ein Wollhemd anzuziehen, um ihre Nieren warm zu halten. Sie dachte an ihre Großmutter, die sich jetzt sicher gerade darauf vorbereitete, zu Hause in Surrey Weihnachten mit Ellas Eltern zu verbringen. Bestimmt würden sie über Ellas verrückte Geschäftsidee sprechen und halb stolz, halb verzweifelt seufzen. Aber das taten sie bereits, seit Ella beschlossen hatte, auf die Schauspielschule zu gehen – und sie würden sicher nicht so bald damit aufhören, obwohl Ella inzwischen dreiundzwanzig Jahre alt war.

Sie rückte das Diadem zurecht, das ihr immer wieder über die Augen rutschte, weil es von der Kapuze hinuntergedrückt wurde, und klopfte erneut an die Tür. Die Familie erwartete sie nicht, doch sie wusste, dass es die richtige Adresse war und dass sich Menschen im Haus befanden, denn sie konnte sie hören. Die Weihnachtsstimmung, die sie aus ihrem tiefsten Innern heraufbeschworen hatte, verblasste schnell wieder. Ella seufzte. Sie hatte zwei sehr große, sehr schwere Koffer dabei, die sie von ihrer Unterkunft hergeschleppt hatte, und sie musste so schnell wie möglich ins Haus gelangen, bevor sie auf der Schwelle festfror.

Endlich wurde die Tür geöffnet. Ein etwas mitgenommen aussehender Mann starrte auf sie herunter, und Ellas erster Gedanke war, dass da etwas nicht stimmte. Als Jenny Ella für ihre Dienste engagiert hatte, hatte sie ihr alle Fakten über die drei Kinder und deren Onkel gegeben. Der Onkel war Jennys Bruder. Ella hatte sich zwar ein Bild von ihm machen können; dem entsprach dieser Mann vor ihr aber absolut nicht.

Er sah aus, als wäre er um die dreißig, und wirkte alles andere als fröhlich. Für einen Onkel (den Ella sich zudem deutlich älter, mit zweifelhaftem Atem und einem Faible für Tweed-Jacken vorgestellt hatte) fand sie ihn ziemlich attraktiv. Er war groß, hatte dunkles Haar, sah gut aus und trug einen Weihnachtspullover, den sie durchaus selbst hätte aussuchen können. Erneut schob sie ihr Diadem an seinen Platz und fragte sich, ob sie es vielleicht im Koffer hätte lassen sollen, bis sie an ihrer Wirkungsstätte angekommen war.

»Hallo!«, sagte sie mit der glockenhellen Stimme von Moderatorinnen im Kinderfernsehen. »Ich bin Ella, eure Weihnachtselfe!«

Wenn überhaupt, dann sah Brent Christy – und er musste es sein – jetzt noch mürrischer aus. Ella fühlte sich wie eine unwillkommene Hausiererin.

»Ach, wirklich?«, stellte er mit spöttisch gedehnter Stimme fest. »Gibt es so etwas überhaupt? Tut mir leid, ich habe jetzt keine Zeit für solche Scherze. Ich habe das Haus voller Kinder, kein WLAN und keine Zentralheizung – also, wenn es Ihnen nichts ausmacht ...«

Als er die Tür wieder schließen wollte, schob Ella ihren gummibestiefelten Fuß dazwischen. »Nein! So ist das nicht. Ich bin keine Verrückte, die zufällig vorbeigekommen ist. Ihre Schwester hat mich engagiert, um Ihnen zu helfen!«

Eigentlich hätte es eine Überraschung werden sollen, aber eine lustige. Jenny und ihr Mann Graham hatten ins Ausland reisen müssen, um sich um Grahams betagte Eltern zu kümmern, die in Frankreich lebten. Grahams Vater litt unter Parkinson, und als seine Frau nur fünf Tage vor Weihnachten unangenehm gestürzt war, war niemand sonst da gewesen, der ihnen helfen konnte. Eine Krisensituation, ausgerechnet zu Weihnachten.

Die Kinder konnten nicht mit ihren Eltern nach Frankreich fahren. Die elegante Wohnung der Großeltern war zu klein für die ganze Familie. Jenny hatte zwar tapfer versucht, eine Unterkunft zu finden, wo sie alle bleiben konnten, doch es war Weihnachten, und alles hatte entweder geschlossen oder war ausgebucht.

»Und da habe ich eben Brent gebeten einzuspringen«, hatte Jenny am Telefon berichtet. Sie schien sich zu freuen, dass sie sich endlich einmal alles von der Seele reden konnte. »Die gute Seele schlug vor, die Kinder mit nach Schottland zu nehmen, wo wir eigentlich alle zusammen Weihnachten hätten feiern sollen. Die Kinder waren natürlich begeistert!«

Doch dann fuhr sie fort, dass sie zwar Rührung und Dankbarkeit empfinde, dass es jedoch auch eine ziemlich große Aufgabe für einen jüngeren Bruder sei und dass er sicher Hilfe brauche. Während ihrer verzweifelten Google-Suche nach Unterstützung war sie auf Ellas Webseite gestoßen. Und tatsächlich: Die Weihnachtselfe bot Hilfe an.

Doch anstatt Ella dankbar um den Hals zu fallen, gab sich Brent leider nur ungläubig und verärgert. »Jenny hat *was* getan?«

»Sie hat Ihnen Ihre persönliche Weihnachtselfe gebucht!«, beharrte Ella. »Sie hat von mir erfahren und mich angeheuert, um Ihnen durch die Feiertage zu helfen. Dürfte ich jetzt bitte hereinkommen?« Er schien die Großzügigkeit seiner Schwester keineswegs zu schätzen; Ella wurde für diesen Auftritt sehr gut bezahlt.

Doch er wehrte sich weiter. »Es ist wirklich kein guter Zeitpunkt. Die Reise war lang, die Kinder haben Hunger, und ich kann keinen Korkenzieher finden.«

Ella zeigte auf ihre Koffer. »Ich kümmere mich um alles, wenn Sie mich nur erst einmal reinlassen.« Als sie lächelte, konnte sie ihre klappernden Zähne nur schwer verbergen.

Er zuckte mit den Schultern, als ginge er davon aus, dass ihre Anwesenheit die Dinge wohl kaum verschlimmern könne, und ließ sie den ersten Koffer ins Haus schleppen. Nach dem anfänglichen Schock schien er sich dann aber doch noch an seine Manieren zu erinnern, griff nach dem zweiten Koffer und trug ihn hinter Ella her.

Von außen wirkte das Haus ähnlich wie viele andere, die Ella in Crinan und Umgebung gesehen hatte, doch im Inneren war es ganz klar eine eher unbehagliche Ferienwohnung. Herausforderung Nummer eins, dachte Ella: Sorge für ein wenig weihnachtliche Stimmung!

Ein kleines Mädchen von etwa sieben Jahren erschien. Das musste Mia sein, erinnerte sich Ella. Sie hatte einen Überblick über jeden der Anwesenden bekommen, damit sie ihre »Magie« verbreiten konnte. Obwohl sie versucht war, die Kleine mit Namen zu begrüßen, hielt Ella es für besser, mit ihren elfenhaften Zauberkünsten noch hinter dem Berg zu halten. Nicht, dass die Kleine sich noch fürchtete. Sie lächelte nur. »Ich habe euch euer Abendessen mitgebracht! Es ist in meinem Koffer. Wie findest du das?«

»Was ist es denn?« Das Mädchen blickte Ella neugierig an.

»Etwas ganz Köstliches!« Sie zwang Begeisterung in ihre Stimme. »Bœuf bourguignon. Mit winzigen Zwiebeln, Speckstückchen, Pilzen und allerlei anderen leckeren Sachen. Und dazu …«

»Ich mag keinen Eintopf«, erklärte Mia.

Ella atmete tief durch. »Aber magst auch keinen großen Klacks Kartoffelpüree, den du mit der Gabel in einen Berg verwandeln kannst, in den du einen See für die Soße gräbst? Du könntest die Erbsen auf dem Berg wie Bäume aussehen lassen …« Sie hielt inne, um Mia Zeit zu geben, sich die Szene vorzustellen. »Und wenn du das gemacht hast, zerdrückst du alles mit der Gabel, und der Kartoffelbrei schmeckt richtig lecker.«

Natürlich wusste sie, dass Kinder in aller Regel nicht unbedingt dazu angehalten wurden, mit ihrem Essen zu spielen, doch sie war schließlich kein Elternersatz.

Sie war eine Elfe, und Elfen durften durchaus subversiv sein.

Ein winziger Hauch Vergnügen bewegte die Mundwinkel des bisher eher unlustigen Onkels. »Das klingt toll!«, lobte er. »Ich bin übrigens Brent.«

»Ich heiße Ella.«

»Darf ich dir mit deinen Sachen helfen?« Mit der Hand am Griff des schwersten Koffers hielt er inne. »Du willst doch nicht etwa über Nacht bleiben, oder? Alle Schlafzimmer sind nämlich besetzt.«

»Aber nein«, sagte Ella hastig. »Ich wohne ganz in der Nähe. Wo, bitte schön, ist die Küche?«

Während sie den Behälter mit dem Eintopf auspackte, der zum Glück nicht ausgelaufen war, erschien ein älteres Mädchen. Das war vermutlich Judith, sechzehn Jahre alt und ernst, die gern Geige spielte.

»Wer ist das, Brent?«, fragte das Mädchen.

Ella stellte einen alten Eiscremebehälter voller Kartoffelbrei auf die Arbeitsfläche. Wie würde Brent sie beschreiben? Er hatte nicht gerade viele Anhaltspunkte. Sie sah ziemlich albern aus: gestreifte Strumpfhose, dünnes Tutu und ein schief sitzendes Diadem im feuchten blonden Haar. Aber sie hatte diesen Job angenommen, und sie würde die Sache durchziehen.

»Das ist Ella«, sagte Brent und bekam dafür von Ella in Gedanken ein Häkchen für gute Manieren. »Deine Mutter hat sie eingestellt, um uns zu helfen.«

»Ich bin eure Weihnachtselfe«, erklärte Ella und winkte von der Spüle aus.

»Eine Weihnachtselfe? Was ist denn in Mama gefahren? Wir sind zu alt für Elfen!« Judith schien allein von dem Gedanken angewidert zu sein.

Judith, so hatte Ella von Jenny erfahren, hatte ein

überentwickeltes Verantwortungsgefühl und würde sich bei der ersten Gelegenheit in einen »dritten Elternteil« verwandeln. Ihre Mutter hielt das zu Weihnachten für nicht so gut: Judith sollte ein Kind oder zumindest ein Teenager sein dürfen.

»Sie dachte nur, es würde vielleicht ziemlich anstrengend für deinen Onkel«, erklärte Ella. »Ihr seid viele, außerdem weit weg von zu Hause und ihr wohnt in einem fremden Haus. Das ist zu Weihnachten eine ziemlich große Aufgabe.« Sie ließ diese Zusammenfassung ihrer Situation wirken. »Wenn ihr jetzt bitte alle die Küche verlasst, könnte ich das Abendessen auf den Tisch bringen. Wie wäre es, Brent, wenn du nach nebenan gehen und nachsehen würdest, ob Holz nachgelegt werden muss?« Sie zögerte. »Brennt das Feuer überhaupt schon?« Ella kannte eine Menge Feuerkunststücke, die sie bei Bedarf anbringen konnte.

»Klar«, meinte Brent. »Ich bin schließlich nicht völlig unfähig.«

»Das wollte ich damit auch nicht andeuten«, wiegelte Ella ab und erinnerte sich daran, dass sie keinesfalls kontern durfte, auch wenn er ihr gegenüber vielleicht patzig werden sollte. »Schließlich weiß man nie, wie gut diese Ferienhäuser für kalte Temperaturen gerüstet sind.« Sie war jedoch ziemlich zuversichtlich, denn sie waren hier in Schottland, wo man kalte Winter kannte. »Ich bereite jetzt das Abendessen fertig zu.«

Gehorsam trollten sie sich. Vielleicht war Brent noch recht jung, um als Onkel drei Kinder zu betreuen, überlegte Ella. (Sie wusste, dass der Dritte im Bunde ein vierzehnjähriger Junge war, der wahrscheinlich in seinem Zimmer auf dem Tablet *Minecraft* spielte. »Solange es nur *Minecraft* ist …«, hatte seine Mutter gesagt.)

Zwanzig Minuten später betrat Ella das Wohnzimmer. Zu Brent, Judith und Mia hatte sich Bill gesellt, ein hübscher Junge mit dunkelblondem, sorgfältig zerzaustem Haar, der wie ein Teenie-Idol aussah. Ihnen schien unbehaglich und nicht sehr fröhlich zumute zu sein, so als wüssten sie nichts mit sich anzufangen. Ella ahnte, dass ihnen die Realität ihres Abenteuers – ein ungewohntes Weihnachtsfest ohne die Eltern – jetzt erst allmählich bewusst wurde. Aber zumindest tat der Holzofen seine Schuldigkeit und verbreitete angenehme Wärme.

»Hallo, Leute!«, sagte Ella und schloss Bill in ihr Lächeln ein. »Das Abendessen ist fertig!«

Niedergeschlagen trabte das Grüppchen in die Küche. An der Tür jedoch blieben sie stehen und hielten die Luft an.

»Oh wow!«, platzte Judith heraus. »Du bist ja wirklich eine Elfe. Das sieht unglaublich schön aus!«

»Ziemlich cool«, meinte Bill trocken.

Mia, die Jüngste, war am meisten beeindruckt. Ella sah ihre Augen leuchten, während sie die Lichterketten an den Wänden, die Kerzen auf dem Tisch, die kleinen Figuren, die die Teller zu halten schienen, die sternförmigen Platzsets und die altmodischen Platzkarten betrachtete.

Ella nickte zufrieden. Weil sie dringend Geld brauchte und noch auf ihren großen Durchbruch (offen gesagt: auf jeden Durchbruch) als Schauspielerin wartete, war ihr die Idee gekommen, sich als Weihnachtselfe zu verdingen. Die Arbeit war natürlich saisonabhängig, aber sie konnte sich auch vorstellen, als Amor zum Valentinstag oder als Osterhase aufzutreten und ihr Geschäft so weiterzuentwickeln. Im Grunde wäre sie die Person, die jede Gelegenheit verzaubern würde. Brents Schwester war ihre erste Kundin, und Ella war fest entschlossen, zu ihrer vollsten Zufriedenheit zu agieren.

»Es riecht köstlich!«, sagte Brent. »Ich wusste nicht, dass Elfen kochen können.«

»Es ist das Erste, was man uns auf der Elfenschule beibringt«, antwortete Ella und lächelte. »Ich gehe jetzt mal kurz nach nebenan.« Sie wollte auch das restliche Haus noch dekorieren.

»Willst du nicht bleiben und ein Glas Wein trinken, liebe Elfe?«, fragte Brent. Er schien enttäuscht zu sein, dass sie nicht mitaß.

Ella schüttelte den Kopf. »Das ist das Zweite, was man uns beibringt: niemals bei der Arbeit Alkohol trinken.«

Sie hoffte, Brent und die Kinder würden beim Abendessen ein bisschen trödeln, damit sie mehr Zeit hatte, ihre Magie zu entfalten; im Wohnzimmer war noch viel zu tun. Die Auswahl des Nachtischs – ein süß-klebriges Gedicht aus Karamell, das die Kinder angeblich liebten – sorgte für großes Hallo, und Ella war mit allem fertig, ehe Mia, Judith, Bill und Brent aufgegessen hatten. Sie kehrte in die Küche zurück und freute sich über das fröhliche Schwatzen und Lachen.

»Sobald ihr satt seid, gibt es nebenan etwas zu tun. Ich denke, ihr erkennt, was es ist. Ich räume inzwischen hier auf.«

»Nein, tust du nicht«, erklärte Brent entschlossen. Er ließ sich von ihren sanften, aber entschiedenen Anweisungen nicht einschüchtern. »Wir räumen alle zusammen auf. Komm und zeig uns, was wir tun sollen.«

Ella hätte diskutieren können, ließ es jedoch lieber sein.

»Oh, ein Weihnachtsbaum!«, staunte Mia. »Mit hunderttausend Lichtern.«

»Aber noch ohne Dekoration«, gab Ella zu bedenken. »Hier ist ein Karton. Es ist eure Aufgabe, den Baum zu schmücken.«

»Und du hast überall Lichter an die Wände gehängt! Und tolle Deko«, schwärmte Judith. Sie blickte sich um. »Es sieht richtig toll aus.«

Brent und Bill wirkten äußerlich zwar weniger beeindruckt, aber trotzdem glücklich.

»Die Lichter sind praktisch, wenn es einen Stromausfall gibt«, erklärte Ella. »Die meisten von ihnen sind nämlich batteriebetrieben.« Sie hatte ein kleines Vermögen dafür ausgegeben, aber sie wusste, dass Lichterketten für ein verzaubertes Weihnachten unentbehrlich waren.

»Ist es denn wahrscheinlich, dass der Strom ausfällt?«, wollte Judith wissen.

Ella zuckte elfenhaft mit den Schultern. »Wir sind hier in Schottland; hier kann alles passieren.« Seit sie denken konnte, hatte sie die Ferien in den unterschiedlichsten Regionen des Landes verbracht und wusste, dass nichts sicher war. Außerdem schürte sie gern Erwartungen. »Ich lasse euch jetzt den Baum schmücken und kümmere mich derweil um den Abwasch.«

»Nein«, beschied Brent entschlossen. »Elfen und Weihnachtsbäume gehören unbedingt zusammen.«

Ella blickte ihm fest in die Augen. »Okay, ich helfe euch beim Dekorieren, doch ich klettere nicht oben auf die Spitze.«

Er zwinkerte ihr zu. »Gut zu hören!«

Ella lockerte ihre Regeln bezüglich der Abstinenz am Arbeitsplatz und akzeptierte ein Glas Wein, während sie half, den Baum zu schmücken. Obwohl sie sich zunächst zurückhielten – typisch Mann –, beteiligten sich auch Brent und Bill bald mit Feuereifer. Ella hatte einige Stunden im Internet verbracht, um die Deko zu beschaffen. Jenny, der aufgrund ihres schlechten Gewissens das Geld lockersaß, hatte Ella ein großes Budget zugestanden, damit sie alles kaufen konnte, was sie für nötig hielt.

»Ich glaube, das ist der schönste Baum, den wir je hatten!«, jubelte Mia ekstatisch.

»Das liegt daran, dass nicht der ganze selbst gemachte Krempel dranhängt, den wir seit Jahren haben«, meinte Judith. »Mit Watte umwickelte Klopapierrollen und glupschäugige Weihnachtsmänner aus Krepppapier.«

Bill war ebenfalls beeindruckt und nickte. »Oder diese tierisch schweren, mit Glitzer verzierten Salzteigsterne, unter denen sich die Zweige immer biegen.«

Mias Lippen begannen zu zittern. »Den Weihnachtsmann habe ich gemacht. Und ich mag unseren Weihnachtsbaum zu Hause lieber«, jammerte sie. Ihre ursprüngliche Begeisterung für den Baum hatte sie schon längst wieder vergessen.

Ella war gewarnt worden, dass so etwas passieren könnte. Weil Mia ein gutes Stück jünger als die beiden anderen war, war sie ein bisschen anhänglich, hatte Jenny ihr erklärt. »Soll ich dir eine Geschichte erzählen?«, fragte sie und nahm das kleine Mädchen an der Hand. »Es ist eine ganz besondere Geschichte, denn wir müssen uns dabei verkleiden. Komm mit. Wir gehen in ein anderes Zimmer, wo wir allein sind.«

»Hey! Ich will auch mitkommen!«, rief Brent.

Ella warf ihm einen strengen Blick zu. »Aber dann musst du dich auch verkleiden.«

»In Ordnung.«

»Wir kommen alle mit«, beschloss Judith. »Los, Bill.«

»Soll ich den Wein mitbringen?«, erkundigte sich Brent.

Ella antwortete nicht. Wichtig war jetzt nur, Mia abzulenken, damit sie vergaß, dass sie traurig war.

Eine Stunde später japsten alle vor Lachen und waren sehr seltsam angezogen. Sie hatten sich als die verschiedenen Akteure einer lustigen Geschichte verkleidet, die selbst das niedergeschlagenste Kind aufgeheitert hätte.

»Das war genial!«, lachte Brent und leerte den letzten Rest Wein in Ellas Glas. Er trug Monsterfüße, einen Piratenhut, eine Augenklappe und einen Haken am Ende seines Armes. »Wer hat diese Geschichte geschrieben?«

Ella nahm die Elfenkrone ab, die sich ständig mit dem Elfenstirnreif in die Quere kam, und beschloss, von nun an barhäuptig zu bleiben. »Ich selbst.«

»Tatsächlich?« Wenn Brent überrascht gewesen war, als sie auf der Türschwelle erschienen war, dann war das noch gar nichts gegen seine jetzige Verblüffung. »Du hast sie geschrieben?«

»Ich habe überall nach etwas Passendem gesucht, doch nichts erschien mir richtig. Schließlich musste für jeden eine Rolle dabei sein.« Ella klang, als wollte sie sich entschuldigen.

»Aber du wusstest doch gar nicht, ob wir mitmachen würden«, meinte Bill entrüstet.

»Stimmt, das konntest du nicht wissen«, pflichtete seine große Schwester ihm bei.

»Ich hatte es gehofft. Wenn ihr nicht mitgespielt hättet, hätte ich alle Personen selbst darstellen müssen, was ziemlich anstrengend gewesen wäre.«

»Vermutlich war es eine ganz schön harte Arbeit mit uns«, sagte Judith.

Ella lächelte. »Nein. Es hat so viel Spaß gemacht!«

Mia gähnte plötzlich gewaltig.

»Ich glaube, du gehörst ins Bett, Mia-Mäuschen, es ist fast neun Uhr«, sagte Judith. »Soll ich dir was auf meiner Geige vorspielen?«

»Lieber nicht. Du spielst immer nur so traurige Sachen«, gab Mia zurück.

»Stimmt doch gar nicht!«, protestierte Judith, die sich offenbar unterschätzt fühlte. »Aber ein Jig um diese späte Stunde würde dich nur überreizen.«

Ella bemerkte, dass Unfrieden in der Luft lag, und griff ein. »Wenn du dich beeilst, lese ich dir noch etwas vor. Dieses Mal eine richtige Geschichte aus einem richtigen Buch. Ich habe einige Bücher mitgebracht.«

»Das Vorlesen übernehme ich«, sagte Judith. »Schade, dass Mia mein Geigenspiel nicht mag. Ich lese ihr oft vor, und du bist bestimmt müde, Ella. Sobald du bettfein bist, Mia, rufen wir Mummy und Dad an.«

Weil auch Bill mit seinen Schwestern nach oben ging, um sich die Geschichte anzuhören und beim Telefonat mit seinen Eltern dabei zu sein, blieben Brent und Ella allein zurück. Sie fühlte sich plötzlich unbehaglich, denn schließlich war sie wegen der Kinder hier und nicht seinetwegen – es sei denn, er brauchte Hilfe bei etwas Bestimmtem.

»Ich sollte jetzt gehen. Meine Pflichten als Elfe sind für heute erledigt. Morgen ist noch viel mehr geplant.« Sie stand auf und strich ihr Tutu glatt.

»Bitte noch nicht!«, bat Brent. »Bleib doch noch ein bisschen und leiste mir Gesellschaft. Du hast es wirklich super gemacht, und ich muss mich entschuldigen, weil ich zunächst vielleicht etwas unfreundlich war. Aber dein Auftauchen hat mich irgendwie aus der Fassung gebracht.«

Ella lachte und ließ sich wieder auf das Sofa fallen. »Eine Elfe in einem Parka vor seiner Haustür zu finden wäre vermutlich für jeden ein Schock.«

»Ich wusste nicht, dass man Weihnachtselfen wie dich engagieren kann«, fuhr Brent fort.

»Möglicherweise bin ich die einzige. Die Idee kam mir vor ein paar Monaten, als ich kein Engagement als Schauspielerin finden konnte. Ich wollte etwas tun, das originell und lustig war, und habe eine halbe Ewigkeit damit verbracht, mir etwas auszudenken, was die Leute wirklich brauchen können.« Sie griff nach ihrem Glas, sah, dass es leer war, und setzte es wieder ab. »Vielleicht ist deine Schwester der einzige Mensch, der mich je buchen wird, doch ich bin sehr glücklich, eine Kundin gefunden zu haben.«

»Sie bleibt sicher nicht die einzige. Sobald sich herumgesprochen hat, dass man eine Märchenerzählerin und Elfe buchen kann, wirst du dich vor Aufträgen nicht mehr retten können. Bleib sitzen! Ich hole noch eine Flasche Wein – es sei denn, du möchtest lieber zum Lokalgetränk Whisky übergehen.«

Ella schüttelte den Kopf. Ihr war klar, dass sie nach Hause gehen sollte, hatte aber keine Lust, den bullernden Holzofen zu verlassen – ebenso wenig wie den Mann, der dafür zuständig war, dass das Feuer nicht erlosch. »Elfen trinken keine Spirituosen. Das verstößt gegen die Regeln.«

»Du scheinst ohnehin schon ein paar Regeln gebrochen zu haben. Bleib einfach da.«

Während er in der Küche war, nahm sich Ella einen Moment Zeit, um ihr Aussehen im Spiegel über dem Holzofen zu überprüfen. Übermäßig eitel war sie zwar nicht, doch ihr war bewusst, dass sie mit den Kindern herumgetobt hatte und daher vermutlich einigermaßen ramponiert aussah. Sie wünschte sich, sie hätte die Zeit und die Möglichkeit, sich die Haare zu waschen und zu föhnen. So aber fuhr sie sich nur mit den Fingern hindurch, ehe sie sich wieder setzte. Sie hatte schon stundenlang so derangiert ausgesehen, da konnte es ihr jetzt eigentlich egal sein.

»Wie hast du dich auf deine Rolle als Elfe vorbereitet?«, wollte Brent wissen, nachdem er zurückgekehrt war und beide Gläser neu gefüllt hatte.

»Deine Schwester hat mir viel dabei geholfen, weil sie eine genaue Vorstellung davon hatte, was ich mitbringen sollte. Sie wusste übrigens auch, was für dich schwierig werden würde, ganz besonders in einem gemieteten Haus hier oben.«

»Jenny ist ein gutes Stück älter als ich und hat geholfen, mich großzuziehen«, erklärte Brent. »Allerdings vergisst sie manchmal, dass ich inzwischen dreiunddreißig bin – sie denkt, ich brauche immer noch jemanden, der die Tiefkühlpizza für mich in den Ofen schiebt.«

Ella lachte. »Nein! Das denkt sie nicht. Aber ihr war klar, wie schwierig es ist, hungrigen Kindern nach einer sehr langen Fahrt etwas Anständiges zu essen zuzubereiten.«

»Und sie hat dich online gefunden? Welch netter Zufall! Wohnst du hier?«

»Nein. Doch ich kenne die Gegend gut und habe viele Bekannte unter den Einheimischen. Meine Familie hat jahrelang hier und in anderen Teilen von Schottland die Ferien verbracht. In meiner Anzeige habe ich Crinan als einen der Orte genannt, in denen ich tätig werden könnte.«

»Das erklärt vieles. Und wie ging es weiter, nachdem Jenny sich gemeldet hatte?«

»Sie erzählte mir so viel wie möglich über euch alle: was euch gefällt oder auch nicht und was euch möglicherweise Probleme bereiten könnte. Ich weiß jetzt, dass Judith und ihre Geige unzertrennlich sind, dass Bill nicht zu viel Zeit mit seinem Tablet verbringen sollte und dass Mia vielleicht ihre Eltern vermissen und Heimweh bekommen würde. Extra dafür habe ich die Geschichte vorbereitet.«

»Ich bin wirklich beeindruckt, dass du sie selbst geschrieben hast! Und mit Rollen für alle.«

Ella zuckte mit den Schultern. »Geschichten zu erfinden ist ganz einfach! Das wirkliche Leben ist schwierig.«

»Eigentlich ist es überhaupt nicht so einfach, sich Geschichten auszudenken; nicht jeder kann es.« Brent runzelte leicht die Stirn. Er sah aus, als wollte er noch etwas hinzufügen, ließ es dann aber.

»Ich habe sogar Illustrationen dazu angefertigt, um die Kinder aufzuheitern, falls ich sie nicht hätte überreden können, sich zu verkleiden«, sagte Ella, um die peinliche Pause zu überspielen. »Aber ich bin froh, dass ihr alle euch darauf eingelassen habt. Die interaktive Version der Geschichte ist viel besser!«

»Kann ich sie mal sehen? Die Illustrationen, meine ich?«

»Wenn du unbedingt willst. Aber sie sind sehr einfach.« Ella stand auf, holte die Bilder und reichte sie ihm.

»Sie sind großartig!«, erklärte Brent beim Durchblättern der Seiten.

Ella blickte ihn an, als wäre er nicht ganz bei Sinnen. »Sie sind schrecklich naiv. Doch es hat mir Spaß gemacht, sie zu zeichnen. Und sie waren eine tolle Ausrede, um neue Filzstifte zu kaufen.«

»Im Ernst, sie sind gut! Besser als viele Illustrationen in bekannten Kinderbüchern. Hat dir nie jemand nahegelegt, die Kunstschule zu besuchen?«

»Eigentlich nicht. Mein Herz gehörte immer der Schauspielerei.« Sie schlug sich plötzlich die Hand vor den Mund. »Ups! Hast du die Vergangenheitsform bemerkt? Doch ich möchte nach wie vor Schauspielerin werden.«

»Aber nicht mehr so dringend wie früher?«

Ella runzelte die Stirn. »Du stellst wirklich eine Menge Fragen.«

»Ich bin einfach nur interessiert«, erklärte Brent. »Schließlich habe ich noch nie eine Elfe getroffen. Ich möchte gern wissen, wie sie so ticken.«

Ella neigte den Kopf und blickte ihn an. »Weißt du, ich bin nicht wirklich eine Elfe. Ich tue nur so.«

»Nicht möglich! Du hast mich an der Nase herumgeführt! Aber mal im Ernst: Ich finde diese Zeichnungen sehr gut, genau wie die Geschichte. Ich glaube, du hast da ein echtes Talent. Vielleicht ist *das* dein richtiger Weg. Nicht die Schauspielerei.«

»Und ich denke, du hast zu viel getrunken. Außerdem ist es höchste Zeit, dass ich heimgehe.« Sie stand auf und griff nach dem Ordner mit den Zeichnungen.

»Ich begleite dich.« Brent stand ebenfalls auf, und Ella fiel plötzlich auf, wie groß er war.

»Nein! Du hast die Verantwortung für die Kinder. Es ist wirklich nicht weit. Ich bin mit diesen riesigen Koffern ja auch allein hergekommen.« Sie hielt inne. »Kann ich sie im Wirtschaftsraum lassen? Wenn sie allerdings im Weg stehen, nehme ich sie mit zurück. Sie sind jetzt nicht mehr so schwer.«

»Nein, nein, lass sie nur hier! Und ich bringe dich zurück. Judith ist sechzehn, sie kann für ein paar Minuten auf ihre Geschwister aufpassen.«

»Also schön, das ist wirklich nett von dir. Aber zunächst müssen wir noch über den morgigen Tag sprechen. Wann soll ich kommen? Mir ist jede Zeit recht, allerdings sollte es vor der Schlafenszeit sein, denn ich habe noch ... Elfenpflichten.«

Er lachte. »Ich glaube, wir hätten gern, dass du gleich morgen früh kommst.«

»Zum Frühstück? Selbst gemachte Teeküchlein sind meine Spezialität ... na gut, das ist vielleicht übertrieben. Sagen wir, ich kann sie backen.«

»Wow. Sind die nicht ziemlich schwer herzustellen?«

»Ach was, überhaupt nicht. Und es ist sogar noch einfacher, weil ich den Teig nämlich schon vorbereitet habe!«

»Gut, dann komm zum Frühstück. So gegen halb neun? Oder ist das zu früh?«

»Absolut nicht. Es sei denn, ich soll mich wieder als Elfe verkleiden.«

»Ich denke, deine Befähigung als Elfe hast du unter Beweis gestellt. Doch es wäre toll, jemanden mit Ortskenntnissen zu haben.«

»Dafür wurde ich eingestellt.«

»Gut, dann steigen wir jetzt in unsere Polarbekleidung, und ich bringe dich nach Hause.«

»Na, wie ist es gestern gelaufen? Ich bin gespannt wie ein Flitzebogen!«, erkundigte sich Rebecca, der nicht nur das kleine Haus gehörte, in dem Ella über Weihnachten untergebracht war, sondern auch das berühmte Dampfschiff *Crinan Puffer*. Ella hatte Rebecca zuvor nur einmal getroffen, aber sich sofort mit ihr in Verbindung gesetzt, als ihr erster Job als Weihnachtselfe Wirklichkeit geworden war. Rebecca hatte Ella unglaublich herzlich aufgenommen und darauf bestanden, dass sie über Weihnachten ihr Gast war. Am Morgen des Heiligen Abends stellte sie einen Krug Milch auf den Küchentisch und legte einen Laib selbst gebackenes Brot daneben.

»Es ging ganz gut, glaube ich. Das Bœuf bourguignon war ein Hit, beim Schmücken des Baumes gab es einmal einen kleinen Durchhänger, und die kleine Geschichte schließlich hat den Tag gerettet.« Ella war stolz auf sich selbst – ein für sie eher seltenes Gefühl –, und sie fragte sich, ob Brent vielleicht recht damit hatte, dass sie lieber schreiben als schauspielern sollte. »Danke für all das hier! Um halb neun gehe ich hinüber und backe Teeküchlein. Vorher jedoch brauche ich literweise Tee und Toast, damit ich in die Gänge komme.«

»Das gehört zum Service«, erwiderte Rebecca schmunzelnd. Sie war sehr hilfsbereit gewesen, als Ella sich auf ihre Elfenaufgaben vorbereitet hatte. »Was hast du denn heute mit den Kindern vor?«

»Ich habe jede Menge Spiele für drinnen vorbereitet, aber heute ist ein so herrlicher Wintertag. Ich denke, wir sollten rausgehen, wenn sie Lust dazu haben.«

»Hier gibt es ein paar schöne Strände, obwohl du ein Stück fahren müsstest. Wie wäre es mit einem Spaziergang im Moor?«

»Die Strände kenne ich, doch ich bin mir nicht sicher, ob sie die richtigen Schuhe dabeihaben. Wenn ich eine echte Elfe wäre, würde ich ihnen welche herbeizaubern, aber leider tue ich nur so.«

Rebecca stand auf. »Komm mit! Ich bin echt.«

Zwei Minuten später stand Ella vor einer Reihe von Gummistiefeln, die für eine kleine Grundschule ausgereicht hätte. »Wow! Wo hast du die denn alle her?«

Rebecca lachte. »Weißt du, wir werfen nie ein gutes Paar Gummistiefel weg. Die Leute spenden sie.«

»Aber warum in aller Welt brauchst du so viele Paare? Ich weiß, du hast selbst drei Kinder.«

»Für das Dampfschiff. Wenn wir die abgelegenen Inseln besuchen, gibt es für die Leute nicht viel zu tun, wenn sie einmal dort sind; den Passagieren des *Puffer* geht es oft nur um die Reise. Also nimmt James sie mit auf Wanderungen, und dafür brauchen wir so viele Stiefel.«

»Viele davon sind in Kindergrößen.«

»Ich weiß, aber seitdem die Leute wissen, dass sie ein gutes ›Zuhause‹ für ihre alten Stiefel gefunden haben, bringen sie sie alle her.«

Ella lachte. »Falls wir welche brauchen sollten, dürfte ich mit der Familie herkommen, damit sich jeder ein Paar aussucht?«

»Klar doch. Schließlich bin ich total gespannt auf die Leute.«

Zwei Stunden später wurde Rebeccas Wunsch erfüllt. Klebrig vom Sirup und den Bauch voller Teeküchlein, kamen Ellas Schützlinge bei ihr an.

»Dieser Brent sieht ja verteufelt gut aus«, raunte Rebecca Ella ins Ohr, während die Familie Stiefel anprobierte.

»Aber es wäre unethisch, wenn ich ein Auge auf ihn werfen würde«, entgegnete Ella sehnsüchtig.

»Wäre es das? Warum?«

»Weil ich die Weihnachtselfe bin! Elfen interessieren sich nicht für Menschen!«

»Ehrlich gesagt, Herzchen, wäre es sinnlos, ihn toll zu finden, wenn er kein Mensch, sondern ein Elf wäre.«

Ella kicherte. »Du weißt genau, was ich meine!«

»Und ich denke, du darfst durchaus ein Auge auf ihn werfen, wenn du willst.«

Ella seufzte. »Er ist ein gutes Stück älter als ich, und wir verkehren nicht gerade in den gleichen Kreisen. Ich werde ihn nach Weihnachten wahrscheinlich nie wiedersehen. Also wäre es sinnlos.«

»Das kannst du nicht wissen«, sagte Rebecca. Aber sie tätschelte Ellas Arm, was darauf schließen ließ, dass sie verstanden hatte und wahrscheinlich der gleichen Ansicht war.

Ella parkte hinter dem großen alten Volvo, der die Familie Phillips aus dem Süden Englands nach Schottland befördert hatte, und griff nach ihrem Rucksack, in dem sie die Ausrüstung für verschiedene Strandspiele verstaut hatte. Auch ein von ihrem Bruder ausgeliehenes Mikroskop war dabei, nebst einem Buch über Lebensformen im Meer. Es würde also keine Entschuldigung für Langeweile geben, selbst wenn jemand sich nicht gern an Schlagball oder Wurfringspielen beteiligen würde. Ella hatte noch viele Ideen, wie man sich beschäftigen konnte, und im Kofferraum lagen weitere Spiele. Die Familie Phillips stürmte begeistert auf den sauberen Sandstrand. Ella holte Brent ein. »Ein wirklich toller Tag für einen Ausflug ans Meer, findest du nicht auch?«

»Unbedingt. Und es war eine gute Idee, sie aus dem Haus zu locken und ihnen Bewegung zu verschaffen«, stimmte er zu.

Ella grinste. »Auch gut für mich. Jetzt kann ich Jenny nämlich guten Gewissens berichten, dass Bill nicht die ganze Zeit *Minecraft* oder was auch immer gespielt hat.« Sie schaute ihn fragend an. »Warte mal, hast du nicht behauptet, es gäbe kein WLAN im Haus? Als ich heute Morgen bei euch ankam, hat er definitiv auf dem Tablet gespielt.«

»Man kann das Spiel auch offline spielen«, erklärte Brent. »Ich muss übrigens mit dir reden.«

»Wenn es um die Pläne für den Nachmittag geht, wollte ich erst einmal abwarten, wie alle sich so fühlen. Wenn die Kinder jedoch Lust dazu haben, würde ich vorschlagen, Würstchen am offenen Feuer zu braten. Hier, am Strand. Was hältst du davon?«

»Das ist eine fantastische Idee, doch darum ging es mir nicht. Ich wollte ...« Er brach ab. »Schau mal, da ist noch eine Familie. Und sie haben einen Hund dabei!«

Ein Mädchen, das etwas älter sein mochte als Mia, rannte mit einem Irish Setter um die Wette. Ein Welpe unbestimmter Rasse folgte ihnen mit tapsigen Schritten. Dahinter kam ein Paar – vermutlich die Eltern des Mädchens.

Mia lief sofort auf den Hund zu.

Das andere Kind strahlte sie an. »Ich heiße Kate. Und das ist Rupert«, sagte die Kleine zu Mia und deutete auf den Setter. »Er wohnt schon seit vor meiner Geburt bei uns. Jetzt ist er also schon ziemlich alt. Und der Kleine da ist Hamish. Er freut sich immer, neue Leute kennenzulernen.«

»Ich bin Mia«, antwortete Mia schüchtern.

Judith und Bill knieten sich sofort in den Sand, um mit dem Welpen zu spielen. Der kleine Hund sprang an ihnen hoch und winselte begeistert.

»Der ist ja süß!«, schwärmte Judith.

»Stimmt«, sagte das Mädchen. »Aber er kaut auf allem herum.«

»Ihr müsst die Familie sein, die Arden-House über die Feiertage gemietet hat«, sprach die Frau sie an. »Ich hoffe, ihr habt eine schöne Zeit.«

»Ganz toll, vielen Dank«, antwortete Bill, der Hamish ebenfalls gerade streichelte.

Ella bemerkte, dass das Mädchen ihn bewundernd anschaute, und sah, dass Mia die Kleine ihrerseits anhimmelte. Sie beschloss, den Stier bei den Hörnern zu packen. »Habt ihr vielleicht Lust auf ein Spiel? Ich hätte Schlagball oder Kricket anzubieten«, schlug sie vor.

Das Paar wechselte einen Blick und tauschte sich stumm aus. »Einverstanden«, sagte die Frau. »Du hast Zeit für ein schnelles Spiel, Kate. Wir gehen derweil mit den Hunden bis zum Ende der Bucht und wieder zurück. Natürlich nur, wenn du magst.« Kate nickte begeistert.

»Also, was wollt ihr spielen? Schlagball oder Kricket?«, wollte Ella wissen. Sie setzte den Rucksack ab und stöberte darin herum. »Oh, hier sind Würstchen. Ich dachte, sie wären im Auto.«

»Du hast Würstchen im Rucksack?«, fragte Kate. »Du bist wie mein Dad. Er trägt auch immer solche Sachen mit sich herum.«

Der Mann zuckte mit den Schultern. »Mein Motto lautet: ›Verreise niemals ohne ein Pfund Würstchen.‹ Wollt ihr sie am Strand grillen?«

»Ich denke, ja«, meinte Ella, »natürlich nur, wenn uns nicht zu kalt dazu ist. Möchten Sie sich uns anschließen? Wir haben genug zu essen dabei.«

»Was meinst du, Schatz?«, fragte der Mann seine Frau. »Lust auf ein heißes Würstchen an einem kalten Tag?«

»Und wie! Aber zuerst müssen wir uns beim Spielen noch den richtigen Appetit holen. Dann muss unser Strandspaziergang eben warten.« Sie lächelte. »Ich heiße übrigens Emily, und das ist Alasdair. Kate und die Hunde kennt ihr ja schon.«

Nach der Vorstellung und einem kurzen Austausch über die Spielregeln folgte ein sehr abwechslungsreiches Schlagballspiel, an dem sich alle beteiligten – mit Ausnahme des älteren Hundes Rupert, der alles aus sicherer Entfernung beobachtete.

Ella zog sich früh aus dem Spiel zurück und entzündete mithilfe einiger nützlicher Dinge aus ihrem Rucksack ein Feuer. (Rebecca hatte, hilfsbereit und großzügig wie sie war, etwas Feuerholz beigesteuert.) Emily schloss sich Ella an und sammelte eine ordentliche Menge trockenes Treibholz. Bald schon brutzelten die auf Stöcke gespießten Würstchen vor sich hin.

»Das machen Sie echt prima!«, lobte Ella die Frau beeindruckt.

»Wir grillen gern im Freien, und zu Weihnachten finde ich es eine besonders gute Idee, weil es sonst immer so viel aufzuräumen gibt.« Sie hielt inne. »Darf ich fragen, ob Sie alle zusammengehören?«

Ella lachte. »Die Kinder – na, sagen wir lieber: die jungen Leute – sind Brents Neffe und Nichten. Ich bin nur die angeheuerte Hilfe.«

»Donnerwetter! Sie sind gut! Wo findet man jemanden wie Sie? Und wie lautet Ihre Berufsbezeichnung? Mutter-Hilfe? Au-pair? Sie sind doch sicher kein einfaches Kindermädchen, oder?«

»Ich denke, ich bin von allem ein bisschen«, erklärte Ella. »Zum Beispiel auch Party-Organisatorin. Ich bin die gemietete Weihnachtselfe.«

Emily lachte. »Gibt es das?«

»Jetzt schon. Ich habe den Berufszweig erfunden. Ich bin derzeit arbeitslose Schauspielerin und habe nach einer Möglichkeit gesucht, etwas Geld zu verdienen, während ich auf ein Engagement warte. Ich habe eine Webseite.« Sie runzelte die Stirn. »Das wäre jetzt der Moment, in dem ich eine Visitenkarte aus meiner Gesäßtasche ziehen müsste, doch ich habe noch keine drucken lassen. Das hier ist mein erster Job.«

»Und wie sind Sie daran gekommen?«, fragte Emily, während sie die Würstchen wendete.

Ella erzählte, wie und warum Jenny sie engagiert hatte.

»Und? Läuft es gut? Ich hoffe, meine Neugier stört Sie nicht.«

»Ach was! Es läuft super! Ich habe die Kinder richtig gern, und ich liebe es, die Elfe zu spielen.« Sie zwinkerte Emily zu. »Natürlich wäre alles viel einfacher, wenn ich wirklich eine Elfe wäre.« Sie stand auf und klopfte sich den Sand von den Knien. »Ich gehe kurz zurück zum Auto. Ich habe nämlich auch Brötchen und Ketchup mitgebracht.«

»Ich habe noch nie an Heiligabend gegrillt«, erklärte Mia und wischte sich mit dem Handrücken den Mund ab.

»Wir alle nicht, oder?«, meinte Brent. »Ich finde, es sollte zu einer neuen Familientradition werden.«

»Essen am Strand ist toll«, sagte Bill. »Wenigstens gibt es kein Gemüse.«

»Man kann auch Gemüse grillen«, stellte Ella fest und überlegte, ob sie etwas Brokkoli oder ein paar Auberginen hätte mitnehmen sollen. Aber es war schon gut so – Elfen waren für Spaß zuständig, nicht für gesunde Kost.

»Bei uns zu Hause gibt es aber keine Strände«, beschwerte sich Mia. »Und ich mag Weihnachten zu Hause.«

Die Kleine fröstelte. Ihr Gesichtsausdruck verriet Ella, dass es Zeit war, wieder ins Warme zu kommen.

»Wisst ihr, was? Lasst uns etwas Meerwasser mit nach Hause nehmen. Wir untersuchen es unter dem Mikroskop«, schlug Ella vor. »Brent heizt den Holzofen an, und ich bereite uns eine ganz besondere heiße Schokolade zu.«

»Was ist das Besondere daran?«, wollte Bill wissen.

»Wart's ab!«, entgegnete Ella. »Und danach rufen wir eure Eltern an und bringen in Erfahrung, was sie so machen.«

»Denen ist sicher richtig langweilig«, meinte Emily, die verstanden hatte, dass es Ella darum ging, das Weihnachtsfest der Kinder möglichst toll aussehen zu lassen. »Sie freuen sich sicher sehr darauf, von euch zu hören.«

»Ihr könntet ihnen vom Grillen am Strand erzählen«, schlug Kate vor. »Ist dort, wo sie sind, auch ein Strand in der Nähe?«

»Nicht wirklich«, erklärte Brent. »Aber der Plan ist ganz ausgezeichnet. Auf geht's, Leute! Meerwasser und heißer Kakao.«

»Tolle Kombination, Onkel Brent«, scherzte Judith.

»Wir müssen uns auch auf den Weg machen«, erklärte Emily. »Ach ja, und Frohe Weihnachten!«

»Ganz ehrlich, Judith«, sagte Ella, während sie heiße Schokolade in einem Topf rührte, »Weihnachtselfe zu sein ist viel einfacher, wenn du dabei bist. Ich weiß wirklich nicht, wie ich ohne dich zurechtkäme.« Sie blickte das Mädchen an, das sich an die Küchenzeile lehnte und ins Leere starrte. Ella ahnte, dass ihr Herz und vermutlich auch ihre Gedanken ganz woanders waren.

»Na ja, dann bin ich ja froh, dass es wenigstens für einen hier gut läuft«, meinte Judith leise.

»Für dich etwa nicht? Ich dachte, wir alle hätten Spaß.« Ella gelang es, nicht vorwurfsvoll zu klingen, obwohl sie sich so sehr bemüht hatte, alle glücklich zu machen. Hier ging es nicht um sie.

»Es ist nicht deine Schuld, Ella. Selbst Elfen können nicht alles klären.« Judith seufzte tief und schniefte ein bisschen.

»Vermisst du deine Eltern? Oder machst du dir Sorgen um deine Großeltern?«

»Wenn es das wäre, würde ich mir keine Vorwürfe machen, dass ich nicht glücklich bin!«

»Also, worum geht es dann? Den Problemen der Menschen zuzuhören gehört zu meinen Aufgaben.«

Judith antwortete nicht sofort, sondern druckste herum, ehe sie zögernd mit der Sprache herausrückte. »Es geht um diese Party. Ich habe eigentlich keinen besonders guten Draht zu meinen Mitschülern, jetzt jedoch wurde ich zu einer Party eingeladen. Es gibt da einen Jungen, den ich sehr mag, und er geht hin. Weil ich aber nicht da bin, begleitet ihn Sylvie. Sie ist so ein Mädchen, wie eigentlich jede eines sein will ...« Nachdem sie einmal zu sprechen angefangen hatte, sprudelte es nur so aus Judith heraus. »Nach den Winterferien sind sie sicher längst ein Paar. Ich habe da keine Chance.«

Ella beeilte sich nicht mit der Antwort. Sie musste nachdenken. »Das kenne ich. Und ich erinnere mich noch allzu gut an diese Situation.«

»Du? Ich kann mir überhaupt nicht vorstellen, dass du jemals unbeliebt warst. Du bist so hübsch und so cool und alles!«

»Ich freue mich zwar, dass du so über mich denkst, doch das meiste ist nur vorgespielt. Ich war auf der Schauspielschule und habe gelernt, mich zu verstellen. Gerade Coolness beruht hauptsächlich darauf, dass du so tust als ob. Die Leute nehmen einem die Darstellung ab.«

»Aber du hast wenigstens keine Pickel.«

»Du auch nicht! Oder nur ganz wenige. Du glaubst nicht, wie viele Mitesser ich damals hatte. Zum Glück gibt es Make-up, kann ich nur sagen.«.

Judith rang sich ein Lächeln ab. »Ich weiß, ich bin nicht übermäßig pickelig oder dick, doch ich bin eben ein bisschen pummelig und habe ein paar Pickel.«

»Du hast eine tolle Figur! Und glaub mir, Männern oder Jungs ist es egal, ob ein Mädchen eine kleine Kleidergröße hat. Es interessiert sie nicht die Bohne. Was du brauchst, ist eine ordentliche Dosis Selbstsicherheit.«

»Davon hast du doch sicher genug, oder? Vielleicht in deiner Elfen-Zaubertasche?«

Nun war Ella an der Reihe zu seufzen. »Leider nein. Aber das bedeutet nicht, dass ich so etwas nicht arrangieren könnte. Ich muss nur ein bisschen darüber nachdenken, das ist alles.«

Obwohl sie an der Rolle der Spaßlieferantin festhielt, kreisten ihre Gedanken um Judiths Problem. Sie verstand das junge Mädchen und seine Enttäuschung vollkommen. Da war Judith zu der einen Party eingeladen worden, zu der sie unbedingt gehen wollte, und dann war sie nach Schottland geschickt worden und konnte die Einladung nicht wahrnehmen.

Aber es war nicht nur die versäumte Party, die Judith beschäftigte, dessen war sich Ella ganz sicher. Dem Selbstwertgefühl des jungen Mädchens musste auf die Sprünge geholfen werden.

Nachdem Ella den heißen Spezialkakao verteilt hatte – mit Schlagsahne, Marshmallows, Schokoladenstreuseln und Brausebonbons als besonderer Zutat –, überließ sie Brent die Verantwortung für das Roulette-Set, das sie mitgebracht hatte. Das Meerwasser schien zugunsten dieser subversiveren, aber sofort beliebten Unterhaltung auf der Strecke geblieben zu sein. Ella wollte kurz mit Rebecca reden und hoffte, dass ihre Zimmerwirtin Zeit für sie haben würde.

Rebeccas Ehemann James führte sie ohne nähere Erklärung ins Schlafzimmer. Ella machte sich bereits

Sorgen, Rebecca könne krank sein. Aber nein, sie saß mit beunruhigtem Gesichtsausdruck auf dem Boden, umgeben von Geschenkpapier und Geschenken.

»Oh, hallo!«, sagte Rebecca und nahm ihrer kleinen Tochter Nell ein gefährlich aussehendes Taschenmesser aus den Händen. »Hat James dich darum gebeten, mir zu helfen? Wenn ich je eine Weihnachtselfe gebraucht habe, dann jetzt.«

Ella lachte und setzte sich zu Rebecca auf den Boden. »Nein, ich bin gekommen, weil ich deine Hilfe brauche – genau genommen einen Ratschlag –, aber ich gehe dir natürlich gern beim Einpacken der Geschenke zur Hand.«

Nachdem sie Nell James' Obhut übergeben hatten, bekam Ella Anweisungen zu den Geschenken. Rebecca drückte ihr eine Schere und eine Rolle Klebeband in die Hand. Als sie so weit waren, fragte Rebecca: »Okay. Worum geht es?«

»Um Judith.« Ella berichtete von der Enttäuschung des Mädchens wegen der Party und über Judiths Mangel an Selbstvertrauen. »Ich weiß, dass du auch nichts dagegen tun kannst – wenn schon die Weihnachtselfe nicht helfen kann, was kann dann ein Normalsterblicher ausrichten? –, doch ich könnte mir vorstellen, dass es sinnvoll ist, einmal darüber zu reden.«

»Erzähl mir mehr über das Mädchen«, forderte Rebecca Ella auf. Sie befüllte einen Weihnachtsstrumpf, nachdem sie eine Orange in die Spitze gestopft hatte.

»Sie ist ziemlich reserviert. Ich könnte mir vorstellen, dass sie mehr Zeit mit ihrer Geige als mit ihren Klassenkameraden und Freunden verbringt. Vermutlich war es ihr deswegen so wichtig, auf diese Party zu gehen. Und sie ist sehr hübsch – du hast sie ja gesehen.«

»Sie spielt Geige?«

»Jep.«

»Wie gut? Ich meine, kratzt sie nur auf den Saiten herum, oder erkennt man die Melodie?«

»Oh ja! Man erkennt die Melodie sofort, und ihre Mutter hat mir erzählt, dass Judith zu den Besten ihres Jahrgangs gehört.«

»Weißt du, was? Ich glaube, dieses Mal kann die gewöhnliche Sterbliche die Nuss knacken!«

»Was meinst du damit?« Obwohl sie sich für Judith freute, hätte Ella die Angelegenheit gern selbst geregelt.

»Mein Schwager Alasdair ... ich habe von James gehört, dass ihr Alasdair und seine Familie am Strand getroffen habt ...«

»Stimmt. Wir haben unser Barbecue mit ihnen geteilt.«

Rebecca nickte. »Also: Alasdair hat eine Band.«

»Ich dachte, er sei Arzt?«

»Ja, ist er, und außerdem hat er eine Band! Zufällig fehlt ihnen gerade ein Geiger. Es geht um einen Gig heute Abend, und ihr Stammgeiger hat ... hm, sagen wir mal, er liegt flach.«

»Aber wie um alles in der Welt ...« Ella freute sich zwar über den Zufall, erkannte jedoch nicht, wie man Judith damit weiterhelfen konnte.

»Ich bin mir noch nicht hundertprozentig sicher«, gestand Rebecca. »Überlass die Angelegenheit einfach mal mir. Ich sage Alasdair Bescheid, und wer weiß – vielleicht können sie Judith ja für den Auftritt brauchen. Selbst wenn sie nur vor dem Gig mit der Band probt, hat sie vielleicht Spaß daran. Es ist eine tolle Gruppe netter Jungs, die ihr sicher das Gefühl geben werden, etwas Besonderes zu sein.«

»Vor allem, wenn man diese Jungs dazu zwingt.«

»Natürlich hilft das«, gab Rebecca schmunzelnd zu. »Erst recht, wenn sie im Sommer einen Ferienjob auf dem Dampfkutter haben wollen.«

Ella lächelte. »Das ist ein prima Plan!«

»Ich kümmere mich darum und melde mich. Aber wenn sie mit den anderen proben möchte, müsste es bald sein. Die Veranstaltung fängt schon relativ früh an. Um sieben heute Abend, und jetzt ist es vier.«

»Ich sage Judith besser noch nichts, falls Alasdair lieber jemand anders nimmt.«

»Ich lasse es dich so schnell wie möglich wissen«, meinte Rebecca. »Und danke, dass du mir hier geholfen hast. Ich muss schon sagen: Du bist eine verdammt gute Geschenkeinpackerin!«

Zurück bei den Phillips', hatte Ella kaum Zeit gehabt, den Kakaotopf zu spülen, den sie eingeweicht zurückgelassen hatte, als es bereits an der Tür klopfte. Sie öffnete. Vor ihr stand Alasdair – der Mann, den sie vormittags am Strand getroffen hatten und der, wie sie jetzt wusste, Rebeccas Schwager war. Sie blickte ihn freundlich an.

»Hallo«, sagte er. »Ich hoffe, Sie können mir helfen.«

»Ich versuch's gern. Kommen Sie doch rein.«

»Ich will Sie nicht stören.«

Er sieht vertrauenswürdig aus, dachte Ella.

»Oh, das geht in Ordnung. Die Familie spielt Roulette. Brent ist ein überraschend guter Croupier. Vermutlich ist das Teil der Stellenbeschreibung für einen Onkel.«

Alasdair lachte. »Dann bin ich leider kein guter Onkel. Ich habe überhaupt keinen Draht zu Glücksspielen.« Er hielt inne. »Aber ich spiele in einer Band.«

Ella lächelte ihn konspirativ an. »Dann eignen Sie sich perfekt für meine Zwecke.«

»Hallo.« Alasdair grüßte in die Runde, als er das zum Casino umfunktionierte Wohnzimmer betrat. Alle blickten auf. »Ich suche jemanden, der Geige spielt.«

Judith schnappte nach Luft. »Der Geige spielt?«

»Nun, es würde helfen, wenn er Noten lesen könnte, aber viele der Stücke, die meine Band im Repertoire hat, sind traditionelles Liedgut. Unser Geiger liegt leider krank im Bett.«

»Oh!«, hauchte Judith nur.

Ella beobachtete sie aufmerksam. War sie aufgeregt? Oder hatte sie eher Lampenfieber? Würde sie es versuchen?

»Ella erwähnte Rebecca gegenüber zufällig, dass du Geige spielst, Judith«, fuhr Alasdair fort. »Als sie Rebecca eben bei …« Er zögerte, blickte sich um und bemerkte Mia. »… bei Weihnachtsangelegenheiten zur Hand ging.«

Ella war dankbar, dass er die Weihnachtsstrümpfe nicht erwähnt hatte. Sie vermutete, dass Mia noch an den Weihnachtsmann glaubte, war sich aber nicht ganz sicher. Der schlimmste Verstoß gegen das Regelwerk für Weihnachtselfen wäre, den kindlichen Weihnachtsglauben zu zerstören.

»Ich spiele Geige«, erklärte Judith, halb stolz, halb cool.

»Wärst du denn bereit, uns auszuhelfen?«, erkundigte sich Alasdair.

»Bestimmt spiele ich nicht gut genug«, gab Judith zurück.

»Oh, doch, sie ist super!«, sagten Bill und Mia wie aus einem Mund. Sie zeigten ganz offen, wie stolz sie auf ihre ältere Schwester waren.

»Bin ich nicht!«, widersprach Judith und wurde rot.

»Warum geht ihr nicht einfach in die Küche, und du spielst Alasdair etwas vor?«, schlug Ella vor. »Dann kann er selbst entscheiden, ob du gut genug bist oder nicht.« Und wenn er die falsche Entscheidung trifft, dachte sie, dann sorge ich dafür, dass sein Weihnachtsstrumpf nichts als Kohle enthält.

Brent, Bill und Ella lauschten aufmerksam in Richtung Küche; keiner von ihnen rührte sich.

Als Erstes hörten sie den traurigen *Skye Boat Song* (»Das ist ihr Lieblingsstück«, verriet Mia), danach das heiterere *Marie's Wedding*, das ein Bild von der fröhlich tanzenden Marie heraufbeschwor, und dann etwas, das Ella fast zum Weinen brachte.

»*The Parting Glass*«, flüsterte Brent. »Ich hatte keine Ahnung, dass sie das alles spielen kann!«

»Ich auch nicht«, sagte Bill. »Und wir wohnen zusammen.«

Zum Schluss folgte ein extrem schnelles und furioses Stück, dessen Namen niemand kannte, das jedoch sehr beeindruckend war.

»Wow!«, staunte Brent. »Sie spielt fantastisch!«

Kurz darauf kamen Judith und Alasdair zurück. »Also«, verkündete Alasdair. »Judith hat zugestimmt, uns bei unserem Auftritt heute Abend zu unterstützen. Ich hoffe, das ist für euch in Ordnung.« Er blickte Judith an, die von innen zu leuchten schien. »Leider weigert sie sich, zu uns nach Schottland zu ziehen und auf Dauer mit uns zu spielen.«

»Nun«, meinte Ella, »wenn sie dauerhaft in einer

Band spielt, biete ich mich als ihre Managerin an. Und heute Abend würde ich gern dabei sein.«

»Ich weiß nicht, ob ihr alle ebenfalls musikalisch seid«, sagte Alasdair, »doch ich habe ein paar Gitarren im Auto. Wollt ihr sie ausprobieren? Eine von ihnen ist eine Fender Squier. Nicht die klassische Fender, aber trotzdem eine sehr schöne Gitarre. Elektrisch.«

Brent und Bill wirkten tief beeindruckt.

»Ich habe früher mal ein bisschen Gitarre gespielt«, erklärte Brent. »Ich würde es gern probieren! Was ist mit dir, Bill?«

»Oh. Mein. Gott!«, stöhnte der Junge.

Alasdair sah Mia entschuldigend an. »Ich kann nicht annehmen, dass du Wert auf die Gesellschaft eines anderen Mädchens legst, oder? Ich habe Kate bei Rebecca gelassen. Kate mag zwar ihre Cousins, doch Archie und Henry sind eben nur Jungs, und Nell ist noch zu klein. Hättest du Lust, Kate vor einem Abend voller lärmiger Computerspiele zu retten, Mia?«

Wäre Ella wirklich eine Elfe gewesen, hätte sie Alasdairs Gewicht in Rubinen aufgewogen. Mias begeisterter Gesichtsausdruck verriet, dass ein Abend mit Kate für die Kleine der Himmel auf Erden wäre.

»Es wird sicher nicht allzu spät«, meinte Alasdair. »Spätestens um neun sind wir alle zurück. Wäre das in Ordnung, Brent?«

»Normalerweise liegt Mia um diese Zeit schon im Bett«, sagte ihr Onkel. »Doch am Heiligen Abend können wir sicher mal fünf gerade sein lassen.«

Er war sich offenbar nicht ganz sicher, aber Judith nickte sofort. »Heiligabend gehen wir immer spät ins Bett. Dafür schlafen wir dann umso besser.«

Obwohl Mia sich sehr darauf freute, einen Abend

mit Kate zu verbringen, sah sie plötzlich besorgt aus. »Aber wir hängen doch trotzdem unsere Strümpfe auf, oder? Der Weihnachtsmann ... also, ich meine ...«

»Ja, natürlich«, bestätigte Ella mit fester Stimme. »Der Weihnachtsmann weiß immer, wohin er gehen muss.«

Alasdair wollte Judith und Ella eine Stunde später abholen. Brent und Bill würden Mia zu Rebecca und James bringen, wo sie mit Kate spielen konnte.

Ella nahm ihre Schminktasche aus dem Koffer im Wirtschaftsraum und ging mit Judith ins Bad. Nachdem das Haar des Mädchens gewaschen und fast trocken war, setzte Ella sie vor den Spiegel und positionierte eine Nachttischlampe so, dass sie besser sehen konnte. »Trägst du normalerweise Make-up?«, wollte sie wissen.

Judith fuhr sich mit den Händen durchs Haar und sorgte so für einen etwas zerzausten Look, der Ella sehr gefiel. »Ja, manchmal. Aber ich kann es nicht wirklich gut. Wenn ich mich schminke, sieht es meistens albern aus.«

»Ich helfe dir dabei. Du musst schließlich daran denken, dass du im Rampenlicht stehen wirst, und wenn du ein Video auf Facebook hochlädst, willst du doch sicher gut aussehen.«

Judith antwortete nicht, sondern wirkte nachdenklich.

Ella fuhr fort: »Weißt du, es ist zwar blöd, dass du nicht zu dieser Party gehen konntest, aber es wäre toll, wenn alle erführen, dass du etwas wirklich Cooles machst.«

»Meine Freunde wissen nicht alle, dass ich Geige

spiele. Schließlich will ich nicht für einen Nerd gehalten werden.«

»Nun, dann ist es höchste Zeit, ihnen zu zeigen, wie cool du bist – du bist nämlich eine fantastische Geigerin! Ich werde dich übrigens nicht stark schminken, sondern betone nur deine schönen Augen und benutze etwas Lipgloss.« Ella konzentrierte sich, während sie Judith einen Lidstrich zog. »Aber du machst dir doch hoffentlich keine Sorgen wegen des Auftritts?«

»Ich weiß, ich sollte.« Judith versuchte, nicht zu blinzeln. »Musikalisch habe ich eigentlich keine Bedenken. Doch abgesehen von meinen Prüfungen und einem kleinen, von meinem Musiklehrer arrangierten Konzert bin ich noch nie öffentlich aufgetreten.«

»Da haben wir ehrlich gesagt etwas gemeinsam«, meinte Ella, »obwohl wir in der Schauspielschule eigentlich eine ganze Reihe von Stücken aufgeführt haben. Aber du spielst in einer Band. Du musst also nichts anderes tun, als dich auf deine Mitspieler einzulassen und das Publikum anzulächeln, wenn du die Möglichkeit dazu hast. Also, wie findest du dich?«

»Toll, Ella! Ich sehe immer noch aus wie ich, bloß viel besser. Vielen Dank! Du bist eine wahre Schminkfee!«

»Habe ich mir alles auf YouTube abgeschaut«, antwortete Ella bescheiden. »Und jetzt müssen wir entscheiden, was du anziehst.«

Einige Zeit später sagte Judith, die sich für einen Pullover mit V-Ausschnitt und Jeans entschieden hatte: »Weißt du, was? Ich glaube, es ist einfacher, ein Ballkleid anzuziehen, als sich ein Outfit zu überlegen, das so lässig aussieht, als hätte man es nur mal eben übergeworfen.«

»Du hast ja so recht«, stimmte Ella ihr zu und wühlte in ihrer eigenen Sammlung von Schals. »Aber ich denke, das hier gibt dem Ganzen noch einen besonderen Pfiff.« Sie schlang Judith einen hellblauen Schal um den Hals. »Siehst du? Er betont alles, ohne dass es aussieht, als hättest du dir Mühe gegeben.« Sie hielt inne. »Und wenn dir zu warm wird, nimm ihn einfach ab und wirf ihn in die Menge! Alle werden losstürmen, um ihn zu fangen.«

Judith kicherte. »Das glaube ich zwar nicht, doch er ist wirklich hübsch.« Sie unterbrach sich. »Ich wünsche mir, dass Mum und Dad stolz auf mich sind. Also hoffe ich, dass irgendwer es filmt. Sie haben viel Geld für meinen Unterricht ausgegeben. Sicher würde es ihnen gefallen zu sehen, dass ich mit einer Band auftrete.«

Ella nickte. »Ich habe ein Smartphone, ich nehme es auf. Und du hast natürlich recht – mal ganz abgesehen von dem Geld, das sie für deinen Unterricht bezahlt haben. Das haben sie sicher gern getan. Wir könnten ihnen den Link per E-Mail schicken. Sie werden sich freuen zu sehen, dass ihr euch auch ohne sie amüsiert.«

»Stimmt. Ich weiß, dass Mama wirklich nicht glücklich darüber war, Weihnachten ohne uns zu verbringen.« Sie seufzte. »Aber mit einer Band zu spielen ist echt cool! Selbst hier am Ende der Welt, wo sicher nicht allzu viele Leute zuhören werden.«

»Man kann nie wissen«, konterte Ella. »Vielleicht hat die Band eine große Fangemeinde. Wenn ich daran gedacht hätte, Alasdair nach dem Namen der Band zu fragen, hätten wir uns informieren können.« Unten wurde an die Haustür geklopft. »Das dürfte er schon sein. Wir gehen also besser runter.«

Ella saß vorn in Alasdairs Kombi, während Judith sich mit zwei anderen Bandmitgliedern auf die Rückbank gezwängt hatte. Ihnen folgte ein Van mit Equipment und weiteren Bandmusikern.

»Hey!«, sagte Ewan, der laut Alasdair je nach Bedarf sowohl Gitarre als auch Akkordeon spielte und ungefähr achtzehn war. »Ich war hin und weg, als Alasdair uns sagte, dass er eine Geigerin gefunden hat. Doch ich wäre noch begeisterter gewesen, wenn er uns verraten hätte, wie hübsch sie ist.«

Ella lächelte auf dem Beifahrersitz vor sich hin. Entweder hatte Rebecca ihren Auftrag ausgezeichnet ausgeführt und der Band zu verstehen gegeben, dass Judiths Selbstwertgefühl ein wenig aufgemöbelt werden musste, oder sie selbst hatte die junge Geigerin wirklich gut gestylt. Aber Judith war von Natur aus sehr hübsch, das Make-up unterstrich ihre Schönheit nur noch.

»Warte lieber erst einmal ab, wie ich spiele«, antwortete das Mädchen.

»Alasdair ist ganz schön pingelig. Er hätte dich nicht ausgesucht, wenn du nicht gut spielen würdest«, fuhr Ewan fort.

»Einer muss ja schließlich Standards setzen«, lachte Alasdair.

»Was für ein wundervolles Haus!«, rief Ella, als sie in die Auffahrt zu einem riesigen schottischen Herrensitz einbogen.

»Sieht aus wie ein Hotel«, meinte Judith ängstlich.

»Wir nennen es einfach das ›große Haus‹«, erklärte Fergus, der Schlagzeug und Mundharmonika spielte – manchmal, so prahlte er, sogar gleichzeitig. »Die Besitzer geben am Heiligen Abend immer eine Party für die Einheimischen. Wir sind für die Unterhaltung zuständig. Es ist eine tolle Tradition. Allerdings ist das Haus ein bisschen spartanisch eingerichtet: Der Unterhalt dieser alten Gebäude kostet ein Vermögen. Man friert nur nicht, wenn man dicht am Feuer steht.«

»Trotzdem ist der Raum, in dem wir auftreten, wunderschön«, wandte Ewan ein. »Er ist zwar groß, aber nicht so riesig, dass wir ihn heute Abend nicht voll bekämen.«

»Oh Gott«, murmelte Judith.

»Und er hat eine gute Akustik«, fügte Alasdair hinzu. »Ich setze euch an der Tür ab und suche einen Parkplatz. Der Lieferwagen muss entladen werden. Judith, du brauchst natürlich nicht zu helfen, du tust uns ja bereits einen Gefallen.«

»Ich packe trotzdem mit an!«, erklärte das Mädchen. »Wenn ich Teil der Band sein darf, will ich auch wie die anderen arbeiten.«

»Und ich bin ohnehin ein Roadie«, lachte Ella. »Ich mache so etwas nicht zum ersten Mal im Leben.«

Eine halbe Stunde später saß Ella in der ersten Reihe und war sehr zufrieden mit sich und ihren Leistungen als Weihnachtselfe. Es war wunderbar zu sehen, wie Judith aufblühte. Die Band behandelte sie, als gehörte sie schon immer dazu. Sie neckten sie liebevoll, aber so, dass Judith darauf reagieren und ihnen Kontra geben konnte. Das Mädchen glühte – vielleicht vor Aufregung, vielleicht aber auch, weil die jungen Männer sie ein bisschen in Verlegenheit brachten. Doch was auch immer der Anlass sein mochte – es machte sie wenn möglich noch attraktiver.

Die Tatsache, dass sie eine ausgezeichnete Geigerin war, die hervorragend vom Blatt spielen konnte, half ihr sehr. Judith konnte sich beim Musizieren entspannen, weil sie wusste, dass sie den erforderlichen Standard weit übertraf. Sie war Teil eines Teams und konnte sich gut behaupten. Ella spürte, dass ihre Arbeit hier getan war.

Sie sah zu, wie die Bühne vorbereitet wurde und wie Judith über einen Witz lachte, den Ella nicht hören konnte. Plötzlich wurde ihr klar, dass ihr Job als Weihnachtselfe ihr eine ungeheure Befriedigung verschaffte. Gleichzeitig wusste sie jedoch, dass dieser Beruf keine ernsthafte Zukunft hatte.

Gerade überlegte sie, ob es angebracht war, an die Bar zu gehen und eine Flasche Bier zu erstehen, als sich jemand neben sie setzte. Es war Brent. Ella freute sich, ihn zu sehen.

»Brent! Was machst du denn hier? Kümmerst du dich nicht um Bill? Ich weiß, dass Mia gut versorgt ist, aber ...«

»Immer mit der Ruhe. Bill spielt mit dem etwas älteren Nachbarsjungen von Alasdair Gitarre. Der andere Junge war froh, der Weihnachtsparty seiner Eltern zu entkommen.«

Ella biss sich auf die Lippen. »Sicher waren Rebecca und James auch zu der Party bei den Nachbarn eingeladen – wahrscheinlich auch zu dieser hier –, konnten aber nicht hingehen, weil wir Mia bei ihnen gelassen haben.« Sie hatte mit einem Mal ein sehr schlechtes Gewissen. »Ich muss zu ihr! Du kannst so lange auf Judith aufpassen.«

Brent lachte. »Beruhige dich! Du scheinst vergessen zu haben, dass Rebecca auch noch ein Kleinkind hat! Ich habe ihr angeboten, dazubleiben und mit den Kindern zu spielen, damit James und sie hier mitfeiern könnten, aber Rebecca wollte nicht. Sie wirkte auch wirklich sehr zufrieden zu Hause.«

»Oh!« Ellas Panik verebbte. »Dann ist das wohl in Ordnung.«

»Darf ich dir einen Drink besorgen?«

»Ja, bitte. Ich weiß, ich sollte eigentlich nichts Alkoholisches trinken, aber ich sehne mich nach einer Flasche Lagerbier.«

»Schau dir bloß Judith an«, sagte Ella nach dem ersten Set stolz. Gemeinsam mit Brent sah sie sich das Video an, das sie mit ihrem Smartphone aufgenommen hatte. »Sie kann sich in der Band richtig gut behaupten.«

Brent nickte, ebenfalls begeistert.

»Wir könnten Jenny das Video mailen«, meinte Ella. »Es wird ihnen sicher leidtun, dass sie Judiths Triumph versäumt haben.« Sie hielt inne. »Judith könnte es auch vielleicht auf Instagram oder einer anderen Plattform posten, damit ihre Schulfreunde es sehen.« Sie lächelte Brent an. »Die würden sicher vor Eifersucht platzen!«

Brent lachte. »Du genießt es wirklich, alle glücklich zu machen, oder?«

»Stimmt. Aber das gehört zu meinem Job.« Plötzlich wurde sie nachdenklich. »Den Kindern mag ich vielleicht geholfen haben, doch dein Weihnachtsfest konnte ich leider nicht zu etwas Besonderem machen. Immerhin wurde ich eingestellt, um auch dir zu helfen.«

Brent lächelte auf sie herunter. »Es gäbe da sicher ein paar Möglichkeiten, aber die verrate ich nicht.«

Ella errötete. »So etwas habe ich nicht gemeint!«, sagte sie empört.

»Das weiß ich doch, und ganz ehrlich: Dich bei uns

zu haben war einfach toll. Wo hast du eigentlich kochen gelernt?«

Erleichtert, sich wieder auf sicherem Terrain zu bewegen, sagte Ella: »Als angehende Schauspielerin nimmt man viele verschiedene Jobs an. Ich habe in einigen guten Restaurantküchen gearbeitet und dabei genau aufgepasst. Ich bin nicht übermäßig gut, aber das werdet ihr morgen selbst herausfinden, wenn ich euer Weihnachtsessen zubereite.«

»Oh, ich bin sicher, es wird ausgezeichnet. Du, was ist eigentlich dein Lieblingsjob zwischen den Auftritten?«

»Alle meine Jobs sind ›zwischen den Auftritten‹, weil ich nämlich keine Rollen bekomme. Vielleicht bin ich nicht gut genug, jedenfalls bleiben die Angebote aus. Nachdem ich mir aber die Mühe gemacht habe, zur Schauspielschule zu gehen, kann und will ich die Schauspielerei nicht aufgeben, zumindest noch nicht. In der Zwischenzeit arbeite ich gern in Bars. Es macht mir Spaß, wenn richtig Trubel herrscht. In ruhigeren Zeiten hingegen beobachte ich gern die Gäste und erfinde Geschichten über sie.« Sie lachte. »Manchmal, wenn ich die Leute dann näher kennenlerne, stellt sich heraus, dass ich recht hatte.«

»Aha, Geschichten erfinden – das ist bei dir offenbar ein Thema. Erzählst du den Leuten, dass du Spekulationen über ihr Privatleben angestellt hast?«

Ella schüttelte den Kopf. »Nein, aber manchmal zeige ich ihnen Skizzen, die ich von ihnen gemacht habe.«

»Jede Wette, dass sie den Leuten gefallen!«

Ella nickte. »Ich habe meinem Chef einmal vorgeschlagen, dass ich mich ans Ende der Bar setze und

Zeichnungen von den Kunden anfertige, doch er wollte nicht. Also blieb ich Kellnerin.«

Brent betrachtete sie einen Augenblick und schien etwas sagen zu wollen, als Geräusche von der Bühne darauf hinwiesen, dass die Band weiterspielen wollte. Der Moment ging vorüber.

»Das war so cool!«, schwärmte Judith, als sie mit Brent nach Hause fuhren. »Ich hätte nie gedacht, dass ich so etwas tun könnte!«

»Von wegen!«, sagte Ella. »Wir wussten doch, dass du eine tolle Geigerin bist.«

»Mir ist durchaus klar, dass du das mit Alasdair ausgeheckt hast«, erwiderte das Mädchen. »Die Band hätte es sicher auch ohne mich geschafft, aber durch mich wurden sie besser. Und sie haben gesagt, wenn ich jemals wieder herkomme und Lust habe, mit ihnen zu spielen, freuen sie sich.« Sie holte tief Luft. »Sie versprachen sogar, sich mit Bands im Süden in Verbindung zu setzen und ihnen meine Kontaktdaten zu geben.«

»Vielleicht solltest du aber erst an die Schule denken, ehe du dir zu viel zumutest«, wandte Ella ein, denn sie stellte sich unwillkürlich vor, wie Jenny sich fühlen würde, wenn ihre kluge Tochter alles aufgeben würde, um einer Band beizutreten.

»Jedenfalls hast du es supergut gemacht, Judith«, lobte ihr Onkel. »Deine Mum und dein Dad sind bestimmt total stolz auf dich.«

»Du wünschst dir sicher, sie hätten dich da oben sehen können?«, meinte Ella.

»Ja«, antwortete Judith. »Es wäre mir aber auch ein bisschen peinlich gewesen. Sie haben mich bisher nur mit klassischer Musik erlebt.«

»Dann erfahren sie eben jetzt, wie vielseitig du bist«, sagte Ella. »Brent? Könntest du mich vielleicht vor eurem Haus absetzen, bevor du die anderen abholst? Ich habe noch etwas zu erledigen.«

»Um diese Zeit?«, fragte er überrascht.

»Es ist Heiligabend, und ich bin die Weihnachtselfe! Natürlich um diese Zeit!«

Er lächelte ein wenig schuldbewusst. Offenbar hätte er um Haaresbreite die Sache mit den Weihnachtsstrümpfen vergessen.

Judith ließ sich ebenfalls absetzen und willigte ein, die heiße Schokolade zu rühren, während Ella nach oben ging. Judith schwebte noch immer in einer Glücksblase, und das machte Ella auch glücklich.

Schnell hängte sie die langen, von Jenny zur Verfügung gestellten Strickstrümpfe auf, die von den Kindern immer als Weihnachtsstrümpfe benutzt wurden.

Als sie wieder nach unten kam, fand sie den Rest der Familie in der Küche vor. Alle wollten heiße Schokolade.

»Wir hatten so viel Spaß!«, erzählte Mia begeistert. »Weihnachten in Schottland ist viel schöner als in England. Man isst eine Art Kuchen, der ›Black Bun‹ genannt wird.« Sie gähnte herzhaft.

Ella lächelte. »Leute, es ist wirklich spät. Höchste Zeit, dass ihr alle ins Bett verschwindet.«

»Wir müssen aber noch eine Frikadelle und ein Glas Sherry für den Weihnachtsmann nach draußen bringen«, widersprach Mia. »Und eine Karotte für die Rentiere.«

Ella erkannte mit Entsetzen, dass ihr Ruf als Weihnachtselfe auf dem Spiel stand. Sie hatte nämlich keinen Sherry.

~

»Eigentlich«, wandte Brent ein, der ihren erschrockenen Blick offenbar richtig gedeutet hatte, »trinkt der Weihnachtsmann hier in Schottland lieber Whisky.«

»Und wir haben herrliche hausgemachte Frikadellen«, erklärte Ella, die sogar ihr eigenes Hackfleisch mitgebracht hatte. Sie öffnete den Behälter. Mia, die offensichtlich sehr müde war, war davon überzeugt, dass der Weihnachtsmann seinen Imbiss genießen würde.

Schließlich lagen alle im Bett. Ella sank auf das Sofa und schloss die Augen.

»Du siehst erschöpft aus«, stellte Brent fest. »Soll ich dich nach Hause bringen?«

Ella schüttelte mit immer noch geschlossenen Augen den Kopf. »Geht nicht. Zuerst muss ich dem Weihnachtsmann noch einen kleinen Gefallen tun. Er ist um diese Jahreszeit so beschäftigt, dass ich ihm gern zur Hand gehe, wenn ich kann. Aber dafür müssen erst alle schlafen.«

Brent lachte. »Dann lass uns einen Schluck trinken und uns an den Ofen setzen.«

Er stand auf, um den Whisky zu holen, doch als er zurückkam, war Ella fast eingeschlafen. »Mach ruhig ein kleines Nickerchen«, flüsterte er. »Ich sehe nach den Kindern und sage dir Bescheid, sobald es sicher ist, nach oben zu gehen.«

»Danke«, murmelte Ella.

»Ich glaube, du kannst jetzt loslegen«, flüsterte Brent.

Ella wachte auf. »Das war das erholsamste Nickerchen, das ich je gehalten habe«, sagte sie. »Entschuldige bitte. Du musst mich für schrecklich unhöflich halten.«

»Weil du bis Mitternacht keine höfliche Konversation geführt hast?«

»Ist es schon so spät? Meine Güte, diese Kinder haben vielleicht Ausdauer! Erinnere mich bitte daran, dass ich nie mit ihnen in einen Club gehe.«

»Daran werde ich dich ganz bestimmt erinnern.« Er lächelte. »Jetzt geh nach oben und erledige das, was du erledigen wolltest. Wir haben morgen einen langen Tag vor uns.«

Nachdem Ella jeden sorgfältig gekennzeichneten und extrem dick gefüllten Strumpf auf das entsprechende Bett gelegt hatte und wieder nach unten gekommen war, nahm sie das von Brent angebotene Glas. »Köstlich«, lobte sie nach dem ersten Schluck.

»Es ist ein Single Malt von der Isle of Jura, die sozusagen gleich vor der Haustür liegt«, erklärte Brent. »Musstest du die Sachen für die Strümpfe erst noch kaufen?«

»Nein, nur ein paar Kleinigkeiten zum Auffüllen und die Schokoladenorangen. Jenny hat alles vorbereitet und mir mit den richtigen Strümpfen zugeschickt. Jedes Geschenk war in einem beschrifteten Beutel.« Sie nippte erneut an dem Whisky, der sie mit Kraft erfüllte, als wäre er ein Zaubertrank. »Allerdings gab es ein paar kleinere Verwechslungen – ich bin mir nicht ganz sicher, ob Bill ein Eiskönigin-Schaumbad tatsächlich zu würdigen gewusst hätte!«

Brent grinste. »Jedenfalls nicht um diese Jahreszeit.«

Ella lachte. »Jetzt muss ich aber wirklich gehen. Um welche Zeit benötigt ihr mich morgen früh?«

»Ich kümmere mich um das Frühstück, aber es wäre toll, wenn du relativ früh hier sein könntest.«

Sie lachte. »Ihr braucht mich bestimmt nicht, während ihr die Strümpfe öffnet.«

»Ich brauche dich spätestens dann, wenn ich den Champagner entkorke.«

»Kein Sekt mit O-Saft? Ich bin sicher, dass Jenny von Sekt mit Orangensaft gesprochen hat.«

»Ich gebe nie Orangensaft in den Champagner. Ich vermeide zusätzliche Kalorien, wo immer ich kann.«

Ella versetzte ihm einen sanften Klaps auf den Arm und holte ihren Mantel.

Kurz vor zehn Uhr am nächsten Morgen war sie wieder da. Alle saßen fröhlich lachend am Frühstückstisch. Mia umarmte Ella besonders herzlich.

»Die Strümpfe waren super! Der Weihnachtsmann wusste ganz genau, was wir uns gewünscht haben«, freute sich die Kleine.

»Wurden die Wünsche der anderen auch erfüllt?«

»Nur Onkel Brents Strumpf war ein bisschen seltsam«, meinte Mia und runzelte leicht die Stirn. »Aber na ja, er hat sich wirklich gefreut, auch einen zu bekommen.«

Ella unterdrückte ein Kichern. Der Strumpf für Brent war eine ziemlich kurzfristige Entscheidung ihrerseits gewesen. Er enthielt eine Karikatur, die sie von ihm auf der Rückseite einer Postkarte aus dem Gedächtnis gezeichnet hatte. Er wird wissen, dass sie von mir kommt, ging es ihr durch den Kopf. Natürlich, schalt sie sich sofort: In seinem Alter glaubte er ja sicher nicht mehr an den Weihnachtsmann.

»Ich muss diese Truthahnbrust demnächst in den Ofen schieben. Da ihr die Geschenke erst nach dem Mittagessen öffnet, schlage ich vor, dass ihr einen

Strandspaziergang unternehmt, um euch Appetit zu holen, während ich mich um den Rosenkohl und die Kartoffeln kümmere.«

Die Familie starrte sie ungläubig an.

»Das glaube ich kaum«, sagte Judith streng.

Mia schüttelte den Kopf und schien traurig zu sein, dass Ella etwas so Dummes hatte vorschlagen können.

»So läuft das bei uns nicht«, erklärte Bill.

»Wir gehen alle zusammen spazieren«, pflichtete Brent ihnen bei. »Nach unserer Rückkehr gibt es etwas zu trinken, und wir kümmern uns gemeinsam um das Gemüse.«

»Als wir klein waren«, berichtete Mia, die sich mit ihren sieben Jahren offensichtlich sehr erwachsen fühlte, »durften wir aber schon vor dem Mittagessen ein großes Geschenk öffnen.«

»Auf keinen Fall gehen wir spazieren und lassen dich mit der ganzen Arbeit allein«, verkündete Judith. »Du warst so nett zu uns, Ella!«

»Da hast du es!« Brent grinste sie an.

Innerlich freute sich Ella zwar, doch als Weihnachtselfe fühlte sie sich verpflichtet zu protestieren. »Aber der Truthahn darf erst um elf in den Ofen, wenn ihr um drei Uhr essen wollt.«

»Wir können ja schon mal mit dem Gemüse anfangen«, schlug Judith vor.

»Und mit dem Trinken!«, fügte Bill eifrig hinzu. »Ich darf zu Weihnachten nämlich ein Bier trinken und etwas Wein, wenn ich vernünftig bin.«

»Okay.« Ella erkannte, dass sie überstimmt worden war. »Aber macht doch alle schon einmal eines der großen Geschenke auf, damit ihr Spaß habt, während ich meine Vorbereitungen treffe.«

»Das ist eine tolle Idee!«, freute sich Mia. »Ich weiß schon, welches ich mir aussuche.«

»Wir helfen dir alle«, beharrte Judith. »Ich dachte, das hätten wir zur Genüge geklärt.«

»Gut«, meinte Ella. »Dann lasst uns bei der Arbeit wenigstens Musik hören. Wir können auch alle zusammen singen. Ich habe meinen iPod dabei. Da sind ein paar schöne weihnachtliche Lieder drauf.«

»Weihnachtslieder?«, fragte Bill skeptisch.

Ella lachte. »Sowohl Weihnachtslieder als auch einige nette Folksongs. Stücke eben, die man zu Weihnachten gern hört.«

»Cool!«, freute sich Brent. »Ich bin heute für die Getränke zuständig. Ella, wonach steht dir der Sinn? Champagner? Whisky-Punsch? Cocktail?«

»Dürfen wir jetzt unser großes Geschenk öffnen?«, fragte Mia, nachdem sie Apfelsaftschorle in einem Champagnerglas bekommen hatte.

»Natürlich!«, bestätigte Ella.

»Gibt es eigentlich auch Geschenke für dich, Ella?«, erkundigte sich Judith besorgt.

»Klar! Mein Geschenk habe ich selbst mitgebracht«, sagte Ella.

»Öffnest du es auch jetzt?«, wollte Mia wissen.

»Aber sicher! Ich kann es kaum erwarten!«, meinte Ella.

Sie wusste natürlich, was sich in ihrem Päckchen befand. Es war eine sündhaft teure, lange Kaschmirjacke. Obwohl ihre Mutter äußerlich sehr erwachsen damit umgegangen war, dass Ella in diesem Jahr Weihnachten nicht zu Hause verbrachte, war sie in letzter Minute doch noch sentimental geworden. *Ich schicke dir eine vir-*

tuelle Umarmung, hatte sie gemailt und einen Link zu einer noblen Webseite hinzugefügt. Ella hatte sich für eine Jacke in einem wundervollen, lebhaften Blau entschieden, das an den Sommer denken ließ.

Es war halb zwei, die Truthahnbrust war getestet und für köstlich befunden worden und ruhte nun in einem eigenen »Weihnachtspäckchen«, das aus Folie und so vielen Hand- und Geschirrtüchern bestand, wie Ella entbehren konnte. Die Bratkartoffeln und der Yorkshire-Pudding erhielten ihre endgültige Bräunung. Die Sauce war perfekt und so köstlich, dass Brent erklärt hatte, es würde ihm nichts ausmachen, wenn er nur sie und die Bratkartoffeln als Festmahl erhielte.

Ella hatte zugestimmt und sich einen kurzen Moment gestattet, davon zu träumen, dass nur Brent und sie zusammen Weihnachten feiern würden. Doch sie verbannte diesen Gedanken sofort wieder. Nach Weihnachten würden sie sich nie wiedersehen. Am Tag nach dem zweiten Weihnachtsfeiertag würden sie sich für immer voneinander verabschieden.

Judith spielte auf ihrer Geige, und alle schienen zufrieden zu sein. Ella legte letzte Hand an die Tischdeko. Sie trug ihre wundervolle Strickjacke, hatte ein etwas rührseliges Telefonat mit ihrer Mutter geführt – Weihnachten lief perfekt.

Ella testete die Beleuchtung und stellte sicher, dass auf dem Tisch genügend Lichterketten drapiert waren. Der romantischen Stimmung wegen wollte sie das Deckenlicht nämlich ausschalten.

Sie schaute gerade in den Ofen, um den Bräunungsgrad zu überprüfen, als es draußen turbulent wurde.

Ein Blick in den Flur verriet ihr, dass die Eingangstür offen stand. Vor dem Haus parkte ein Auto, und ein sehr chic aussehendes Paar umarmte Mia und Judith, während Bill aufgeregt auf der Stelle hüpfte. Man musste keine Weihnachtselfe sein, um zu begreifen, dass Jenny und ihr Mann gekommen waren. Irgendwie mussten sie es geschafft haben, die Probleme mit Grahams Eltern zu lösen und nach Schottland zu kommen, um Weihnachten mit den Kindern zu feiern.

Ellas Gefühle fuhren Achterbahn. Es grenzte fast an Magie, dass es doch noch geklappt hatte. Vor allem die kleine Mia war vermutlich völlig hingerissen, ihre Eltern zu Weihnachten bei sich zu haben, aber auch die beiden anderen freuten sich sicher sehr. Und Brent war vermutlich erleichtert, dass ihm die Verantwortung für seine Nichten und seinen Neffen abgenommen wurde. Alle konnten sich entspannen. Jetzt wurde es doch noch ein »richtiges« Weihnachten.

Eigentlich hätte Ella sich ebenfalls freuen sollen. Sie hatte gute Arbeit geleistet. Am besten, sie ginge jetzt zu ihnen und ließe sich für ihre Elfenhilfe danken. Aber was dann? Hier war kein Platz mehr für sie. Sie musste sich verabschieden und in ihr kleines Zimmer bei Rebecca zurückkehren ...

Doch sie traf spontan eine andere Entscheidung.

Zunächst legte sie ein weiteres Gedeck auf. Dann holte sie die herrlich gebräunten Bratkartoffeln und den wunderschön aufgegangenen Yorkshire-Pudding aus dem Ofen und stellte alles zur Seite. Nach kurzem Nachdenken nahm Ella einen Zettel zur Hand und schrieb:

Frohe Weihnachten und alles Liebe von der Weihnachtselfe!

Dazu zeichnete sie eine lustige kleine Elfe, holte ihre Stiefel, die Jacke und ihr Gepäck aus dem Wirtschaftsraum und verschwand durch die Hintertür. Und das alles, ehe das freudige Wiedersehen vor dem Haus vorbei war. Die beiden Koffer verstaute sie hinter dem Gartenhaus, um sie später abzuholen.

Eigentlich hatte sie in ihr Zimmer zurückkehren wollen, befürchtete jedoch, dass Rebecca oder James sie sehen und zu ihrer Weihnachtsfeier einladen könnten, und genau das wollte sie nicht. Es war zwar ungewöhnlich für sie, aber sie sehnte sich danach, mit ihren Gedanken allein zu sein. An der Straßenbiegung kehrte sie daher dem Ort den Rücken und ging in Richtung Strand. Ein strammer Spaziergang würde ihr helfen, den Kopf frei zu bekommen und den Champagner aus ihrem Kreislauf zu vertreiben.

Es war unwahrscheinlich, dass sie Brent oder die Kinder je wiedersehen würde. Sie mochte die drei Geschwister wirklich, doch der Gedanke, dass Brent aus ihrem Leben verschwunden war, zerriss ihr schier das Herz.

Ella war sehr hübsch, freundlich und aufgeschlossen, und deshalb hatte es ihr nie an Freunden gemangelt. Aber ihr Herz war bisher selten wirklich beteiligt gewesen. Bei Brent jedoch war das anders, ganz anders ...

Im Gehen versuchte Ella herauszufinden, woran es lag. Brent sah zwar gut aus, war aber keineswegs der Typ Mann, dem alle Frauen zu Füßen lagen. Er war freundlich, doch das waren viele Menschen. Er brachte sie zum Lachen, aber Ella hatte einen lebhaften Sinn für Humor und lachte gern und oft. Da musste noch etwas anderes sein, eine Verbindung, die sie nicht genau bezeichnen konnte, die jedoch dafür sorgte, dass der Gedanke, Brent nicht mehr zu sehen, sie traurig machte.

Inzwischen hatte Ella den Strand fast erreicht. Sie war die Straße entlanggewandert, hatte die fernen Hügel betrachtet und den Seevögeln gelauscht. Auf den Straßen herrschte so gut wie kein Verkehr. Plötzlich fiel ihr ein möglicher Grund für ihre Melancholie ein.

Sie hatten zwar nur zwei Tage miteinander verbracht, aber Brent schien sie zu verstehen und hinter die oberflächliche, immer heitere Fassade zu blicken, die Ella aller Welt zeigte. Er war direkt zum Knackpunkt ihrer selbst erfundenen Weihnachtselfenidentität vorgedrungen – der nicht existenten Karriere als Schauspielerin – und hatte ihr klargemacht, dass es nach Weihnachten vielleicht an der Zeit wäre, ihre Optionen neu zu überdenken. Brent respektierte ihre Fähigkeiten und gab ihr das Gefühl, etwas wert zu sein. In seiner Gegenwart konnte sie sie selbst sein.

Als sie den Strand betrat, hörte sie von irgendwo Motorengeräusch und war froh, dass sie die Straße hinter sich gelassen hatte. In dem Auto saßen vermutlich Leute, die ihre Verwandten besuchten, ein Familienmitglied nach Hause brachten oder ein vergessenes Geschenk holten. Mit einem Mal fühlte Ella sich unendlich allein. Eine Welle des Selbstmitleids drohte sie mitzureißen.

Ella suchte nach einem großen Stein, auf den sie sich setzen konnte, und legte den Rucksack ab. Sie beschloss, diesen Strand zu zeichnen. Ein Bild würde sie immer an diese glückliche Zeit erinnern. Als sie jedoch zu zeichnen begann, kullerten Tränen über ihre Wangen. Sie wischte sich über die Augen.

»Hey«, erklang eine männliche Stimme. »Dachte ich mir doch, dass ich dich hier finde.« Es war Brent.

»Wie bist du darauf gekommen?«, fragte sie und bemerkte dann, dass sie ziemlich unhöflich klang. Sie rang sich ein kleines Lächeln ab.

»Weil ich dich nirgendwo anders finden konnte«, antwortete Brent. »Warum bist du weggelaufen?«

Sie zuckte mit den Schultern. »Meine Arbeit war getan, und ich war überflüssig.« Sie hielt inne. »Außerdem war am Tisch kein Platz mehr für mich.«

Er lachte und zog sie an sich. »Für die Weihnachtselfe ist immer Platz.«

»Nur auf der Spitze des Weihnachtsbaums«, murmelte sie in seinen warmen, weichen Mantel. Sie genoss das Gefühl, in seinen Armen zu liegen.

»Tatsächlich ist auch kein Platz für mich an diesem Tisch. Weißt du, was? Du bleibst hier, ich fahre zurück und erzähle den anderen, dass es dir gut geht. Sie machen sich nämlich alle Sorgen um dich. Und dann veranstalten wir beide unser eigenes Weihnachtsessen. Ich bringe die nötigen Zutaten mit, und wir zünden ein Feuer an.«

Nachdem er gegangen war, dachte Ella, dass es keinen Grund gab, mit dem Feuer bis zu Brents Rückkehr zu warten. Am Strand lag viel Treibholz herum, und sie hatte Papier, Streichhölzer und ein Feuerzeug im Rucksack. Ella machte sich an die Arbeit.

»Kaum zu glauben, dass du es schon geschafft hast, das Feuer in Gang zu bringen«, sagte Brent etwas später.

Ella zuckte mit den Schultern und war kaum in der Lage, das verliebte Lächeln aus ihrem Gesicht zu verbannen. »Ich bin schließlich die Weihnachtselfe!«

Er lachte, setzte sich neben sie auf den Stein, stellte seinen Rucksack ab und entnahm ihm ein paar folienumwickelte Päckchen. »Hier haben wir Truthahn, Würstchen, Füllung und all die anderen tollen Sachen, die du zubereitet hast.« Er brachte noch ein weiteres Päckchen zum Vorschein. »Und hier ist ein Baguette, original aus Frankreich. Dann noch köstlicher Käse, ebenfalls aus Frankreich, eine Flasche Schampus und eine Flasche Rotwein, falls du keine Lust mehr auf Champagner hast. Außerdem ein paar Trüffel, selbstverständlich auch aus Frankreich.«

»Fand Jenny es sehr unhöflich von mir, dass ich einfach so verschwunden bin?«, erkundigte sich Ella.

»Ich glaube, sie hat es verstanden. Außerdem hat sie sich so sehr darüber gefreut, mit ihrer Familie zusammen feiern zu können, dass es okay für sie war.« Er zwinkerte Ella zu. »Und ohne uns passen sie wenigstens alle an den Tisch.« Dann schüttelte Brent schmunzelnd den Kopf. »Und wie glücklich sie alle darüber waren, wieder als Familie zusammen zu sein! Es geht doch nichts über eine zeitweilige Trennung. So lernt man das Familienleben wenigstens zu schätzen.«

»Das freut mich.«

»Also, Schampus oder Rotwein?«

Ella überlegte. Von Champagner wurde sie immer schrecklich rührselig, aber der Gedanke, mit dem Mann, den sie liebte, am Weihnachtstag an diesem wunderschönen Strand zu sitzen, ließ nur eine Entscheidung zu. »Champagner!«

»Ich öffne die Flasche«, verkündete Brent, runzelte dann jedoch die Stirn. »Du hast nicht zufällig etwas in deiner Zaubertasche, woraus wir trinken können, oder? Ich habe die Gläser vergessen.«

»Plastikbecher sind zwar nicht ganz so edel wie Kristallgläser, aber sie werden schon ihren Zweck erfüllen«, sagte Ella und reichte ihm zwei.

»Ich brauche keine Champagnerflöten aus Kristall, wenn ich mit dir am Strand sein kann«, erklärte Brent. »Und jetzt«, fuhr er hastig fort: »Guten Appetit! Soll ich dir ein Sandwich machen?«

Ella strahlte. »Gern!«

Brent legte den Arm um Ella, um sie zu wärmen, und sie hockten zusammen vor dem Feuer, aßen Brot und Truthahnbrust, Würstchen und sogar etwas kalten Rosenkohl. (»Sonst schmeckt es nicht richtig weihnachtlich«, hatte Brent gemeint.)

»Ich glaube, das war das köstlichste Weihnachtsessen, das ich je hatte«, erklärte Ella und wischte sich die Finger an einem Papiertaschentuch ab.

»Von heute an werde ich Champagner nur noch aus Plastikbechern trinken«, sagte Brent. Er nahm ihre Hand in seine. »So kalte kleine Finger!«

Ihre Finger in seiner großen, schützenden Hand zu sehen verursachte Ella ein Kribbeln im Magen. Aber zusammen mit der Sehnsucht und dem Glück überrollte sie auch ein Schwall Melancholie.

Brent küsste sie zärtlich auf die Stirn. »Ich habe übrigens Jennys Geschenk für dich mitgebracht.« Er förderte ein silbern schimmerndes Päckchen mit Kringelband und einem hübschen Einhorn-Aufkleber zutage.

»Sie hat mir ein Geschenk mitgebracht?«, freute sich Ella. »Aus Paris?«

Brent nickte. »Mach es auf. Jenny bestand darauf, dass ich es mitnehme, wenn ich dich schon nicht überreden könnte zurückzukommen.«

Vorsichtig, um den Aufkleber nicht zu zerstören, öffnete Ella die Verpackung und fand einen wunderschönen Pashminaschal, zartrosa wie die Morgenröte eines schottischen Wintertages. Sie faltete ihn auseinander. Er war riesig. »Ist der schön!«, hauchte sie. Er musste ein kleines Vermögen gekostet haben.

»Warte«, bat Brent. »Ich lege ihn dir um.«

Zärtlich wickelte er ihr das Tuch um den Hals. Obwohl der Schal sehr groß war, schmiegte sich das Kaschmirgewebe weich und warm an. Da, wo Brents Finger sie berührten, überlief Ella eine Gänsehaut. Aber nicht vor Kälte.

Ella räusperte sich und blinzelte die Tränen zurück, die ihr in die Augen steigen wollten. »Was für ein wundervolles Geschenk!«

»Nachher gehen wir zurück, und du kannst dich persönlich bei Jenny bedanken. Wir müssen allerdings laufen. Ich kann nämlich nicht mehr Auto fahren.«

»Ich bin ja auch zu Fuß hergekommen. Es ist nicht weit.«

Ella betrachtete das Meer und die Inseln am Horizont. Plötzlich fühlte sie sich sehr traurig. Sie wollte nirgendwo anders sein, mit niemandem sonst, und sie verbrachten eine wunderschöne Zeit. Doch es war fast vorbei. Bald würden sie zurück zu den anderen gehen und das fröhlich lärmende, weihnachtliche Haus betreten. Sie würde sich bei Jenny für den wunderbaren Pashminaschal bedanken und dann in ihr kleines Zimmer bei Rebecca zurückkehren, um am nächsten Tag nach Hause zu fahren. Brent würde sie wohl nie wiedersehen.

Er schien zu ahnen, was in ihr vorging. Zärtlich blickte er auf sie herab. »Komm«, sagte er, »lass uns die

Flasche noch leeren. Ein bisschen betrunken zu sein kann nicht schaden.«

»Ich dachte, wir wären längst betrunken«, meinte Ella, hielt ihm aber trotzdem den Becher hin.

»Nicht betrunken genug.«

Ella fragte sich, ob in seiner Stimme ein sehnsüchtiger Ton mitgeschwungen hatte.

Allmählich begannen sie, ernsthaft zu frieren, und beschlossen, das Feuer zu löschen und den Rückweg zu Brents Familie anzutreten. Brent legte den Arm um Ella und zog sie ganz dicht an sich. Sie gingen eng umschlungen, sprachen aber nicht. Für eine kleine Weile waren sie am Strand sehr glücklich gewesen, doch nun galt es, ins wirkliche Leben zurückzufinden.

Die Familie freute sich sehr, sie zu sehen. Jenny und ihr Ehemann Graham lobten Ella immer wieder und betonten, wie wunderbar sie ihre Aufgabe erledigt hatte. Mia umarmte sie, und Judith schenkte ihr einen Blick voll tiefer Dankbarkeit, die sie offenbar nicht in Worte zu fassen wusste. Ella hatte ihr eine richtig schöne Zeit beschert und ihr Selbstbewusstsein enorm gesteigert.

Wieder wurden Getränke angeboten, doch dieses Mal entschied sich Ella für Apfelsaft. Nachdem sie die Geschenke gebührend bewundert hatte, beschloss sie, zu Rebecca zurückzukehren. »Ich habe morgen eine lange Fahrt vor mir. Aber ich finde es wunderbar, dass es Ihnen gelungen ist, doch noch mit der Familie zu feiern«, sagte sie zu Jenny.

»Ich war auch froh. Wir haben unterwegs die ganze Zeit *Driving Home for Christmas* gesungen«, antwortete Jenny lachend.

»Du hast gesungen, Schatz«, stellte ihr Ehemann richtig. »Ich habe auf den Straßenverkehr geachtet.«

»Dann stört es Sie also nicht, wenn ich schon fahre?«, wollte Ella wissen. »Schließlich war ich auch für den zweiten Weihnachtsfeiertag gebucht.«

»Natürlich dürfen Sie fahren! Auf diese Weise können Sie wenigstens noch ein bisschen mit Ihrer eigenen Familie feiern.«

»Ich begleite dich zu Rebecca«, bot Brent an.

Ella wollte bereits ablehnen, als sie sich ihrer Koffer hinter dem Gartenhaus und der unzähligen anderen Sachen erinnerte, die sie mitgebracht hatte, um Jennys Familie ein perfektes Weihnachtsfest zu bereiten.

»Danke, das wäre wirklich nett.« Sie lächelte breit und hoffte, dass niemand das verräterische Schimmern ihrer Augen bemerkten würde.

Als sie die Straße entlanggingen, die Koffer im Schlepptau und den Rucksack auf dem Rücken, überlegte Ella, ob Brent nach ihrer Telefonnummer fragen würde. Würde er sich bemühen, sie wiederzusehen? Wollte er das überhaupt? Oder hatten seine sanften Flirtversuche und seine Freundlichkeit keine tiefere Bedeutung gehabt?

Er bat sie nicht um ihre Nummer. Er brachte nur ihr gesamtes Gepäck in Rebeccas und James' Hausflur. Dann kam er zu ihr zurück, legte die Hände auf Ellas Schultern und blickte sie an.

»Du solltest jetzt gehen«, sagte sie schnell. Das Herz wurde ihr schwer, und ihre Hoffnungen stürzten in sich zusammen. Nun war klar, dass er sie nicht mehr wiedersehen wollte. »Die anderen werden dich vermissen. Schließlich ist Weihnachten.«

Eine Weile sagte er gar nichts, legte aber schließlich

die Hand sanft an ihre Wange. »Du hast recht. Ich wünsche der besten Weihnachtselfe aller Zeiten noch ein frohes Weihnachtsfest.«

»Danke«, erwiderte sie und lächelte, was jedes Quäntchen ihres schauspielerischen Talentes erforderte, das in ihr steckte. »Euch allen auch Frohe Weihnachten!«

»Auf Wiedersehen, Ella.«

»Auf Wiedersehen, Brent.«

Sie stürmte ins Haus, ohne sich noch einmal umzudrehen. Erst als sie die Tür hinter sich geschlossen hatte, konnte sie ihren Tränen endlich freien Lauf lassen.

Nachdem Ella sich beruhigt und in ihrem Zimmer ein wenig frisch gemacht hatte, verabschiedete sie sich von Rebecca und ihrer Familie. Am nächsten Morgen wollte Ella so früh wie möglich aufbrechen – früh genug, um am zeitigen Nachmittag wieder zu Hause zu sein. Sie hatte ihrer Mutter eine SMS geschickt und ihre Rückkehr angekündigt. Die Strecke war zwar zu weit, um sie an einem Tag zurückzulegen, aber Ella war fest entschlossen, Pausen einzulegen, wenn sie müde wurde.

Um drei Uhr nachmittags taumelte sie durch die Haustür ihres Elternhauses und brach in Tränen aus. Sie gab vor, aus Erschöpfung zu weinen, und verbrachte den Rest des Tages zusammengerollt vor dem Feuer und sah sich den alten Film *Ist das Leben nicht schön?* an. Dabei naschte sie aus der Schachtel Champagnertrüffel, die Rebecca ihr zum Abschied noch in die Hand gedrückt hatte.

Weihnachten lag erst wenige Wochen zurück, doch inzwischen hatte Ella längst alle Hoffnung aufgegeben, jemals wirklich eine erfolgreiche Schauspielerin zu werden. Eines düsteren Nachmittags vermeldete ihr Computer den Eingang einer E-Mail. Als Absender war Brent Christy angegeben. Ella spürte, wie ihr Herz bei diesem Namen schneller klopfte.

Sie öffnete die Mail.

Hallo, Ella, liebe Weihnachtselfe,

ich habe dich bei unserem Abschied nicht um deine Telefonnummer gebeten, weil ich noch einige Dinge regeln wollte, bevor ich wieder Kontakt mit dir aufnehme. Du hast Weihnachten damit verbracht, unsere jeweiligen Probleme für uns zu lösen und dafür zu sorgen, dass alle glücklich sind – ich wollte das Gleiche für dich tun.

Leider kann ich dir keine Rolle im neuesten Hollywood-Blockbuster oder auch nur in einem Fernsehwerbespot besorgen, doch könntest du mit all deinen Skizzen, Zeichnungen und Geschichten zur unten angegebenen Adresse kommen? Ich habe eine Idee, die dich interessieren könnte …

Ella las die E-Mail mehrmals. Ihr Gesicht strahlte vor Freude. Sie würde Brent wiedersehen! Er bat sie zwar nicht um ein Date, aber immerhin würde sie ihn treffen!

Und dass er ihre Zeichnungen und Geschichten sehen wollte, freute sie ebenfalls. Seit Weihnachten waren noch einige Arbeiten hinzugekommen. Weil sie auf die Schnelle keinen Job in einem Pub hatte finden können, lieferte sie zurzeit Pizza aus. Und aus diesem Grund hatte sie tagsüber etwas Zeit für sich.

Schließlich googelte sie die angegebene Adresse.

Vielleicht konnte sie darüber Näheres über Brents Idee herausfinden. Die Adresse gehörte zu einem kleinen, aber sehr angesehenen Kinderbuchverlag in Fitzrovia.

Eine Woche später ging Ella durch eine Londoner Straße voller sehr exquisiter Lebensmittelgeschäfte, trug selbstbewusst die brandneue Kunstmappe, die ihre Mutter ihr geschenkt hatte, unter dem Arm und suchte nach der in Brents E-Mail angegebenen Adresse. Ihr war ein bisschen flau, ohne dass sie wusste, warum. Lag es daran, dass sie wahnsinnig aufgeregt war, Brent wiederzusehen? Oder waren es Vorfreude und Begeisterung angesichts der Aussicht, sich für einen Job zu bewerben, der viel besser zu ihr passte als der einer Schauspielerin? Schnell wurde ihr klar, dass beides ausreichend Potenzial hatte, ihre Nerven flattern zu lassen.

Vor einer diskreten, dunkelblauen Tür blieb sie stehen, räusperte sich, machte einige Atemübungen und drückte auf die Klingel neben dem eleganten Messingschild.

Die Atemübungen hätte ich mir sparen können, dachte sie, als sie im obersten Stockwerk ankam. Denn nun war sie völlig außer Atem. Sie atmete noch ein paar Mal ruhig ein und aus, ehe sie an die Tür der Büroräume klopfte.

Brent öffnete und lächelte sie an. Für eine Weile standen sie einfach nur da und strahlten einander an, bis er schließlich sagte: »Komm rein, Ella. Ich freue mich so, dich zu sehen!«

»Ich auch! Also, ich meine, ich freue mich auch, *dich* zu sehen.« Erschrocken stellte sie fest, dass sie vielleicht zu viel Begeisterung an den Tag legte. Der Mann sah aber auch so viel besser aus, als sie ihn in Erinnerung hatte! »Ich meine, es ist eine großartige Gelegenheit.«

»Komm rein. Das ganze Team ist schon gespannt, dich kennenzulernen.«

Während Ella Brent den Korridor hinunterfolgte, fragte sie sich, ob es ihn vielleicht ein bisschen verletzt hatte, als sie die Gelegenheit erwähnt hatte. Ihr blieb jedoch nicht mehr viel Zeit, darüber nachzudenken, denn schon hatten sie den Konferenzraum erreicht. Drei Leute sahen ihnen freundlich lächelnd entgegen.

Nach einer schnellen Vorstellung – Polly, Esther und Phillip – setzten sich alle an den Tisch. Auch Ella nahm Platz auf dem Stuhl, den Brent für sie zurechtrückte.

»Tja«, sagte er. »Wahrscheinlich hast du inzwischen herausgefunden, dass ich für einen Kinderbuchverlag arbeite.«

»Der ihm darüber hinaus auch gehört, Ella«, fügte Esther rasch hinzu.

Brent nickte. »Wie auch immer, in Crinan habe ich ein paar Mal versucht, mit dir über deine Skizzen zu sprechen, doch verständlicherweise stand immer Weihnachten im Vordergrund. Als ich aber dann nach Hause kam, wurde mir klar, dass es so wahrscheinlich das Beste war. Wir arbeiten hier im Verlag nämlich sehr demokratisch, und ich wollte, dass alle meine Mitarbeiter deine Werke begutachten, ehe eine Entscheidung fällt.«

Mit zitternden Fingern legte Ella die Mappe auf den Schreibtisch und schob sie Esther zu. Wenn Brents Team ihre Arbeiten nicht zu schätzen wusste, wäre es schrecklich für sie. Andererseits hatte sie Brent wiedergesehen, und vielleicht würde sie später sogar den Mut finden, ihn auf einen Kaffee einzuladen. »Hätten Sie etwas dagegen«, fragte sie, nachdem sie sich geräuspert hatte, »dass ich mir ein Glas Wasser hole, während Sie sich die Skizzen ansehen? Es sind eine Menge Stufen bis hier oben!«

»Klar, ich zeige Ihnen unsere Kaffeeküche«, schlug Polly vor. »Diese Treppen können einen ganz schön aus der Puste bringen, nicht wahr?« Nachdem sie den Raum verlassen hatten, fügte Polly hinzu: »Dort ist das Wasser.« Sie wies auf eine Reihe von Flaschen neben einem Kühlschrank und nahm ein Wasserglas aus einem der Oberschränke, das sie Ella reichte. »Und dahinten am Ende des Flurs sind die Damentoiletten. Also, ich muss schon sagen: Seit Brent nach den Feiertagen zurückgekommen ist, hat er ununterbrochen von Ihnen und Ihren Fähigkeiten geschwärmt. Ich bin sehr gespannt auf Ihre Zeichnungen.«

Ella presste die Lippen aufeinander. »Ehrlich gesagt bin ich mir nicht ganz sicher, ob ich mich damit jetzt besser fühle.«

»Sollten Sie aber!«, erwiderte Polly lachend. »Kommen Sie einfach wieder rein, wenn Sie so weit sind.«

Ella nahm sich Zeit und betrat das Büro erst wieder, als sich ihre Nervosität gelegt hatte. Im Waschraum hatte sie noch einmal ein wenig Lippenstift aufgelegt.

»Ella!«, rief Phillip sofort. »Wir alle halten Ihre Zeichnungen und Geschichten für großartig!«

»Stimmt, und wir wollen sie unbedingt veröffentlichen«, stimmte Esther ihm zu. »Wir sind der Meinung, Sie könnten es sehr weit bringen. Sie haben genau die richtige Mischung aus Eigenwilligkeit und Wärme.«

Ella sah zu Brent hinüber. Er strahlte sie glücklich an. »Natürlich braucht es noch eine Menge Arbeit, Mühe und Zeit, bevor das Buch in den Buchhandlungen steht, doch ich weiß, dass es ein Megaerfolg wird, wenn wir erst einmal so weit sind.«

»Oh mein Gott«, stöhnte Ella. »Bedeutet das, dass ich meine Schicht beim Pizzaservice für heute Abend absagen kann?«

Brent nickte. »Ich lade dich jetzt erst mal zum Essen ein, und dabei reden wir dann über die Details.«

»Es ist aber erst elf Uhr«, wandte Polly sanft ein.

»Okay. Dann gibt's zuerst einen Kaffee und danach das Mittagessen.« Er lächelte wieder.

»Wer hätte gedacht, dass der Job einer Weihnachtselfe solche Folgen haben kann?«, wunderte sich Ella, die immer noch nicht so recht wusste, wie ihr geschah.

»Na, ich zum Beispiel«, trumpfte Brent auf. »In dem Moment, als du mit uns die erstaunliche, eigens für Mia geschriebene Geschichte aufgeführt hast und mir dann auch noch die zugehörigen Illustrationen gezeigt hast, wusste ich es.«

»Wirklich?« Ella konnte es nicht fassen.

Er nickte. »Deine Geschichten sind wunderbar schrullig und deine Zeichnungen herrlich sparsam. Du schaffst es, unendlich viel in ein paar Zeilen zu stecken.«

In Ellas Kehle bildete sich ein Kloß. Sie räusperte sich.

»Ich weiß nicht, ob ich wirklich an Elfen glaube«, fuhr Brent fort, »doch eines weiß ich ganz genau: Ich glaube an *dich!*«

Ella brachte noch immer kein Wort heraus.

»Brent, du solltest dem armen Mädchen jetzt schleunigst einen Caffè Latte ausgeben«, meinte Phillip. »Sie sieht aus, als könnte sie einen vertragen.«

Polly nickte. »Geht nur, ihr zwei. Wir kümmern uns

um die Details. Geht nur zu eurem ... Date. Denn das ist es doch, oder?«

»Wie findest du die Idee, Ella?«

»Wunderbar«, flüsterte sie. »Einfach nur wunderbar.«